KATJA NEHLS

Kapitalexport und Kapitalverflechtung

KATJA NEHLS

Kapitalexport und Kapitalverflechtung

AKADEMIE - VERLAG · BERLIN
1970

Erschienen im Akademie-Verlag GmbH, 108 Berlin, Leipziger Str. 3—4

Lektor: Dieter Graf
Lizenznummer: 202 · 100/24/70
Herstellung: IV/2/14 VEB Werkdruck, 445 Gräfenhainichen · 3316
Bestellnummer: 5787 · ES 5 B 2

Inhaltsverzeichnis

Kapitel III

Vorwort

In den letzten Jahren traten in den Beziehungen der Länder des imperialistischen Systems eine Reihe von Widersprüchen und Krisensituationen offen zutage. Besonders akut äußerten sie sich auf dem Gebiet der internationalen Währungs- und Finanzbeziehungen. In der Diskussion der damit verbundenen ökonomischen und politischen Probleme trat der Kapitalexport stark in den Vordergrund. Besonders die Vertreter des westdeutschen Finanzkapitals bezeichnen den Kapitalexport als *das* Mittel zur Stabilisierung des außen- und weltwirtschaftlichen Gleichgewichts.

Lenin sah im Kapitalexport bekanntlich ein Grundproblem des Imperialismus. Bei der ökonomischen Analyse des Imperialismus zeigte er die Komplexität der Zusammenhänge zwischen Monopol und Kapitalexport. Danach bildet der Kapitalexport sowohl eine der Grundlagen, aus denen das Monopol erwächst, als auch eine der Hauptformen, in denen es sich realisiert. Der Leninsche Monopolbegriff ist völlig vom bürgerlichen Monopolbegriff, der das Monopol als eine Marktform definiert, verschieden. Für Lenin war das Monopol nicht lediglich eine Form der Produktions- und Marktorganisation, sondern er erblickte darin die Weiterentwicklung der kapitalistischen Produktionsverhältnisse auf einer sehr hohen Stufe der Vergesellschaftung der Produktion. Auf dieser historischen Stufe nehmen die kapitalistischen Produktionsverhältnisse internationalen Charakter an, es entsteht das kapitalistische System der Weltwirtschaft. Auf internationaler Ebene realisiert sich das Monopol vor allem als „Monopolstellung der wenigen überaus reichen Länder, in denen die Akkumulation des Kapitals gewaltige Ausmaße erreicht hat."[1]

Die Monopolstellung der wenigen reichen, kapitalexportierenden Länder führte dazu, daß das System der kapitalistischen Weltwirtschaft durch eine Reihe von Widersprüchen und strukturellen Ungleichgewichten charakterisiert wurde: In der internationalen Arbeitsteilung dieses Systems fungierte die überwältigende Mehrzahl der Länder als Lebensmittel- und

[1] Lenin, W. I., in: Werke, Bd. 22, Berlin 1960, S. 245.

Rohstoffproduzenten für die wenigen reichen Industrieländer. Im Zusammenhang damit zerfiel das System in hochentwickelte und zurückbleibende, schwach entwickelte Länder. Der Kapitalexport und die Wirtschaftsmethoden des Finanzkapitals in den schwach entwickelten Ländern hatten zur Folge, daß sich diese im Zeitalter des Imperialismus herausbildende Kluft ständig vertiefte. Die internationalen finanziellen Beziehungen waren durch die Widersprüche zwischen Gläubiger- und Schuldnerländern gekennzeichnet. Die Gegensätze zwischen den Großmächten und den kolonialen und abhängigen Ländern sowie der Kampf der rivalisierenden Großmächte um die Aufteilung und Neuaufteilung der Welt prägten die internationalen politischen Beziehungen.

Lenin schuf nicht nur eine marxistische Theorie des Kapitalexports und der imperialistischen Weltwirtschaft, sondern er maß der ökonomischen Analyse der internationalen Beziehungen, insbesondere den Fragen des Kapitalexports, auch eine erstrangige politische Bedeutung für die Strategie und Taktik der Arbeiterbewegung und für die Auseinandersetzungen mit opportunistischen und pseudomarxistischen Auffassungen bei.

Im Vorwort zur französischen und deutschen Ausgabe seines Werkes „Der Imperialismus als höchstes Stadium des Kapitalismus" schrieb er: „In der Schrift wird der Beweis erbracht, daß der Krieg von 1914–1918 auf beiden Seiten ein imperialistischer Krieg, (d. h. ein Eroberungskrieg, ein Raub- und Plünderungskrieg) war, ein Krieg um die Aufteilung der Welt, um die Verteilung und Neuverteilung der Kolonien, der ‚Einflußsphären' des Finanzkapitals usw."[2]

Durch seine ökonomische Analyse der imperialistischen Weltwirtschaft enthüllte Lenin den Klassencharakter des ersten Weltkrieges, die proimperialistischen Positionen des Sozialchauvinismus und Nationalismus sowie den reaktionären Gehalt der Imperialismuskritik kleinbürgerlich demokratischer Utopien.

Auf dem zweiten Kongreß der Kommunistischen Internationale 1920 und auf dem Aktiv der Moskauer Organisation der KPR(B) im gleichen Jahr formulierte er die Strategie der kommunistischen Weltbewegung, zu der sich die Internationale Beratung der kommunistischen und Arbeiterparteien im Juni 1969 in Moskau einmütig bekannte – den Zusammenschluß der drei großen revolutionären Hauptströme der Gegenwart: die sozialistischen Staaten, die internationale Arbeiterbewegung und die nationale antiimperialistische Bewegung.[3]

[2] Ebenda, S. 194

[3] Vgl. Woddis, Jack, Unter Lenins Führung, in: „Probleme des Friedens und des Sozialismus", Berlin, Nr. 6, 1969, S. 722

Bereits 1895 und 1896 hatte Lenin im Entwurf und in den Erläuterungen des Programms der Sozialdemokratischen Partei Rußlands die internationale Solidarität, d. h. die Übereinstimmung von Interessen und Zielen der internationalen Arbeiterklasse mit den sich in den kapitalistischen Produktionsverhältnissen vollziehenden Veränderungen begründet: „Die Handelsbeziehungen zwischen den verschiedenen Staaten werden immer enger und weiten sich immer mehr aus; das Kapital fließt beständig aus einem Land ins andere. Die Banken, diese gewaltigen Schatzkammern von Kapitalien, die sie aus aller Welt zusammentragen und den Kapitalisten als Darlehen vorstrecken, verwandeln sich aus Nationalbanken in internationale Banken, sie fassen die Kapitalien aus allen Ländern zusammen und verteilen sie an die Kapitalisten Europas und Amerikas. Riesige Aktiengesellschaften werden gegründet, die nicht mehr bloß in einem Lande, sondern in mehreren Ländern zugleich kapitalistische Betriebe einrichten; es entstehen internationale Kapitalistenverbände. Die Herrschaft des Kapitals ist international."[4]

Es gibt wohl kaum eine Stellungnahme Lenins zu Fragen der Strategie und Taktik der internationalen Arbeiterbewegung, in der er nicht auf die Bedeutung des Kapitalexports im Zusammenhang mit den Besonderheiten, der historischen Stellung und den Perspektiven des Kapitalismus in seinem imperialistischen Entwicklungsstadium hingewiesen hätte.

Die umfassendste Analyse enthält jedoch sein Buch „Der Imperialismus als höchstes Stadium des Kapitalismus", in dem er den Kapitalexport als eines der Hauptelemente im ökonomischen System des Imperialismus untersucht. Er begründet dort Notwendigkeit und Möglichkeit des Kapitalexports mit der Reife und Überreife der kapitalistischen Produktionsverhältnisse. Er legt die inneren gesetzmäßigen Beziehungen dar, die zwischen dem Kapitalexport und allen anderen wesentlichen Merkmalen und Besonderheiten des Imperialismus, im Bereich seiner Ökonomie, Politik und Ideologie bestehen. Er zeigt die Besonderheiten des Kapitalexports im Imperialismus gegenüber dem Kapitalexport in früheren Entwicklungsstadien des Kapitalismus.

Besondere Bedeutung maß Lenin dabei dem Prozeß der Internationalisierung des Kapitals bei, der Rolle, die der Kapitalexport für die internationale Kapitalkonzentration und -zentralisation, den Aufbau internationaler Beteiligungssysteme, die Internationalisierung der Kapital- und Warenmärkte sowie der Produktion spielt. Als Wesen des Prozesses, d. h. als seinen Klasseninhalt, bezeichnete er die Aufteilung der Welt. Hierin sieht Lenin nicht etwa einen boshaften Einfall der Imperialisten, sondern eine

[4] Lenin, W. I., in: Werke, Bd. 2, Berlin 1966, S. 101

objektive Notwendigkeit für die Kapitalverwertung unter den Bedingungen der im Imperialismus erreichten Stufe der Vergesellschaftung der Produktion. Die Vertiefung des kapitalistischen Grundwiderspruchs erzeugt neben der ökonomischen Aufteilung und im Zusammenhang mit ihr – auf der Grundlage der abgeschlossenen politisch-territorialen Aufteilung der Welt unter die Großmächte – den Kampf um die Neuaufteilung, um das „Wirtschaftsgebiet", um Einflußsphären und um die Neuverteilung der Kolonien.

Das, so hebt Lenin hervor, sei das Neue, die Besonderheit der imperialistischen Epoche der kolonialen Weltpolitik und das Neue beim Kapitalexport, das diesen vom Kapitalexport im vormonopolistischen Kapitalismus unterscheidet.

Die ökonomischen Motive der imperialistischen Kolonialpolitik bestehen in der Sicherung von Rohstoffquellen, Absatzmärkten und Kapitalanlagesphären. Dabei zwingen der beschleunigte technische Fortschritt sowie die Stufenleiter und die Schärfe des Konkurrenzkampfes im Monopolkapitalismus zur Inbesitznahme selbst solcher Länder und Gebiete, die möglicherweise nur zukünftige Rohstoffquellen, Absatzmärkte und Kapitalanlagesphären darstellen. „Daher das unvermeidliche Bestreben des Finanzkapitals nach Erweiterung des Wirtschaftsgebietes, ja des Gebietes schlechthin. Wie die Trusts ihre Vermögen auf Grund einer doppelten oder dreifachen Schätzung kapitalisieren, indem sie die in Zukunft „möglichen" (aber gegenwärtigen nicht vorhandenen) Profite und die weiteren Ergebnisse des Monopols in Rechnung stellen, so ist auch das Finanzkapital im allgemeinen bestrebt, möglichst viel Ländereien an sich zu reißen, gleichviel welche, gleichviel wo, gleichviel wie . . ."[5]

Jedoch erzeugen das Finanzkapital, der Kapitalexport und die ihm entsprechende internationale Politik zur ökonomischen und politischen Teilung und Umverteilung der Welt eine Reihe von Übergangsformen staatlicher Abhängigkeit. Typisch für den Imperialismus sind nicht nur Kolonialmächte und Kolonien, sondern auch verschiedene Formen der ökonomischen, finanziellen oder diplomatischen Abhängigkeit politisch selbständiger Länder. Das Bestehen derartiger halbkolonialer Verhältnisse charakterisierten das Kolonialsystem des Imperialismus.

Lenin begründete nicht nur die engen Wechselbeziehungen zwischen Kapitalexport und Kolonialsystem, sondern zeigte, daß das Finanzkapital, die Trusts und Konzerne, bei der ökonomischen Aufteilung der Welt auch vor hochentwickelten Industrieländern nicht haltmachen. Durch Errichtung oder Ankauf von Unternehmen, durch Geheimverträge über Tochtergesellschaften u. a. m., bezieht das Finanzkapital ausnahmslos alle Länder

[5] Lenin, W. I., in: Werke, Bd. 22, a. a. O., S. 266

in seine Expansionsstrategie ein. Deshalb betonte Lenin, daß für den Imperialismus der Kapitalexport gerade auch in die entwickelten Länder des kapitalistischen Weltwirtschaftssystems typisch ist.[6]

Die ökonomische sowie die politisch-territoriale Aufteilung der Welt zwang die Monopolverbände in ihrem Kampf um Absatzmärkte, Rohstoffquellen und Kapitalanlagesphären dazu, sich auch hochentwickelter Industriegebiete zu bemächtigen, um die eigenen Einflußsphären zu erweitern und um faktische oder potentielle Konkurrenten zu schwächen.[7]

Die Herrschaft der Monopole in den hochentwickelten kapitalistischen Ländern verschärfte dort die inneren sozialen Konflikte. Lenin zeigt hier den Zusammenhang zwischen dem Bestreben des Finanzkapitals, diese Konflikte zu neutralisieren, dem Drang nach ökonomischer und politischer Expansion und der entsprechenden sozialchauvinistischen Ideologie. Er zitiert dazu Cecil Rhodes: „Meine große Idee ist die Lösung des sozialen Problems, d. h., um die vierzig Millionen Einwohner des Vereinigten Königreichs vor einem mörderischen Bürgerkrieg zu schützen, müssen wir Kolonialpolitiker neue Ländereien erschließen, um den Überschuß an Bevölkerung aufzunehmen, und neue Absatzgebiete schaffen für die Waren, die sie in ihren Fabriken und Minen erzeugen. Das Empire, das habe ich stets gesagt, ist eine Magenfrage. Wenn Sie den Bürgerkrieg nicht wollen, müssen Sie Imperialisten werden."[8]

Von der Verschärfung der sozialen Konflikte durch die Herrschaft der Monopole ausgehend, weist Lenin darauf hin, daß der Kapitalexport engstens mit den Erscheinungen verknüpft ist, die ihn veranlaßten, den Imperialismus als parasitären und faulenden Kapitalismus zu bezeichnen. So fördert der Kapitalexport die Trennung des Kapitaleigentums von der Produktion im internationalen Maßstab. Er „drückt dem ganzen Land, das von der Ausbeutung der Arbeit einiger überseeischer Länder und Kolonien lebt, den Stempel des Parasitismus auf".[9]

Als besonders widerliche Erscheinungsform des imperialistischen Parasitismus bezeichnet Lenin in dem Zusammenhang die Spaltung der internationalen Arbeiterbewegung. Die riesigen Profite, die das Finanzkapital mit Hilfe des Kapitalexports, insbesondere aus der Ausbeutung der kolonialen und abhängigen Länder erzielt, dienen zur Bestechung der Oberschichten der Arbeiterklasse und bilden die ökonomische Grundlage für die

6 Vgl. Lenin, W. I., in: Werke, Bd. 26, Berlin 1961, S. 152
7 Lenin, W. I., Werke, Bd. 22, a. a. O., S. 273
8 Rhodes, Cecil. in: „Die neue Zeit", XVI 1, 1898, S. 304, zitiert bei Lenin, in: Werke, 22, a. a. O., S. 261
9 Lenin, W. I., in: Werke, Bd. 22, a. a. O., S. 281

Schicht der Arbeiteraristokratie, in der der Opportunismus seine soziale Basis hat. „Der Rentnerstaat ist der Staat des parasitären, verfaulenden Kapitalismus, und dieser Umstand muß sich unbedingt in allen sozialpolitischen Verhältnissen der betreffenden Länder im allgemeinen wie auch in den zwei Hauptströmungen der Arbeiterbewegung im besonderen widerspiegeln."[10]

Lenin legte jedoch großen Wert auf die Feststellung und Begründung der Tatsache, daß der Imperialismus nicht nur die Spaltung der internationalen Arbeiterklasse hervorbringt, sondern ebenso auch die objektiven Bedingungen für das Wirken der Faktoren, die ihren Zusammenschluß fördern. Diese Voraussicht Lenins wurde durch die Entwicklung der revolutionären Weltbewegung und durch die umfassende Analyse der internationalen Entwicklung in den Dokumenten der Beratung der kommunistischen und Arbeiterparteien im Juni 1969 in Moskau vollauf bestätigt.[11]

Auch die politische Reaktion als Wesensmerkmal des imperialistischen Parasitismus ist engstens mit dem Kapitalexport verknüpft. Bei der Ausplünderung anderer Nationen stützte und stützt sich das Finanzkapital immer auf die reaktionärsten sozialen Schichten im eigenen und im fremden Lande. Das verbreitert jedoch zugleich auch die Basis für politische Bündnisse der Arbeiterklasse mit anderen Klassen und Schichten, insbesondere mit der Bauernschaft, im internationalen Maßstab.[12]

Lenin analysierte den Imperialismus vor Eintritt des Kapitalismus in seine allgemeine Krise. Seitdem entstand das sozialistische Weltsystem, das imperialistische Kolonialsystem zerfiel, und in den ehemaligen kolonialen und abhängigen Ländern entwickelte sich eine mächtige antiimperialistische Bewegung. Sie führte bereits zur Bildung einer Reihe sozialistischer Staaten und antiimperialistischer Nationalstaaten in Asien, Afrika und Lateinamerika. In den hochentwickelten kapitalistischen Ländern bildete sich der Imperialismus zum staatsmonopolistischen Kapitalismus aus. Schließlich veränderten sich im Gefolge der beiden Weltkriege die Kräfteverhältnisse unter den führenden imperialistischen Mächten grundlegend. Zur stärksten und führenden imperialistischen Macht wurden

[10] Ebenda, S. 283

[11] Vgl.: Die Aufgaben des Kampfes gegen den Imperialismus in der gegenwärtigen Etappe und die Aktionseinheit der kommunistischen und Arbeiterparteien, aller antiimperialistischen Kräfte; angenommen von der Internationalen Beratung der kommunistischen und Arbeiterparteien am 17. Juni 1969 in Moskau. in: Internationale Beratung der kommunistischen und Arbeiterparteien – Moskau 1969, Dietz Verlag, Berlin 1969, S. 12 ff.

[12] Vgl.: Breshnew, Leonid, Rede auf der Internationalen Beratung der kommunistischen und Arbeiterparteien, ebenda, S. 175 ff.

die USA. Alle diese Veränderungen wirken sich auf den Umfang, die Formen und die territorialen Richtungen der Kapitalexporte im allgemeinen und der einzelnen imperialistischen Länder im besonderen aus. Für die Erklärung der Besonderheiten des Kapitalexports nach dem zweiten Weltkrieg ist Lenins Theorie unerläßlich.

Lenin ging bei seiner Analyse, auf Marx aufbauend, davon aus, daß die Merkmale der monopolistischen Entwicklungsetappe des Kapitalismus ihre Ursache letzten Endes in dem sich verschärfenden Widerspruch zwischen dem erreichten Entwicklungsstand der Produktivkräfte – dem Vergesellschaftungsgrad der Produktion – und den auf der Verwertung von Privateigentum an den Produktionsmitteln beruhenden Produktionsverhältnissen haben. Nur dadurch konnte er den Klassencharakter, die Entwicklungstendenzen und die Perspektiven der einzelnen neuen Erscheinungen im Imperialismus aufdecken. Die Notwendigkeit des Kapitalexports im Imperialismus begründete er mit der Existenz eines „ungeheuren Kapitalüberschusses" in den fortgeschrittensten kapitalistischen Ländern.

Der Kapitalüberschuß ist bei Lenin nicht eine Frage des Überschusses an Geldkapital über die vorhandenen Anlagemöglichkeiten zu einer bestimmten Profitrate, sondern ein Problem des Zustandes des kapitalistischen Systems überhaupt. Deshalb wies er auch auf die komplexe Motivstruktur für den Kapitalexport im Imperialismus hin.

Im Imperialismus geht es beim Kapitalexport nicht mehr nur unmittelbar um Höchstprofite oder um höhere Profite gegenüber dem Inland.[13]

Vielmehr führt Lenin in seinem Werk „Der Imperialismus als höchstes Stadium des Kapitalismus" eine Vielzahl von Motiven für den Kapitalexport an, so z. B.: Kapitalexport, um den Warenexport zu fördern – Kapitalexport, um Rohstoffquellen in Besitz zu nehmen oder auszubeuten – Kapitalexport, um neue Länder zu erschließen – Kapitalexport, um ausländische Industrien unter Kontrolle zu bringen – Kapitalexport, um faktische oder potentielle Verbündete militärisch oder ökonomisch zu stärken – Kapitalexport, um ökonomische oder politische Zugeständnisse zu erhalten, und nicht zuletzt Kapitalexport, um ökonomische und soziale Krisen abzuwehren. Diese Aufzählung macht deutlich, daß es offensichtlich nicht einfach um Höchstprofite geht, sondern um die Möglichkeit der Kapitalverwertung überhaupt. Die Entwicklung der Produktivkräfte, die erreichte Stufe der Vergesellschaftung der Produktion drängen zu einer höheren Stufe der Konzentration und Zentralisation des Kapitals: zu seiner internationalen Konzentration und Zentralisation, zum Aufbau internationaler Beteiligungssysteme, zur Herausbildung internationaler

[13] Vgl. Lenin, W. I., in: Werke, Bd. 26, a. a. O., S. 152

Monopolverbände, zur Inbesitznahme von Kolonien und fremden Territorien, zur Aufteilung der Welt in Einflußsphären. So faßte Lenin den relativen Kapitalüberschuß auf, als eine Frage des historischen Entwicklungsstandes des kapitalistischen Systems.

Wenn wir hiervon ausgehen, so muß sich heute im staatsmonopolistischen Kapitalismus die Problematik des relativen Kapitalüberschusses noch viel umfassender darstellen als zu Lenins Zeit, d. h. als im frühen Entwicklungsstadium des Imperialismus. Heute geht es doch darum, wie angesichts der wachsenden Macht des sozialistischen Weltsystems, der antiimperialistischen nationalen und sozialen Befreiungsbewegung in den Ländern Asiens, Afrikas und Lateinamerikas, dem Anwachsen des antiimperialistischen demokratischen Kampfes in den kapitalistischen Industrieländern das kapitalistische System aufrechterhalten werden kann. Dazu kommt, daß die ungeheure Entwicklung der Produktivkräfte im Gefolge der wissenschaftlich-technischen Revolution die privatkapitalistischen Produktionsverhältnisse immer stärker unterhöhlt. Die Frage lautet also heute: wie ist unter diesen Bedingungen die private Kapitalanlage möglich und zu welchen Folgen führt dabei die staatsmonopolistische Regulierung?

Offensichtlich bewegt sich der relative Kapitalüberschuß heute in weitaus größeren Dimensionen als zu Beginn der imperialistischen Epoche. Darüber hinaus ergeben sich auf Grund der veränderten inneren und äußeren Existenzbedingungen des Imperialismus und durch die Einschaltung des Staates in den Verwertungsmechanismus neben dem Kapitalexport neue Erscheinungsformen und Absorbtionskanäle für den relativen Kapitalüberschuß, die insgesamt Ausdruck dessen sind, daß das kapitalistische System labiler geworden ist. Der Generalsekretär der kommunistischen Partei der USA, Gus Hall, wies in seiner Rede auf der internationalen Beratung der kommunistischen und Arbeiterparteien auf die große Bedeutung des relativen Kapitalüberschusses für die Entwicklung des amerikanischen Kapitalismus hin: „Die Veränderung des internationalen Kräfteverhältnisses wirkt sich auf die inneren Prozesse in den wichtigsten imperialistischen Staaten aus. Der Kapitalismus in den USA sieht sich in zunehmendem Maße dem Problem der Akkumulation von ungenutztem Kapital gegenüber . . . weil die Veränderung des internationalen Kräfteverhältnisses . . . ein Hindernis für die Erschließung neuer Investitionsgebiete wird. So neigt das akkumulierte, ungenutzte Kapital dazu, sich in Blutgerinnsel in den Adern des Imperialismus zu verwandeln. . . Und wenn die Möglichkeiten für Investitionen immer beschränkter werden, neigt der Moloch dazu, sich gegen sich selbst zu wenden und seine eigene Art zu verschlingen. Dieser Prozeß hat die Polarisierung unserer Gesellschaft stark beschleunigt... Er verleiht den inneren Widersprüchen des Monopolkapitalismus eine neue Qualität."[14]

Aus dem Umfang und den neuen Bewegungsformen des relativen Kapitalüberschusses ergeben sich Konsequenzen für den Kapitalexport und seine Bedeutung für das System, für die Notwendigkeit und Möglichkeit des Kapitalexports. Zum Beispiel sind die Möglichkeiten des Kapitalexports infolge des Ausscheidens riesiger Territorien, die heute zum sozialistischen Weltsystem gehören, eingeschränkt. Große politische und ökonomische Risiken bestehen für private Kapitalanlagen in den im imperialistischen System verbliebenen ehemaligen kolonialen und abhängigen Ländern. Untergraben werden die Möglichkeiten zur internationalen privaten Kapitalanlage weiterhin durch die Labilität des kapitalistischen Weltwährungssystems, die chronischen Zahlungsbilanzkrisen, die Deformation der kapitalistischen internationalen Arbeitsteilung und die wachsende Kluft im Entwicklungsniveau zwischen den armen und reichen Ländern des kapitalistischen Weltwirtschaftssystems. Auf der anderen Seite wächst für die Monopole unter dem Druck der Produktivkräfte der Zwang zur äußeren Expansion. Die gewaltigen Anforderungen der wissenschaftlich-technischen Revolution an die Kapitalakkumulation verlangen zwingend die immer stärkere Internationalisierung des Wirtschaftslebens der kapitalistischen Länder. Dabei geht es nicht mehr nur um die Internationalisierung der Märkte, sondern vor allem um die internationale Produktionsintegration. Der Widerspruch zwischen den eingeschränkten Möglichkeiten zur privaten internationalen Kapitalanlage und den wachsenden Anforderungen an die Internationalisierung ruft vielfältige staatsmonopolistische Regulierungsmaßnahmen auf nationaler und internationaler Ebene hervor. Diese sind häufig mit staatlichen Kapitalexporten und zwischenstaatlichen Kapitalbewegungen verbunden, die mittelbar oder unmittelbar auch die Förderung von privaten Kapitalexporten bezwecken.

Bei den staatlichen Kapitalexporten und Kapitalbewegungen liegt das Motiv bereits nicht mehr in der unmittelbaren Profiterzielung, sondern in der Sicherung der allgemeinen internationalen ökonomischen und politischen Bedingungen für die Profitproduktion schlechthin. Als Beispiel könnte man hier die staatlichen Kapitalexporte und Stützungsaktionen zur Aufrechterhaltung der Funktionsfähigkeit des derzeitigen kapitalistischen Weltwährungssystems, oder die nicht rückzahlbaren Zuschüssen

[14] Gus Hall, zitiert im Bericht von Herrmann Axen über die Ergebnisse der internationalen Beratung der kommunistischen und Arbeiterparteien in Moskau auf der 11. Tagung des Zentralkommitees der SED, in: „Neues Deutschland" vom 30. Juli 1969, S. 4

und Grants für wirtschaftliche, politische und militärische Verwendung in den Entwicklungsländern anführen.

Es entspricht dem Wesen des staatsmonopolistischen Kapitalismus, daß die privaten und staatlichen Kapitalexporte gleichzeitig Instrumente der Globalstrategie gegen das sozialistische Lager, gegen die antiimperialistische nationale Bewegung und gegen die internationale Arbeiterbewegung sind. So reflektieren die Formen und Methoden des Kapitalexports wie auch ihre territorialen Schwerpunkte und ihre Motive das gemeinsame Klasseninteresse des Weltfinanzkapitals sowie die verschiedenen Ebenen, auf denen die Auseinandersetzungen mit den antiimperialistischen revolutionären Kräften stattfinden. Wenn Lenin seinerzeit schrieb, daß im Imperialismus die verschiedenartigen Beziehungen finanzieller und diplomatischer Abhängigkeit, die es auch früher gab, sich zu einem „allgemeinen System" verflechten und sich in „Kettenglieder der Operationen des Weltfinanzkapitals" verwandeln und „einen Teil der Gesamtheit der Beziehungen bei der Teilung der Welt" bilden, so geht es heute nicht mehr in erster Linie um die Teilung der verbliebenen Einflußsphären unter die rivalisierenden imperialistischen Staaten, sondern darum, die Position des Kapitalismus überhaupt zu behaupten, zu festigen und den Einfluß des Sozialismus zurückzudrängen.[15]

Das gilt insbesondere für die Kapitalexporte im Rahmen der imperialistischen Entwicklungshilfe. In den ehemals kolonialen und abhängigen Ländern des imperialistischen Systems versuchen die imperialistischen Staaten heute eine Entwicklungsstrategie zu entfalten. Hierbei treten neben den alten kolonialen Unterdrückungsmethoden immer stärker auch wirtschaftliche Praktiken in den Vordergrund, die die politisch unabhängig gewordenen Staaten ökonomisch an das kapitalistische System binden sollen. Im Rahmen des gemeinsamen Vorgehens gegen den Sozialismus und die nationale antiimperialistische Bewegung versuchen die einzelnen imperialistischen Staaten jedoch gleichzeitig, ihre eigenen Zielen zu verfolgen. Die gleichen ökonomischen und politischen Faktoren, die im internationalen Bereich eine stärkere Koordinierung der Interessen verlangen, bilden auch die Grundlage für eine verstärkte Ungleichmäßigkeit der Entwicklung der einzelnen imperialistischen Länder und für die Vertiefung der Gegensätze zwischen ihnen, zwischen den USA und Westeuropa, zwischen den alten Imperialismen innerhalb Westeuropas (Großbritannien, Frankreich,

[15] Vgl. Breshnew, Leonid, Rede auf der internationalen Beratung der kommunistischen und Arbeiterparteien im Juni 1969 in Moskau, in: Internationale Beratung der kommunistischen und Arbeiterparteien, a. a. O., S. 175 ff.

Westdeutschland), sowie zwischen diesen und Japan. Anlaß einer besonderen Auseinandersetzung wurde hier in den sechziger Jahren das schnelle Wachstum der amerikanischen Kapitalanlagen in Westeuropa. Mit ihnen brachten die amerikanischen Konzerne bereits weitgehend die westeuropäischen Wachstumsindustrien unter ihre Kontrolle. Damit beschworen sie in den Augen der westeuropäischen Monopole die wachsende Gefahr der ökonomischen, finanziellen, technologischen und politischen Abhängigkeit von den USA sowie eine Einschränkung der eigenen Expansionsmöglichkeiten herauf.

Das Bestreben, den Zwang zu gemeinsamen Aktionen verstärkt im Interesse der eigenen imperialistischen Expansion auszunutzen, zeigt sich insbesondere auch in der Bedeutung, die man dem Kapitalexport in der strategischen Konzeption des westdeutschen Imperialismus beimißt.

Die führenden Vertreter des westdeutschen Finanzkapitals und der westdeutschen Regierung erklärten den Kapitalexport, in erster Linie Anlagen der westdeutschen Industriekonzerne im Ausland zur Erschließung von Rohstoffquellen und zum Erwerb von Beteiligungen an ausländischen Unternehmen sowie zur Errichtung eigener Industrien im Ausland, zur Hauptaufgabe der westdeutschen Wirtschaft in den siebziger Jahren. Bereits in den letzten beiden Jahren ließ sich eine verstärkte Aktivität beim privaten westdeutschen Kapitalexport feststellen. Sie zeigte sich im beschleunigten Ausbau der ausländischen Produktionsstätten der westdeutschen Industriekonzerne, in der Wiedererrichtung eines ausländischen Filialnetzes der westdeutschen Großbanken sowie in der verstärkten Begebung von Auslandsanleihen, die vom Aufsichtsratsvorsitzenden der Deutschen Bank, H. J. Abs, als Schrittmacher für den Aufbau echter Auslandspositionen (d. h. Direktinvestitionen) bezeichnet werden.[16]

„Das Neue in der Politik der herrschenden Klasse des Monopolkapitals in Westdeutschland ist das Streben zur Expansion, zur Errichtung der Vorherrschaft über die westeuropäischen Staaten, das Vordringen in die volksdemokratischen Länder, um den Aufbau des Sozialismus zu verhindern, und der Drang nach politischen und ökonomischen Machtpositionen in den arabischen, afrikanischen und asiatischen Ländern."[17]

Verstärkte private Kapitalexporte sollen diese Politik ökonomisch untermauern. Als Hauptfeld der Expansion sind die westeuropäischen Staaten vorgesehen. In der Zusammenfassung des westeuropäischen Produktions-

16 Vgl. „Der Spiegel" vom 6. 1. 1969, 23. Jg., Nr. 1/2

17 Ulbricht, Walter. Rede auf der internationalen Beratung der kommunistischen und Arbeiterparteien im Juni 1969 in Moskau, in: Internationale Beratung der kommunistischen und Arbeiterparteien, a. a. O., S. 272

und Forschungspotentials in der Form übernationaler westeuropäischer Großkonzerne sieht man die wissenschaftlich-technische und ökonomische Grundlage für ein politisch und militärisch geeinigtes Westeuropa unter der Führung des westdeutschen Imperialismus. Ein solches Westeuropa soll dabei die Vorstufe für ein vereinigtes kapitalistisches Gesamteuropa bis an die Grenzen der Sowjetunion abgeben. Die gefährlichen politischen und militärischen Aspekte der angestrebten westdeutschen Kapitalexpansion werden noch durch eine verstärkte neokolonialistische Aktivität unterstrichen. In der vorhandenen Arbeit werden die internationalen langfristigen Kapitalbeziehungen Westdeutschlands in den sechziger Jahren untersucht. Zu dem Zweck werden im ersten Kapitel die Besonderheiten der langfristigen internationalen Kapitalbeziehungen nach dem ersten Weltkrieg im allgemeinen dargestellt, ausgehend von dem Problem des relativen Kapitalüberschusses im staatsmonopolistischen Kapitalismus. Das zweite Kapitel untersucht die Stellung Westdeutschlands im System der internationalen langfristigen Kapitalbeziehungen, insbesondere unter dem Aspekt der Kapitalbeziehungen zu den hochentwickelten imperialistischen Ländern, während das dritte Kapitel sich mit den westdeutschen Kapitalexporten in die Entwicklungsländer befaßt.

Kapitel I

Der relative Kapitalüberschuß im staatsmonopolistischen Kapitalismus und einige Besonderheiten der internationalen Kapitalbeziehungen nach dem zweiten Weltkrieg

1. *Die Kategorie des relativen Kapitalüberschusses bei Marx und Lenin und die Fragestellung für den staatsmonopolistischen Kapitalismus*

Eine der wichtigsten Voraussagen von Karl Marx besagt, daß sich aus der inneren Dynamik des Kapitals notwendigerweise ein relativer Kapitalüberschuß ergibt, d. h., daß die Kapitalverwertung um so schwieriger wird, je weiter der Kapitalismus und die Produktivkräfte entwickelt sind. Marx leitet sowohl die Existenz als auch die Entwicklung des relativen Kapitalüberschusses aus den grundlegenden, die gesamte Entwicklung des Kapitalismus bestimmenden Gesetzen ab. Wie wissen auch, welche Bedeutung Lenin diesem Problem in seinem Werk „Der Imperialismus als höchstes Stadium des Kapitalismus" beimißt. Lenin knüpft unmittelbar an die von Marx entwickelten ökonomischen Gesetze des Kapitalismus an, und begründet mit ihnen Notwendigkeit, Wesen und historische Stellung des Imperialismus. Dabei ordnet er den relativen Kapitalüberschuß als Wesensbestandteil des imperialistischen Systems ein, als Attribut der Fäulnis und der Überreife des Kapitalismus im imperialistischen Entwicklungsstadium. Lenin erfaßt ihn als Ausdruck der Verschärfung aller Widersprüche des Kapitalismus durch die Monopole. Auch in der bürgerlichen Theorie werden verschiedene Konzeptionen des „Überschusses", wie die der „Kapitalsaturation" oder die der „Gesellschaft im Überfluß", entwickelt und zur Charakterisierung des Gesamtsystems verwandt. Tatsächlich hängt mit dem relativen Kapitalüberschuß eine grundlegende Frage des kapitalistischen Systems zusammen, vor allem vom Standpunkt der historischen Stellung des Kapitalismus.

Hier liegt eine der wichtigsten Begründungen für den Nachweis der gesetzmäßigen Ablösung des Kapitalismus durch den Sozialismus. Der relative Kapitalüberschuß betrifft das Grundproblem des kapitalistischen Systems, das Problem Produktion und Kapitalverwertung. Oder anders formuliert: Welche Perspektive, welches Ergebnis haben die Entwicklung der Produktivkräfte, der technische Fortschritt für die Kapitalverwertung?

Das ist eines der Grundprobleme der kapitalistischen Gesellschaft überhaupt: die Entwicklung der Vergesellschaftung der Produktion unter der Herrschaft des Kapitals.

So stellte Marx die Frage – als Verwertungsproblem –, und hieraus leitete er seine Voraussage über die notwendige Ablösung des Kapitalismus durch eine höhere Gesellschaftsordnung ab.

Aus den Zusammenhängen, wie sie Marx im Gesetz des tendenziellen Falls der Profitrate und in den inneren Widersprüchen dieses Gesetzes darlegt, folgt, daß der relative Kapitalüberschuß in letzter Konsequenz das Problem der produktiven Kapitalanlage in sich birgt. Diese ist im Kapitalismus nicht unmittelbar gegeben, weil Produktion und Konsumtion der Kapitalverwertung untergeordnet sind.

Auf der anderen Seite erfolgt die unmittelbare Kapitalverwertung, die Basis der gesamten kapitalistischen Produktionsweise, und ihr Ziel, die Produktion von Mehrwert, nur in der Produktion. Damit setzen die kapitalistischen Schranken der Produktion zugleich der Kapitalverwertung Grenzen.

Die Mittel, mit denen der Kapitalismus diese Schranken jeweils zu durchbrechen sucht – Entwicklung der Produktivkräfte – führen zu steigender organischer Zusammensetzung des Kapitals, mithin zum Fall der Profitrate. Der Fall der Profitrate schließt Akkumulation, Konzentration und wachsendes Kapitalminimum ein, um den Fall der Profitrate durch die Steigerung der Mehrwertrate sowie der Mehrwert- und Profitmasse zu kompensieren.

Aber die gesteigerte Mehrwertmasse muß auch realisiert werden. Dabei stößt das Kapital auf die Grenzen des Marktes, die durch die relative Beschränktheit der individuellen Konsumtion und durch die anarchische, disproportionale Entwicklung der einzelnen Zweige der Produktion gezogen sind.

Davon ausgehend definiert Marx das überschüssige Kapital als Kapital, für das der Fall der Profitrate infolge der inneren Widersprüche des Gesetzes des tendenziellen Falls der Profitrate nicht durch die Profitmasse aufgewogen wird. Es geht also beim relativen Kapitalüberschuß konkret um die widersprüchlichen Auswirkungen des technischen Fortschritts auf die Rate des Profits einerseits und seine Masse andererseits. Damit enthüllt Marx die Beschränktheit des Privatkapitals – der eigentlichen Grundlage des Systems – und den Zwang zur Enteignung, zur Überwindung der Privateigentumsverhältnisse. Dieser Zwang führt auf kapitalistischer Grundlage zu ständig stärkerer Zentralisation des gesellschaftlichen Kapitals in der Verfügungsgewalt von immer weniger Personen.

Wie jedoch die gesamte Theorie von Marx nach Engels' Formulierung eine historische, eine Entwicklungstheorie darstellt, so ist auch Marx'

Theorie vom relativen Kapitalüberschuß historisch zu betrachten, d. h., die Kategorie des relativen Kapitalüberschusses ist wie jeder gesetzmäßige Zusammenhang in seinen Erscheinungsformen sowie in der Art und Weise seiner Durchsetzung abhängig vom Entwicklungsstand des Systems und seinen Existenzbedingungen.

Es geht vor allem um das Verhältnis zwischen Entwicklungsstand der Vergesellschaftung der Produktion und Entwicklung der kapitalistischen Produktionsverhältnisse.

So erscheint der relative Kapitalüberschuß im vormonopolistischen Kapitalismus vor allem als periodische Entwertung und Brachlegung von Kapital. Diese von der Kontraktion der Produktion begleitete periodische Brachlegung und Entwertung von Kapital ist nach Marx' Erkenntnis das der kapitalistischen Produktionsweise immanente Mittel, den Fall der Profitrate aufzuhalten und die Akkumulation von Kapital durch Bildung neuen Kapitals zu beschleunigen.

In der periodischen Entwertung von Kapital und in der Kontraktion der Produktion liegen die Bedingungen für die erneute Ausdehnung der Produktion auf höherer Stufenleiter und die weitere Verwertung des Kapitals.

Der Funktionsmechanismus des Kapitalismus der freien Konkurrenz mit der vollen Ausbildung und ungehinderten Wirkung des kapitalistischen Preis- und Profitmechanismus bewirkte, daß der relative Kapitalüberschuß im Verlauf des Krisenzyklus periodisch reproduziert und periodisch absorbiert wurde. Lenin bezeichnet den relativen Kapitalüberschuß im Imperialismus bereits als ein Attribut der Überreife und Fäulnis des Kapitalismus, d. h. als Ausdruck dessen, daß die Herrschaft der Monopole und der Finanzoligarchie über das gesellschaftliche Kapital bereits die eigentlichen privatkapitalistischen Verhältnisse untergräbt.

Die Herrschaft der Monopole und die Notwendigkeit, Monopolprofit zu realisieren, schließen neue Quellen des relativen Kapitalüberschusses und neue Erscheinungs- und Bewegungsformen ein. Jetzt tritt der relative Kapitalüberschuß nicht mehr nur zyklisch auf, sondern wird in den führenden imperialistischen Ländern zu einer ständigen Erscheinung.

So erweisen sich die ökonomische, finanzielle und politische Beherrschung, die Ausplünderung schwächerer Länder, ferner die Beherrschung von Rohstoffquellen und ausländischen Absatzmärkten als Bedingungen der Kapitalverwertung. Immer stärker drängt der relative Kapitalüberschuß als Ausdruck des verschärften Konflikts zwischen dem erreichten Stand der Vergesellschaftung der Produktion und den Produktionsverhältnissen zu einer neuen, höheren Stufe der Konzentration und Zentralisation des Kapitals – zur internationalen Konzentration und Zentralisation.

Damit nimmt das Kapital monopolistischen und internationalen Charakter an, und der Kapitalexport wird zu einem Hauptventil für den relativen Kapitalüberschuß und zu einer der Hauptquellen des Monopolprofits.

Klar zutage trat die Verschärfung des Problems des relativen Kapitalüberschusses im Imperialismus schließlich in der Katastrophe der Weltwirtschaftskrise, der Depression besonderer Art mit chronischer Massenarbeitslosigkeit und anhaltender Nichtauslastung der Produktionskapazitäten sowie vor allem auch in solchen Erscheinungen wie der Desintegration der kapitalistischen Weltwirtschaft, dem Zusammenbruch des Goldstandards und des internationalen Kredits, Vorgängen, die das kapitalistische Weltwirtschaftssystem in den dreißiger Jahren charakterisieren.

Heute herrscht in allen hochentwickelten kapitalistischen Ländern der staatsmonopolistischen Kapitalismus, wobei die Macht der Monopole mit der Macht des Staates verschmilzt. Nach wie vor bilden kapitalistische Eigentumsverhältnisse und Profit Grundlage und Ziel des Systems. Aber ein neues politisches, außerökonomisches Element, nämlich der staatliche Zwang, wird unmittelbar zum Bestandteil des ökonomischen Mechanismus. Ist das Element des außerökonomischen Zwangs ohnehin dem Monopol immanent, so erfährt dieses Kriterium seine vollendete Ausprägung erst im staatsmonopolistischen Kapitalismus und wird zum notwendigen Bestandteil des ökonomischen Systems.

Die Ursachen liegen in den veränderten inneren und äußeren Existenzbedingungen des Imperialismus, vor allem in solchen Prozessen wie der Entstehung und Entwicklung des sozialistischen Weltsystems, dem Zerfall des Kolonialsystems und der Verschärfung des Grundwiderspruchs infolge der fortschreitenden wissenschaftlich-technischen Revolution.

Diese führt, wie wir wissen, zu gewaltigen strukturellen Veränderungen im gesamten Reproduktionsprozeß. Genannt seien hier nur Umwälzungen in der Energie- und Rohstoffbasis, im Nachrichten- und Verkehrswesen, tiefgreifende technologische Umwälzungen in Form der Chemisierung der Produktion, schließlich neben der Automation auch die Industrialisierung der Landwirtschaft.

All das führt zu einem gewaltigen Größenwachstum der Anlagen und einem bedeutend steigenden Kapitalminimum. Die organische Zusammensetzung des Kapitals nimmt enorm zu, wobei die Veränderung der Kapitalstruktur eine wachsende Rolle spielt.

Immer größere Teile ihres Kapitals müssen die Konzerne in Forschung und Entwicklung investieren. Zum Beispiel wandte der IBM-Konzern, der größte Hersteller von Datenverarbeitungsanlagen, 1967 fast eineinhalb Milliarden DM oder 7% seines Umsatzes für Forschung und Entwicklung auf. Bei den drei Nachfolgegesellschaften des IG-Farben-Konzerns betrug der Forschungsaufwand 1967 750 Mill. DM.

Leitung und Organisation der Produktion wie des Absatzes verlangen heute ebenfalls ständig größere Sachinvestitionen, zum Beispiel in Meß-, Steuer- und Regelanlagen, in spezialisierten Transport- u. Lagereinrichtungen sowie Arbeitsschutzvorrichtungen.

Das alles macht deutlich, in welchen Dimensionen sich die gesamte Verwertungsproblematik unter den Bedingungen der wissenschaftlich-technischen Revolution zuspitzt. Dazu kommen eine Reihe besonders charakteristischer Entwicklungen als Folge der wissenschaftlich-technischen Revolution, welche die ganze Tiefe des Konflikts verdeutlichen.

Es geht darum, daß die Produktion auf der Grundlage der modernen Produktivkräfte eine entsprechende Entwicklung der Infrastruktur im industriellen, verkehrsmäßigen, sozialen, hygienischen und bildungsmäßigen Bereich verlangt, es entstehen ganz neue Anforderungen an die Städte- und Regionalplanung, an die Organisation von Wissenschaft und Forschung usw. So wird bereits *unmittelbar im Produktionsprozeß und seinen Wachstumsbedingungen* sichtbar, daß die Entwicklung auf der Grundlage der modernen Produktivkräfte immer mehr den Notwendigkeiten der Kapitalverwertung entwächst.

Die erweiterte Reproduktion des Kapitals ist unter diesen Bedingungen ohne das Wirksamwerden des Staates als ökonomische Potenz, d. h. als gesamtgesellschaftlicher Ausbeutungs- und Monopolisierungsfaktor, unmöglich geworden.[1]

Das Problem besteht heute darin, daß das System ohne diese neue Stufe der Monopolisierung und der Ausbeutung angesichts der modernen Produktivkräfte nicht mehr existenzfähig wäre. Das vor allem charakterisiert heute den historischen Zustand des kapitalistischen Systems. Auf den relativen Kapitalüberschuß bezogen bedeutet das, daß der Widerspruch zwischen Produktion und Verwertung heute eine solche Zuspitzung erfahren hat, daß ohne Zwischenschaltung des Staates in den Verwertungsmechanismus die Kompensation des Falls der Profitrate durch die Masse des Profits und damit die erweiterte kapitalistische Reproduktion nicht mehr möglich wäre.

Zudem besteht die Rolle des imperialistischen Staates nicht nur darin, unmittelbar im Profitinteresse der Monopole wirksam zu werden, sondern diese ökonomische Aufgabe mit einer anderen zu verknüpfen: das Profitsystem als solches zu sichern. Das umfaßt nicht nur die Sicherung der all-

[1] Vgl. Gündel/Heininger/Hess/Zieschang, Zur Theorie des staatsmonopolistischen Kapitalismus, Berlin 1967

gemeinen ökonomischen Bedingungen, sondern auch das Bemühen, das Profitsystem als solches gegen den Einfluß des sozialistischen Weltsystems, gegen den Einfluß der Arbeiterklasse und der revolutionären Bewegung in den schwachentwickelten Ländern abzusichern.[2]

Aus all dem ergeben sich neue Bewegungsformen für den Widerspruch zwischen Produktion und Verwertung, damit also neue Formen seiner relativen Lösung und Verschärfung, was auch neue Erscheinungsformen und Absorptionskanäle für den relativen Kapitalüberschuß nach sich zieht, die insgesamt von der zunehmenden Labilität des Systems zeugen.

Neben die nach wie vor zyklische Bewegung der Reproduktion treten immer häufiger chronische Prozesse, wie langanhaltende Krisenerscheinungen in einzelnen Wirtschaftszweigen und Bereichen, Überentwicklung bestimmter Bereiche und Unterentwicklung anderer, chronische Nichtauslastung von Produktionskapazitäten, chronische Zahlungsbilanzungleichgewichte, schließlich langanhaltende Haushalts-, Finanz- und Währungskrisen und anderes.

Neben den Kapitalexport der Monopole als Ventil für relativ überschüssiges Kapital tritt die Vergrößerung des Staatsverbrauches, insbesondere des parasitären, aber auch des Staatsverbrauches für Infrastrukturinvestitionen.

Die neuen Bewegungsformen des relativen Kapitalüberschusses werden angesichts der hohen Stufe der Vergesellschaftung und des allseitigen Eingriffs des Staates in den Ausbeutungsprozeß und in alle Bereiche der gesellschaftlichen Reproduktion durch vielfältige Zwischenglieder und Kanäle vermittelt. Hierfür fungieren die Staatsfinanzen als wichtiges Instrument. Jedoch geht es nicht einfach um die Verteilung von Geldern, sondern darum, kraft staatlicher Autorität, kraft staatlichen Zwangs Verwertungsbedingungen zu setzen. Als gesamtgesellschaftliches Machtinstrument hat der Staat die Möglichkeit, durch seine Preispolitik, Steuerpolitik, durch Subventionen und andere Formen der Investitions- und Exportförderung Investitionen in Bereiche mit hoher organischer Zusammensetzung des Kapitals und mit großem Kapitalminimum zu lenken, die bei freier Wirkung der ökonomischen Gesetze keine oder eine zu geringe Verwertungsmöglichkeit böten.

Auch vermittels der staatlichen Einnahmen- und Ausgabenpolitik geschieht dies durch die Bereitstellung staatlicher Mittel für Rüstungszwecke. Die staatlichen Aufträge über unmittelbare und mittelbare Rüstungsgüter und alle Arten militärischer Objekte gehen zum überwiegenden Teil an Monopolunternehmen. Die dafür aufgewandten Produktionsmittel und

[2] Vgl. Autorenkollektiv, Imperialismus heute, Berlin 1965

Arbeitskräfte stellen fungierendes Kapital dar. Das gleiche gilt für die Staatsausgaben in verschiedenen Bereichen der industriellen Infrastruktur, die sachlichen Elemente der hygienischen und bildungsmäßigen Infrastruktur sowie der Wissenschaft und Forschung, die mit der Entwicklung der wissenschaftlich-technischen Revolution dem Umfang und ihrer Struktur nach immer bedeutender und vielfältiger werden.

Auch die staatliche Aktivität im Bereich der Außenwirtschaft in Form staatlicher Kapitalexporte, einseitiger Übertragungen wie Reparationen, Wiedergutmachungsleistungen, nichtrückzahlbarer Zuschüsse usw. stimulieren mittelbar oder unmittelbar die Produktion, weil es sich bei allen diesen finanziellen Leistungen an das Ausland um Warenlieferungen und Dienstleistungen handelt, die überwiegend kapitalistischen Unternehmen obliegen.

Die staatlichen Regulierungen wirken zunächst auf den Prozeß der Kapitalverwertung in dreifacher Richtung ein:

1. Der eigentliche Verwertungsprozeß oder der „Verwertungsprozeß im engeren Sinne" – d. h. der Produktionsprozeß – wird auf hohem Niveau aufrechterhalten und die Akkumulation stimuliert, d. h., es wird in wachsendem Umfang lebendige Arbeit als Quelle des Mehrwerts in Bewegung gesetzt. Die Ausbeutung vollzieht sicht auf stets erweiterter Basis;

2. Indem der Staat durch Umverteilung des Nationaleinkommens die Profitrate zugunsten der Monopole reguliert und die Kapitalakkumulation forciert, bewirkt er eine Ausdehnung des Marktes für Produktionsmittel, insbesondere für die Elemente des fixen Kapitals.

3. Schließlich wird dadurch auch die individuelle Konsumtion auf einem relativ hohen Niveau gehalten.

Bei der Einbeziehung des Staates in den Reproduktionsprozeß geht es vor allem um die Aufrechterhaltung des Profitsystems überhaupt. Aber das kann nicht mehr nur in dem Sinne verstanden werden, daß neue Möglichkeiten der Kapitalanlage und -verwertung geschaffen werden. Hinzu kommt, daß das ökonomische Wachstum auf der Basis der modernen Produktivkräfte heute die Lösung gesamtgesellschaftlicher Aufgaben, eine zentrale Wirtschaftsführung und eine an langfristigen gesamtwirtschaftlichen Gesichtspunkten ausgerichtete Verteilung verlangt. Die Schaffung der für das Wachstum notwendigen industriellen, volkswirtschaftlichen und regionalen Strukturen erfordert – da diese Prozesse immer mehr den unmittelbaren Verwertungszusammenhängen entwachsen –, daß außerhalb des Profit- und Marktmechanismus zentral Kapital verfügbar ist. Auch hierin liegen objektive Bedingungen für neue Bewegungs- und Erscheinungsformen des relativen Kapitalüberschusses begründet.

Die Folgen und Begleiterscheinungen der staatsmonopolistischen Produktionsstimulierung, die neuen widerspruchsvollen Prozesse, die durch sie in Bewegung gesetzt werden, und die damit verbundene weitere Zentralisierung des gesellschaftlichen Reichtums in Händen der Monopole vertiefen die Klassengegensätze und erweitern die Basis für die sozialen Konflikte des Systems. Die Schaffung der sich aus der wissenschaftlich-technischen Revolution notwendig ergebenden volkswirtschaftlichen und industriellen Strukturen, wie Veränderungen des Transport- und Nachrichtenwesens, neue Standortbeziehungen der Industrie, die Umwälzung in der Energiewirtschaft usw., verursachten gewaltige Kosten in Form von neuangelegtem fixem Kapital und führten zur Entwertung vorhandener Produktionsmittel. Mittels Subventionen, auch durch die Preis-, Kredit- und Steuerpolitik ermöglicht es der Staat den Monopolen, den moralischen Verschleiß zu finanzieren und die notwendige Umstrukturierung ihrer großen Unternehmen vorzunehmen. Das bedeutet, daß der Staat der gesamten Gesellschaft einen Tribut auferlegt, lediglich zu dem Zweck, das überlebte System des Privateigentums an den Produktionsmitteln aufrechtzuerhalten.

Aber gerade die Wege und Methoden, durch die der Staat Anlagemöglichkeiten für Kapital zu monopolistisch hohen Profiten schafft, lösen einen Mechanismus aus, der die Überproduktion und Überakkumulation zum Stimulus neuer Überproduktion und Überakkumulation macht und eine Reihe chronischer Krisen- und Stagnationserscheinungen zeitigt. Dazu einige Beispiele: Bekanntlich führte der von den imperialistischen Ländern praktizierte Agrarprotektionismus, dessen ökonomische Ursache in der landwirtschaftlichen Überproduktion der führenden Industrieländer lag, nicht zur Drosselung der Produktion und zum Sinken der Profite und Preise, sondern im Gegenteil zur Steigerung der Profite und Preise und zur Verschärfung der Überproduktion. Letztere verschärft ihrerseits das chronische Defizit der Handels- und Zahlungsbilanzen einer Reihe von Entwicklungsländern und erschwert die Kapitalverwertung von seiten der Realisierung, speziell des Exports.

Die staatliche Investitionsförderung in ihren verschiedenen Formen führt auch bei Vorhandensein großer Überkapazitäten zur Neuanlage von fixem Kapital. Solche Methoden, wie die direkte staatliche Finanzierung der Subventionen oder die staatsmonopolistische Regulierung der Investitionstätigkeit bewirken, daß selbst in Krisen und bei Stagnationserscheinungen von den Monopolen weiterhin investiert wird. Die Folgen erkennen wir in einer Tendenz zur wachsenden Überproduktion an fixem Kapital und in Verlusten an Nationaleinkommen.

Aber auch Produktionsdrosselungen können die Folge einer staatsmonopolistischen Regulierung der Preise und der Zahlung staatlicher Entschädigungen bei Profitausfall sein, wie wir das zum Beispiel in der Erdöl- und Erdgasförderung der USA, im Bergbau der USA und Westeuropas sowie in der Stahlindustrie beobachten konnten. Daß der kapitalistische Marktmechanismus mit seinen Wert-, Preis- und Profitkategorien die modernen Produktivkräfte nicht bewältigen kann, offenbart vor allem die Inflationierung der kapitalistischen Währungen als eine notwendige und systemimmanente Begleiterscheinung der staatsmonopolistischen Wachstumsstimulierung. Sie führt zu einer weiteren Umverteilung von Kapital und Einkommen zugunsten der Monopole. Die erwähnten inflationistischen Prozesse, die bis zu einem gewissen Grade selbst zu einem Antrieb für die Akkumulation werden, verselbständigen sich jedoch und bilden an einem bestimmten Punkt eine Gefahr und ein Hemmnis für das weitere Wachstum und die Verwertung. Die Inflationierung entwertet Kapital und Einkommen und behindert an einem bestimmten Punkt das weitere Wachstum oder zwingt zu Eingriffen, die das Wachstum abbremsen. Oder nehmen wir die Wirkung der Militarisierung. Heute nimmt die Aufrüstung in allen kapitalistischen Hauptländern einen großen und wachsenden Teil des Nationaleinkommens in Anspruch. Einerseits stimuliert wohl die Rüstung Wachstum und Akkumulation, indem sie den Monopolen Aufträge, hohe Profite und einen gesicherten Absatzmarkt beschert, zugleich aber bedeutet sie Vernichtung von Volkseinkommen und von Kapital, das für produktive Zwecke Verwendung finden könnte. Zu bedenken bleibt, daß das Ausmaß der Rüstung auf die volkswirtschaftlichen und außenwirtschaftlichen Disproportionen verschärfend wirkt, da es eine der Haupttriebkräfte für Inflationierung, Haushaltskrisen und Zahlungsbilanzkrisen ist. Die Aufrüstung hemmt aber das Wachstum auch, weil sie Arbeitskräfte, Produktionsmittel und Finanzmittel bindet, die für die Sicherung der langfristigen Wachstumsbedingungen unbedingt erforderlich sind.

Die Vertiefung des Widerspruchs zwischen Produktion und Verwertung zeigt sich darin, daß sich hohe Profite für die Monopole nur auf Kosten hoher gesellschaftlicher Verluste und hoher absoluter Wachstumsverluste erzielen lassen. Ein bedeutender Teil des Nationaleinkommens wird als Rüstungsgüter oder in Form von Überkapazitäten brachgelegt. Dazu kommen systembedingte volkswirtschaftliche Verluste durch die parasitäre Ausdehnung des tertiären Sektors in Gestalt der Überbesetzung des Handels und der Zirkulationssphäre, durch Luxuskonsum und parasitären Staatsverbrauch, durch unerhörten Reklameaufwand und anderes mehr. Ende der fünfziger Jahre machten in den USA allein die Kosten von Modelländerungen an Autos aus Reklamegründen 2,5 Prozent des Bruttosozialprodukts aus.[3]

Die Überlebtheit der kapitalistischen Produktionsverhältnisse, gemessen an den Produktivkräften, zeigt sich darin, daß die gesellschaftlichen Ko-

[3] Sweezy, M./Baran, P., Monopoly Capital, New York-London 1966, S. 137.

sten – d. h. der Aufwand an gesellschaftlicher Arbeit – zur Aufrechterhaltung der überlebten Profitproduktion enorm wachsen. Einen immer größeren Teil ihrer Arbeit muß die Gesellschaft für Zwecke aufwenden, von denen sie zwar keinen Nutzen hat, die aber notwendig sind, um den Verwertungskreislauf des Kapitals in Fluß zu halten, den Produktionsprozeß von Mehrwert auf stets erweiterter Stufenleiter durchzuführen, und die ökonomische, politische und militärische Macht der Monopole über die Gesellschaft zu vergrößern und eben gerade dadurch den realen Reichtum der Gesellschaft relativ zu verringern.

2. *Einige Auswirkungen der strukturellen Veränderungen des Kapitalismus auf die internationalen Kapitalbeziehungen nach dem zweiten Weltkrieg*

Es erhebt sich die Frage, inwieweit sich die Veränderungen in den Bewegungs- und Erscheinungsformen des relativen Kapitalüberschusses auf die internationalen Kapitalbeziehungen der imperialistischen Länder, insbesondere auf deren langfristige Kapitalexporte, auswirken.

Soweit die Statistiken erkennen lassen, haben die Kapitalexporte der imperialistischen Länder gegenüber der Zeit vor dem ersten Weltkrieg sowie gegenüber der Zwischenkriegsperiode an Umfang gewaltig zugenommen. Aber offensichtlich kommt ihnen nicht mehr die gleiche relative Bedeutung zu wie früher. Es gibt Schätzungen, wonach England vor dem ersten Weltkrieg 50 Jahre lang jährlich zwischen 4 und 7 Prozent seines Volkseinkommens im Ausland investierte. Zu Beginn der fünfziger Jahre hatte sich der Anteil der englischen Auslandsinvestitionen am Nationaleinkommen auf 1,5 Prozent verringert. Um einen entsprechenden Anteil des Kapitalexports am Nationaleinkommen zu erreichen, wie s. Z. England, hätten die USA, als größter Kapitalexporteur nach dem zweiten Weltkrieg, jährlich etwa 12 bis 20 Milliarden Dollar im Ausland investieren müssen.[4] Dem stehen an tatsächlichen amerikanischen Nettokapitalexporten (privaten und staatlichen) nach den Daten der amerikanischen Zahlungsbilanz für 1960–66 im jährlichen Durchschnitt aber nur Beträge zwischen 4 und 8 Milliarden Dollar gegenüber. Das entspricht einem Anteil von 0,7 bis 1,6 Prozent am Nationaleinkommen der USA in dem genannten Zeitraum. Bei Berechnung auf der Grundlage der Bruttokapitalexporte würde sich der Anteil etwas erhöhen.[5]

[4] Nurkse, R., The Problem of International Investment Today in the Ligh't of Nineteenth-Century Experience, in: „The Ecinomic Journal", Nr. 256, Dezember 1964, S. 745ff.

[5] Anteil der USA-Kapitalexporte am Nationaleinkommen der USA 1960 bis 1966 in Mrd. Dollar bzw. in Prozent (Fortsetzung siehe Seite 29)

Von 1910 bis 1913 erreichten die englischen Investitionen 13,4 Prozent des Nationaleinkommens, die sich in 4,1 Prozent bei Binneninvestitionen und 9,3 Prozent bei Auslandsinvestitionen gliedern. Am Vorabend des ersten Weltkrieges entfielen fast 70 Prozent aller englischen Investitionen auf Auslandsinvestitionen.[6] In den sechziger Jahren (1960 bis 1967) bewegte sich der Anteil der britischen Nettokapitalexporte am Nationaleinkommen zwischen 0,1 und 1,4 Prozent und der der Bruttokapitalexporte zwischen 1,2 und 1,8 Prozent.[7]

Fortsetzung von Fußnote 5

	1960	1961	1962	1963	1964	1965	1966
National-einkommen	414,5	–	457,7	481,9	517,3	559,0	609,9
Private und staatliche Netto-kapitalexporte	4,260	4,673	4,751	6,401	8,215	5,973	4,451
Private und staatliche Brutto-kapitalexporte	4,626	5,380	5,772	7,090	8,900	6,167	6,619
Anteile der Nettokapital-exporte am NE	1,03	–	1,0	1,3	1,6	1,07	0,7

Quelle: Berechnet nach: Statistical Abstract 1967, S. 319, Tab.-Nr. 452; S. 814, Tab.-Nr. 1208

[6] Wygodski, S., Neue Tendenzen im Kapitalexport, in: Weltwirtschaft und internationale Beziehungen, Moskau, Nr. 2/1966, S. 51, russ.

[7] Anteil der Kapitalexporte des Vereinigten Königreichs am Nationaleinkommen 1960 bis 1967 in Mill. Pfund Sterling bzw. in Prozent

	1960	1961	1962	1963	1964	1965	1966	1967
Nationaleinkommen	20857	22327	23353	24845	26821	28613	29921	31148
Private und staatliche Nettokapital-exporte	181	+97	28	148	370	203	104	86
Private und staatliche Bruttokapital-exporte	365	265	302	370	476	423	387	503,
Anteile der Netto-kapitalexporte am NE	0,86	–	0,12	0,6	1,4	0,7	0,38	0,28

1961 + 97 = Nettokapitalimport

Quelle: Berechnet nach: Central Statistical Office, Annual Abstract of Statistics, Nr. 105, S. 262, Tab.-Nr. 293; S. 251, Tab.-Nr. 281 u. 282; S. 252, Tab. 283

Bei Deutschland bzw. Westdeutschland betrug der Anteil der Bruttokapitalexporte vor dem ersten Weltkrieg 1,5 bis 1 Prozent des Nettosozialprodukts und in den sechziger Jahren im Durchschnitt 1,2 Prozent. Der Anteil der Nettokapitalexporte lag in den sechziger Jahren im Durchschnitt bei 0,31 Prozent.[8]

Es ergibt sich hier die Frage, ob die relative Abnahme des Kapitalexports Ausdruck einer Verbesserung der Verwertungsbedingungen für Kapital ist. Mit anderen Worten: Wird der Widerspruch zwischen Produktion und Verwertung unter den Bedingungen der wissenschaftlich-technischen Revolution und des Übergangs zum staatsmonopolistischen Kapitalismus gemildert und tendenziell überwunden? Spielt demzufolge der relative Kapitalüberschuß heute nicht mehr die Rolle wie im frühen Entwicklungsstadium des Imperialismus? Hat sich die Notwendigkeit zum Kapitalexport und zur äußeren Expansion für die imperialistischen Länder abgeschwächt?

Die relativ abnehmende Bedeutung des Kapitalexports kann natürlich nicht zu der Schlußfolgerung führen, daß dieser tendenziell aufhört, ein wesentlicher Bestandteil des imperialistischen Systems zu sein. Schon im Hinblick auf die modernen Produktivkräfte, die eine verstärkte Internationalisierung der Wirtschaft erfordern, bleibt er nach wie vor eines der Ventile für Kapitalüberschuß. Die Erklärung für die relative Minderung der Bedeutung des Kapitalexports für den Reproduktionsprozeß in den imperialistischen Ländern liegt einmal in den neuen Erscheinungsformen und Absorptionskanälen für relativ überschüssiges Kapital, zum andern in den Folgen, die zu einer weiteren Untergrabung und wachsenden Labilität des kapitalistischen Weltwirtschaftssystems führen.

Zum Beispiel schafft die Lenkung des beim Staat zentralisierten Teils des Nationaleinkommens in dem Bereich der Investitionen und des Staatsverbrauchs wohl starke Stimulie für die Ausdehnung der Binneninvestitionen. Jedoch verhindern die damit verbundenen neuen Formen, in denen der relative Kapitalüberschuß erscheint – vorwiegend als Überschuß von produktivem Kapital, als Brachlegung von Produktionskapazitäten –, seine internationale Mobilität. In dieser Form ist der Kapitalüberschuß in einer bestimmten nationalen Produktionssphäre fixiert. Da international wie national das Kapital nur in Waren- oder Geldform, nicht jedoch als produktives Kapital übertragbar ist, müßten sich also zuvor die Überschußkapazitäten in eine der Zirkulationsformen des Kapitals verwandeln. Das wird aber gerade durch die gleichen Prozesse, die zur Brachlegung des

[8] Vgl. Kapitel II, S. 54

produktiven Kapitals führen, verhindert, bzw. es könnte nur unter großen Verlusten vor sich gehen.

Oder nehmen wir den Zusammenhang zwischen der staatsmonopolistischen Stimulierung der Investitionen und der Profite, dem Inflationierungsprozeß und der relativ geringen Bedeutung der privaten Leihkapitalexporte.

Die Letzteren sind unter anderem nicht nur eine Folge der staatsmonopolistischen Wachstumsstimulierung sondern auch Ausdruck der politischen und ökonomischen Instabilität der Wirtschaftsbeziehungen. So sehen wir aus den gleichen Gründen große internationale Kapitalbewegungen zwischen den kapitalistischen Ländern, wie Grants, Reparationen, Wiedergutmachungsleistungen, die zwar keine Kapitalexporte, aber Ausdruck der Verwertungsproblematik des heutigen Kapitalismus sind.

Besondere Bedeutung kommt in diesem Zusammenhang dem Rückgang des Exports von Leihkapital über die Emission von Auslandsanleihen, der Hauptform des Kapitalexports vor dem ersten Weltkrieg, zu.

Damals betrug das Volumen der Auslandsemissionen in London jährlich durchschnittlich 134 Mill. oder 2,68 Mrd. Goldmark, mithin 75 Prozent des gesamten damaligen Londoner Emissionsvolumens.[9] Demgegenüber belief sich von 1900 bis 1912 der Anteil der Auslandsemissionen an den Neuemissionen in Frankreich auf 75 Prozent und in Deutschland auf 40 Prozent. Man schätzt das jährliche Volumen der Auslandsanleihen Frankreichs vor 1914 auf 1,6 bis 2 Mrd. Mark und das Deutschlands auf 0,8 bis 1,2 Mrd. Mark.[10] Bis 1914 hatten die Auslandsemissionen folgenden Gegenwert erreicht: 18 Mrd. Dollar in London, 5 Mrd. Dollar in Paris, 6 Mrd. Dollar an den deutschen Kapitalmärkten, insbesondere Berlin und Frankfurt und 3,5 Mrd. Dollar in New York[11], insgesamt mithin 36,5 Mrd. Dollar. Von 1954 bis 1965 brachten die in Europa und den USA aufgelegten Auslandsanleihen insgesamt nur rd. 12,0 Mrd. Dollar oder unter Berücksichtigung der Entwertung des Dollars nur rd. 4,0 Mrd. Dollar.[12]

Trotz der sprunghaften Entwicklung des Volumens der internationalen Anleihen in den letzten Jahren[13] verlor der Kapitalexport über private

[9] Der Volkswirt, Beiheft zu Nr. 43 vom 29. 10. 1965, S. 2

[10] Abs, H. J., Internationale Anleihen, Institut für Weltwirtschaft, Kiel 1968

[11] Der Volkswirt, Beiheft zur Nr. 43, a. a. O.

[12] Vgl. ebenda, S. 8, ff. und Geschäftsbericht der DBB für 1965, S. 35.

[13] Von 1963 bis 1967 betrugen die Auslandsanleihen und internationalen Anleihen, die in Westeuropa und in den USA emittiert wurden, insgesamt 14 330 Mill. Dollar. Das sind im jährlichen Durchschnitt rd. 3 Mrd. Dollar. Von den Auslandsanleihen in Höhe von insgesamt 9 782 Mill. Dollar entfielen 7 553 Mill. Dollar auf die USA (4 801 Mill. Dollar an Kanada, 995 Mill. Dollar

Anleihen gegenüber anderen Formen des Kapitalexports, wie den Direktinvestitionen, den staatlichen Anleihen oder den direkten Anleihen und Krediten an Bedeutung. Als Hauptform des Kapitalexports sind der Emission von privaten Auslandsanleihen heute infolge der Veränderungen im kapitalistischen Weltwirtschaftssystem die Grundlagen entzogen.

Der staatsmonopolistische Kapitalismus verstärkt die ungleichmäßige, sprunghafte Entwicklung der einzelnen imperialistischen Länder und damit die Tendenzen zur Störung der Zahlungsbilanzgleichgewichte.

Die staatsmonopolistische Regulierung, insbesondere die Forcierung der Aufrüstung, die staatliche Investitions- und Außenhandelsförderung, der gewaltig gestiegene Staatsverbrauch tragen wesentlich zur Inflationierung der kapitalistischen Währungen bei.

Die verstärkte ungleichmäßige ökonomische und politische Entwicklung der einzelnen Länder des kapitalistischen Systems und der allgemeine, ebenfalls ungleichmäßig verlaufende Prozeß der Inflationierung, führen, sich gegenseitig fördernd, zur Unterhöhlung des kapitalistischen Weltwährungssystems und zur Vertiefung der chronischen Währungs- und Valutakrise. Staatsmonopolistische Regulierungsmaßnahmen, die dem entgegenwirken sollen, wie Handelsbeschränkungen und Devisenbewirtschaftung, verursachen nur weitere Instabilität und Ungleichmäßigkeit.

Die staatsmonopolistischen Zentralisationsprozesse und die damit einhergehende Monopolisierung der inländischen Kapitalmärkte durch das Finanzkapital, ferner die Verschmelzung der großen Investoren mit dem Staat sowie die Mobilisierung von Mitteln des Haushaltes für die Finanzierung der Investitionen und des moralischen Verschleißes mindern auf nationaler und internationaler Ebene die Bedeutung der Finanzierung in Form von Anleiheemissionen zugunsten anderer Finanzierungsarten. Durch die gleichen Prozesse werden aber auch die allgemeinen eigentumsmäßigen Grundlagen dieser Finanzierungsform untergraben.

Vor dem ersten Weltkrieg, als der Grad der Monopolisierung weniger weit fortgeschritten war, das volkswirtschaftliche Investitionsvolumen und der Anteil der Investitionen am Nationaleinkommen weit niedriger lagen als unter den Bedingungen der wissenschaftlich-technischen Revolution – wo beide Größen infolge des gewaltig gestiegenen Kapitalminimums sehr stark zunehmen, erschien der Kapitalüberschuß u. a. als ständige Plethora von Leihkapital. Dieses Leihkapital befand sich zu einem

Anleihen an Entwicklungsländer, 1035 Mill. Dollar Anleihen an internationale Institutionen) und 1968 Mill. Dollar auf Westeuropa. (Vgl. Bank für internationalen Zahlungsausgleich, Basel, 38. Jahresbericht, 1. 4. 1967 – 31. 3. 1968), Basel 1968, S. 62.

wesentlichen Teil in den Händen einer breiten Schicht von Rentnerkapitalisten und wurde von den Banken zum Zwecke des Kapitalexports in Form von Auslandsanleihen zentralisiert. So lag der Nennbetrag der ausländischen Staats- und Kommunalanleihen in Deutschland in den Jahren 1886–1889 bei 2 Mrd. Mark, was 40 Prozent der überhaupt aufgelegten Anleihen ausmacht. In den folgenden Jahren bewegte sich der Auslandsanteil der in Deutschland aufgelegten Anleihen zwischen 30 und 15 Prozent.[14] Die westdeutschen Statistiken zeigen, wie gering sich dagegen der Anteil der Auslandsanleihen in den sechziger Jahren, gemessen an der gesamten Auflegung und am Absatz festverzinslicher Wertpapiere in Westdeutschland, ausnahm. Unter den Bedingungen des staatsmonopolistischen Kapitalismus erhöhte die Zentralisation der Geldkapitalakkumulation bei den Monopolen und beim Staat entscheidend das Gewicht der sogenannten Selbstfinanzierung und direkter Bankkredite. Wegen der Eigentumsstruktur, des hohen Grades der Zentralisation von Kapital und Produktion und wegen der engen finanziellen Verflechtung von Industrie- und Bankmonopolen mit dem Staatshaushalt verliert die Mobilisierung von Leihkapital in Form der Wertpapieremission an Bedeutung.

Die Wandlungen in der eigentumsmäßigen Struktur des gesellschaftlichen Gesamtkapitals im allgemeinen und der Geldkapitalakkumulation im besonderen, verschieben in den imperialistischen Ländern binnenwirtschaftlich das relative Gewicht der einzelnen Formen der Kapitalmobilisierung für die Akkumulation. Im internationalen Bereich treten jedoch weitere Momente hinzu. Die staatsmonopolistische Regulierung stimulierte die Binneninvestitionen und führte zur wachsenden Inlandsnachfrage der Monopole nach Geldkapital für die Akkumulation. Andererseits ging die Bedeutung der schwachentwickelten Länder, auf die vor dem ersten Weltkrieg etwa 60 Prozent der in den Industrieländern emittierten Auslandsanleihen entfielen, als Anlagesphären für private Kapitalexporte in dieser Form stark zurück, weil die politischen, ökonomischen und finanziellen Risiken zu groß wurden.

Die Inflationierung der Währungen und die Zahlungsbilanzungleichgewichte unterhöhlen die ökonomische und institutionelle Stabilität der Wechselkurse. Da Binnen- und Außenwert der Währungen infolge der inflationistischen Konjunkturpolitik und der Förderung der außenwirtschaftlichen Expansion immer mehr auseinanderklaffen, steigt das Wechselkursrisiko. Dieses drückt auf die Laufzeit der Anleihen und verteuert diese Form des internationalen Kredits. Dazu kommt, daß der Leihkapitalexport sich unmittelbar auf die Währungsreserven und die Wechselkurse, die

[14] Der Volkswirt, a. a. O., S. 26ff

innere Geldzirkulation und das inländische Kreditvolumen auswirken und von daher Einfluß auf den Reproduktionsprozeß im Kapitalexport- und -importland ausüben können. Infolgedessen unterliegt der Leihkapitalexport und -import in fast allen kapitalistischen Ländern vielfältigen staatlichen Kontrollen und devisenpolitischen steuerlichen Beschränkungen, die sich sehr schnell mit der konjunktur- und währungspolitischen Entwicklung verändern können.

Unter diesen Bedingungen sind nur die größten internationalen Gesellschaften, Regierungen oder die internationalen Institutionen in der Lage, sich internationales Kapital über Wertpapieremissionen zu verschaffen. Die internationalen Leihkapitalexporte der Monopole gehen zumeist in Form von Direktkrediten der Banken an Industrieunternehmen bzw. von Muttergesellschaften an ausländische Tochtergesellschaften. Daneben spielen Anlagen in ausstehenden Wertpapieren eine Rolle, denen oft spekulative Motive zugrunde liegen.

Heute exportieren die Monopole Kapital überwiegend als industrielles und Zirkulationskapital und nicht als Leihkapital, was sich in dem Übergewicht der Direktinvestitionen unter den gesamten langfristigen privaten Kapitalexporten niederschlägt. Die privaten Leihkapitalexporte erfolgen weitgehend als Direktinvestitionen. Beim langfristigen Leihkapitalexport überwiegen die Anleihen und Kredite der internationalen staatsmonopolistischen Finanzinstitutionen sowie die bilateralen staatlichen Anleihen und Kredite. Im Bereich der Außenwirtschaft führte die staatsmonopolistische Regulierung u. a. zur staatlichen Finanzierung supranationaler Kreditinstitutionen, bilateraler staatlicher Kredite, langfristiger, staatlich abgesicherter Lieferantenkredite und zur staatlichen Förderung der Direktinvestitionen. Auf diesen Wegen werden über die Stimulierung der Investitionen und die Ausdehnung der Produktion die nationale und internationale Akkumulation, Konzentration und Zentralisation des Monopolkapitals ermöglicht.

In der wachsenden Bedeutung der sogenannten Direktinvestitionen im Rahmen der privaten Kapitalexporte spiegelt sich die verstärkte internationale Monopolisierung der Verwertungsbedingungen wider. Direkte Auslandsinvestitionen sind Kapitalanlagen, mit deren Hilfe man Einfluß auf die Leitung eines ausländischen Unternehmens auszuüben sucht. Sie reichen von der Gründung ausländischer Tochtergesellschaften bis zu Minderheitsbeteiligungen und können verschiedene Formen monopolistischer Bindungen zwischen Unternehmen mit Sitz in verschiedenen Ländern annehmen.[15] Der Zwang zur verstärkten internationalen Monopolisierung der

[15] Vgl. Seifert, Hubertus, Die deutschen Direktinvestitionen im Ausland. Westdeutscher Verlag, Köln-Opladen 1967, S. 25ff.

Verwertungsbedingungen beruht auf der enormen Entwicklung der Produktivkräfte im Zeitalter der wissenschaftlich-technischen Revolution. Hieraus entstehen hohe Anforderungen an die Akkumulation sowie die Konzentration und Zentralisation des Kapitals, wobei der Akkumulationsprozeß unter modernen technischen Bedingungen immer größeren Kapitalaufwand verlangt. Das bedeutet unter monopolkapitalistischen Bedingungen zugleich verschärfte Konkurrenz der Monopole um die günstigsten Verwertungs- und Akkumulationsbedingungen, was sich wiederum in Richtung einer verstärkten internationalen Konzentration und Zentralisation auswirkt. In diesem Prozeß schließen sich die Monopole auf nationaler und internationaler Ebene zusammen, um sich an dem infolge des technischen Fortschritts schnell ausdehnenden Markt mittels hoher Investitionen einen möglichst großen Anteil zu sichern. Die moderne Stufe der Vergesellschaftung der Produktion erfordert umfangreiche und kostspielige Forschungs- und Entwicklungsarbeiten sowie eine langfristige, vorausschauende Planung der Investitionen. Auch von dieser Seite gehen Anstöße zu einer verstärkten internationalen Konzentration und Zentralisation aus.

Das gewaltig gestiegene Kapitalminimum bei gleichzeitig sprunghaftem Anstieg der technischen und organischen Zusammensetzung des Kapitals und steigendem Anteil des fixen konstanten Kapitals am fungierenden Kapital, der beschleunigte moralische Verschleiß und die zunehmende Kapitalentwertung auf der einen Seite, andererseits die Verschärfung des Konkurrenzkampfes der Monopole um den größtmöglichen Anteil an den Anlagemöglichkeiten, welche die technisch-wissenschaftliche Revolution eröffnete, erzwingen die rationellere Ausnutzung der Akkumulationsreserven und eine Verbreiterung der Akkumulationsbasis. Das ist nur möglich bei einer über die Grenzen einzelner Volkswirtschaften hinausgehenden Spezialisierung, Kooperation, Konzentration und Zentralisation. Diese Forderungen liegen auch im Interesse einer Ausnutzung der neuen Möglichkeiten für die Ökonomie des konstanten Kapitals, wie sie durch den technischen Fortschritt erschlossen werden.

Der Neokolonialismus fördert ebenfalls die Tendenz zur Verstärkung der Direktinvestitionen. Neben Kapitalanlagen zur Erschließung von Rohstoffvorkommen spielen Investitionen in die verarbeitende Industrie eine wachsende Rolle, um neue Absatzmärkte zu erschließen und die kapitalistische Ausbeutungsbasis in den schwachentwickelten Ländern zu verbreitern und zu vertiefen.

Jedoch wurden vor allem die hochentwickelten kapitalistischen Industrieländer zu Anlagesphären für ausländische Direktinvestitionen. Etwa 60–70 Prozent der direkten Auslandsinvestitionen der Monopole liegen heute in den hochentwickelten Ländern des kapitalistischen Systems.

Der Gesamtstand der direkten Auslandsinvestitionen wird für 1966 auf 85 Mrd. Dollar angenommen. Davon kommen schätzungsweise über 30 Mrd. Dollar aus Westeuropa und Japan, und rund 55 Mrd. Dollar aus den USA.[16] An weit überragender Stelle unter den Kapitalexporteuren, die direkte Auslandsinvestitionen vornehmen, stehen die großen amerikanischen Konzerne.

Bei den verstärkten gegenseitigen Direktinvestitionen der imperialistischen Länder haben wir es offensichtlich mit der Herausbildung einer neuen höheren Stufe der internationalen Monopolisierung zu tun. Internationale Zentralisationsprozesse sind an und für sich typisch für den Imperialismus. Jedoch haben sie heute eine neue Intensität erreicht und werden sich in der Zukunft noch bedeutend verstärken. So schätzt beispielsweise das amerikanische National Industrial Conference Board, daß 1975 etwa ein Viertel des dann annähernd eine Billion Dollar betragenden Bruttonationalprodukts der kapitalistischen Länder – außer den USA – aus ausländischen Tochtergesellschaften und Filialen von USA-Konzernen stammen wird und daß etwa ein Fünftel des ebenfalls auf eine Billion Dollar veranschlagten Bruttonationalprodukts der USA aus Unternehmen kommt, an denen westeuropäisches und japanisches Kapital beteiligt ist.[17]

Von einer neuen Qualität der internationalen Monopolisierung zeugt, daß innerhalb der einzelnen kapitalistischen Staaten der Einfluß der großen Monopolgruppen zunimmt, die eine internationale Struktur und internationale Ausmaße besitzen und auf Grund internationaler Programme tätig sind.[18] Ein solches Unternehmen, das sein Kapital auf eine Vielzahl von Ländern aufgeteilt hat, nimmt die verschiedensten nationalen Kapitalquellen in Anspruch. Es kann in allen Regionen des kapitalistischen Systems operieren und orientiert seine Tätigkeit an weltwirtschaftlichen Kriterien. Hierbei berücksichtigt es die langfristige Entwicklung der Produktionsfaktoren und ihrer Verteilung in den verschiedenen Wirtschaftsgebieten des kapitalistischen Systems im Vergleich zu der voraussichtlichen Entwicklung der Gesamteinkommen und der Gesamtnachfrage.[19]

Über die Verstärkung dieser Entwicklungstendenz äußert sich eine Studie über die langfristige strategische Planifikation der großen multinationalen Gesellschaften[20] wie folgt: „Im Lichte der gegenwärtigen Ten-

[16] Rose, Sanford, Die lohnenden Taktiken des Multinationalismus, in: Fortune, Chicago, 15. 9. 1968, engl. [17] Ebenda

[18] Peggio, Eugenio, Internationalisierung des Wirtschaftslebens und die Arbeiterklasse, in: Probleme des Friedens und des Sozialismus, Nr. 11/1965, S. 903

[19] Vgl. die entsprechende Definition eines Unternehmens von internationaler Struktur bei Haussiaux, J., La grande Enterprise Plurinationale, in: Economie Appliquée, No. 2–3/1964, S. 405 Bd. XVII

[20] Steiner, G., in: Economie Appliquée, Bd. XVII – No. 2–3/1964, S. 441ff.

denzen und der zukünftigen Perspektiven erscheint es keineswegs unmöglich, daß in 10 bis 20 Jahren sechs oder sieben Hundert der größten multinationalen Gesellschaften der Welt den größten Teil des Weltgeschäftes bewältigen."[21]

An anderer Stelle heißt es: „Es scheint nicht übertrieben, wenn man feststellt, daß die gegenwärtige und zukünftige Entwicklung der multinationalen Gesellschaften eine der mächtigsten aktiven Kräfte in der Welt von heute ist. Diese Entwicklung ist besonders frappierend in den Gesellschaften, die zur Nordatlantischen Gemeinschaft gehören."[22]

Zur Zeit wird die überwiegende Zahl dieser Konzerne von amerikanischem Kapital beherrscht. Die bürgerliche Ökonomie, vor allem in den USA, widmet der Erforschung der internationalen Konzerne in den letzten Jahren verstärkte Aufmerksamkeit, was bereits in einer umfangreichen Literatur seinen Niederschlag fand. Raymond Vernon klassifiziert beispielsweise insgesamt 230 Konzerne als internationale Unternehmen, von denen 200 ihren Sitz in den USA und 30 in Westeuropa haben.[23]

Aber auch in Westeuropa verläuft der Zentralisationsprozeß gerade unter dem Druck der Kapitaloffensive der großen international operierenden amerikanischen Konzerne in jüngster Zeit verstärkt in dieser Richtung. Dabei vollziehen sich Zentralisationen – in der Wirkung gleich einem Sog auf die Konkurrenten – sowohl auf nationaler Ebene wie auch gerade in letzter Zeit verstärkt auf EWG-Ebene. Auf Teilgebieten kommt es vielfach auch zu Zusammenschlüssen zwischen inländischen Konzernen und großen Tochtergesellschaften ausländischer – darunter auch amerikanischer – Konzerne oder zu Gemeinschaftsgründungen im In- und Ausland.

Formen und Wege dieser sehr vielfältigen und verschlungenen Zentralisationsprozesse im einzelnen gründlich zu erforschen und aufmerksam zu verfolgen ist unbedingt notwendig, weil sich angesichts der Bedeutung, die sie zur Zeit bereits haben und in der Perspektive noch erlangen werden, weitreichende Konsequenzen für die internationalen Kräfteverhältnisse ergeben. Aber die ökonomischen und politischen Folgen dieses Prozesses gewinnen auch für den Kampf der Arbeiterklasse wachsende Bedeutung. Im Ergebnis dessen kommt es nämlich zur Entstehung neuer Kapitaleigentums- und Machtstrukturen, die immer stärker internationalen Charakter annehmen, d. h., das Operationsfeld der einzelnen Machtgruppierungen gewinnt eine immer stärkere internationale Ausdeh-

21 Ebenda, S. 443

22 Ebenda, S. 441, 442

23 Vernon, Raymond: Multinational, Enterprise and National Sovereignty. Zitiert bei Hellmann, Rainer, Auslandsinvestitionen und europäische Souveränität, in: Europa-Archiv, Bonn, 23 (1968) 18, S. 677

nung. Für die Arbeiterklasse ergibt sich daraus die Forderung, in ihrem Kampf für demokratische Alternativen nun der Globalstrategie der internationalen Konzerne eine entsprechende internationale Strategie entgegenzusetzen.

Mit der Verwandlung der Wissenschaft in eine unmittelbare Produktivkraft und der beschleunigten Einführung neuer wissenschaftlicher Erkenntnisse in die Produktion hängen die Kapitalverwertung und der Bestand der Monopole im Konkurrenzkampf in zunehmendem Maße davon ab, wieweit es gelingt, den technischen Fortschritt und seine Hauptanwendungsgebiete international zu monopolisieren. Das zeigt sich u. a. auch in der zunehmenden Diversifizierung der Produktionsstruktur der Konzerne. Im Konkurrenzkampf auf dem Weltmarkt sind heute diejenigen Monopole am stärksten, die die größte Dynamik bei der Entwicklung und Einführung neuer wissenschaftlicher und technischer Verfahren entfalten können. Die Möglichkeiten dazu hängen aber vom Grade der Konzentration und Zentralisation der Konzerne als Grundlage ihrer Monopolstellung ab, weil dieser Grad entscheidend für die Größe ihrer Profitrate und -masse ist.

Wie stark zum Beispiel der enorme Forschungs- und Entwicklungsaufwand als Hebel der internationalen Kapitalzentralisation wirksam wird, zeigt sich u. a. darin, daß die Lizenzerteilung amerikanischer Konzerne an westeuropäische Unternehmen in den Jahren 1957 bis 1964 zurückging, während sich der Ankauf von westeuropäischen Gesellschaften durch Konzerne der USA stark erhöhte. Allein 1963 und 1964 hatten amerikanische Gesellschaften in Westeuropa 468 Unternehmen aufgekauft.[24] Dazu heißt es in einer Untersuchung von Rainer Hellmann: „Die US-Unternehmen geben in den letzten Jahren der Kapitalinvestition den Vorzug vor der Lizenzvergabe. Sie sind gegen die einfache Europäisierung des amerikanischen technischen Fortschritts im eigenen Betrieb besser gesichert. Sie behalten die Weiterentwicklung ihrer Verfahren in der Hand und ziehen auf längere Sicht höhere Gewinne aus Kapitalinvestitionen als Lizenzgebühren. Sehr beliebt ist bei US-Unternehmen die Weitergabe technischer Kenntnisse in Verbindung mit Mehrheitsbeteiligungen ...“[25]

Zur Sicherung einer Profitrate und -masse, die den Akkumulationserfordernissen unter den Bedingungen, der wissenschaftlich-technischen Revolution gerecht wird, reichen offensichtlich die alten Formen der Internationalisierung über den Waren- und Leihkapitalexport nicht mehr aus.

[24] Survey of Current Business, Nr. 9 1965, S. 28. Vgl. auch Blauhorn, Kurt, Ausverkauf in Germany? Moderne Verlags-G.m.b. H., München 1966

[25] Hellmann, Rainer, Amerika auf dem Europamarkt. Nomos Verlagsgesellschaft, Baden-Baden 1966, S. 102

Neben die finanzielle Ausbeutung und Versklavung ganzer Völker durch das Finanzkapital der führenden imperialistischen Länder tritt immer stärker die unmittelbare Beherrschung der technisch führenden Industriezweige in den hochentwickelten kapitalistischen Ländern und der sich entwickelnden Schlüsselindustrien in den Entwicklungsländern. Die Internationalisierung geht heute viel stärker als früher unmittelbar über die Produktion, weil die Auswirkungen des technischen Fortschritts auf den Arbeits- und Verwertungsprozeß zur Anwendung der modernen Produktivkräfte im internationalen Rahmen zwingen. Deshalb sind führende internationale Konzerne dazu übergegangen, eine langfristige Produktionsplanung auf internationaler Ebene zu entwickeln. In den letzten Jahren zeigen sich u. a. solche Tendenzen wie der Rückgang der Exporte aus dem Mutterland des Konzerns gegenüber dem Umsatz aus der Produktion der ausländischen Tochtergesellschaften. So betrug der Umsatz der USA-Firmen der verarbeitenden Industrie in Westeuropa 1964 bereits das Vierfache des USA-Exports nach Westeuropa. Ähnliche Tendenzen zeigen sich ebenfalls bereits bei großen westdeutschen Konzernen, die sich bisher überwiegend auf die Produktion für den Binnenmarkt und des Export orientiert hatten. Zum Beispiel stieg beim Siemens-Konzern der Umsatz der ausländischen Tochtergesellschaften aus eigener Produktion zwischen 1955/56 und 1964/65 um das Sechsfache, während sich der Export der inländischen Gesellschaften nur etwas mehr als verdoppelte. Umsatz aus Auslandsproduktion und Export der inländischen Gesellschaften haben jetzt etwa die gleiche Größenordnung erreicht (1964/65 = 1166 Mill. DM Umsatz aus Auslandsproduktion und 1446 Mill. DM Export der inländischen Gesellschaften). Dementsprechend stieg die Beschäftigung im Ausland schneller als die Beschäftigung im Inland, so daß die Anteile von Inlandsumsatz und Export am Gesamtumsatz von 70 bzw. 22 Prozent auf 64 und 20 Prozent zurückgingen, während sich der Anteil der Eigenleistungen der ausländischen Gesellschaften am Gesamtumsatz von 8 auf 16 Prozent erhöhte.[26] So ist der Auslandsanteil an der Gesamtproduktion, den Gesamtinvestitionen und den Gesamtbeschäftigten sowie an den Gesamtprofiten der Konzerne im Steigen begriffen. Hierzu sei bemerkt, daß führende amerikanische Konzerne bereits 30 bis 40 Prozent ihrer Gesamtinvestitionen im Ausland investieren.

Bei einigen westeuropäischen und amerikanischen Konzernen übersteigen Auslandsumsatz, Auslandsproduktion und der Auslandsanteil an den Gesamtbeschäftigten und dem Gesamtprofit bereits absolut die ent-

[26] Vgl. Huppert, Walter, Internationale Industriekonzerne, Duncker & Humblot, Berlin 1966, S. 69

sprechenden Größen im Inland.[27] Daraus ergeben sich eine Reihe von Konsequenzen:

Mit der verstärkten Herausbildung von Konzernen mit internationaler Struktur, die in ihrem Einflußbereich die Produktion und die Märkte organisieren, wird sich die internationale Arbeitsteilung der kapitalistischen Länder vertiefen und die internationale Spezialisierung und Kooperation gewaltig beschleunigen, zum Beispiel durch gegenseitige Käufe und Verkäufe von Rohstoffen, Teil- und Fertigprodukten der Tochtergesellschaften eines Konzerns in verschiedenen Ländern. Eine solche Form der internationalen Arbeitsteilung muß jedoch widerspruchsvoll in ihren Auswirkungen und relativ begrenzt in ihren Möglichkeiten bleiben, da sie nicht von den Gesamtinteressen der beteiligten Länder ausgeht und ausgehen kann, sondern an den Profit- und Konkurrenzinteressen der internationalen Konzerne ausgerichtet ist.

Damit sind die Operationen der Tochtergesellschaften in den Niederlassungsländern nicht an den volkswirtschaftlichen Erfordernissen dieser Länder ausgerichtet, vielmehr operieren die Tochtergesellschaften als Glieder des Konzerns nach der Anweisung der Konzernzentrale im Interesse der Maximierung des Gesamtprofits des Konzerns. Da die wichtigsten Tochtergesellschaften der internationalen Konzerne Großunternehmen sind, die bedeutende Produktions- und Marktanteile der jeweiligen Länder und Branche besitzen, können sie bereits mit ihrem eigenen ökonomischen Gewicht strukturpolitische Entscheidungen und wirtschaftspolitische Maßnahmen auf nationaler Ebene stören. Entscheidend fällt aber ins Gewicht, daß ihre Möglichkeiten nicht nur auf ihrer eigenen wirtschaftlichen und finanziellen Kraft basieren, sondern daß die gesamte Konzernmacht hinter ihnen steht. Das hat zur Folge, daß Einflüsse auf die strukturelle und konjunkturelle Entwicklung der einzelnen Länder ausgehen, auf deren Industrie- und Produktionsstruktur, Export- und Importstruktur, auf das innere Preisniveau, auf die Haushalts- und Finanzlage und die Entwicklung der Zahlungsbilanz, und daß deren negative Folgen in erster Linie die arbeitende Bevölkerung tragen muß.

„Eine Nation zahlt einen Preis, wenn ein Teil ihrer Industrie vom Ausland kontrolliert wird. Sie kann Steueraufkommen verlieren, weil die Gesellschaft die Transferpreise zwischen den Tochtergesellschaften manipuliert. Wenn die multinationalen Gesellschaften ihre finanziellen Verflechtungen dazu benutzen, um Geld aus einem Land mit Zahlungsbilanzschwierigkeiten abzuziehen oder in ein Land zu transferieren, das darum kämpft, seine Inflation zu dämpfen, so fühlt die Regierung mit Recht, daß sie die

[27] Vgl. Rose Sanford, a. a. O., S. 105

Kontrolle über die heimische Wirtschaft verliert. Und wenn eine Gesellschaft wie Massey-Ferguson ihre internationale Flexibilität dazu benutzt, Käufe der Tochtergesellschaften von Frankreich auf England umzulenken, so kann diese Bewegung einen plötzlichen Rückgang der französischen Exporte bedeuten."[28]

Konzerne von internationaler Struktur sind heute bereits in allen Bereichen der kapitalistischen Wirtschaft anzutreffen, jedoch liegt ihr Schwergewicht in der Industrie. Dort herrschen sie insbesondere in Zweigen mit international weit gestreuter Rohstoffbasis, hohen technischen und finanziellen Anforderungen, komplizierter Verfahrenstechnik und hohen Forschungs- und Entwicklungskosten, ferner in Industriezweigen mit kapitalintensiver Produktion, die durch umfangreiche Anlagen und Massenproduktion gekennzeichnet sind.[29] Zu diesen Zweigen rechnen vor allem die Erdölindustrie, die Elektro- und elektronische Industrie, die chemische Industrie, der Fahrzeugbau und der Maschinenbau. Offensichtlich entstehen in dem Maße, wie sich die Entwicklung von Monopolen mit internationaler Struktur beschleunigt und die internationalen Konzerne die für die Durchsetzung der wissenschaftlich-technischen Revolution entscheidenden Industriezweige beherrschen, neue Machtzentren, die Entscheidungen über ganze Völker fällen. Strukturentscheidungen für die einzelnen nationalen Volkswirtschaften ergehen in zunehmendem Maße nicht mehr nur in diesen Ländern, sondern werden von den großen internationalen Konzernen getroffen, die in Verfolgung der Globalstrategie auf politischem und militärischem Gebiet eine internationale Wirtschaftsstrategie entfalten. Die internationalen Konzerne stellen bereits jetzt Machtfaktoren dar, die imstande sind, nationalstaatliche wirtschaftspolitische Regulierungen zu umgehen, zu durchkreuzen oder durch Druck auf die Regierungen zu beeinflussen. Mit Expansion und wachsender Macht dieser Konzerne verschärft sich deren Kampf untereinander um die entscheidenden Positionen in der kapitalistischen Weltwirtschaft. Damit wachsen die Grundlagen für ökonomische und politische Spannungen in den Beziehungen der kapitalistischen Länder. Zur Zeit drückt sich das besonders in Maßnahmen westeuropäischer Regierungen, sowie in Stellungnahmen maßgeblicher westlicher Ökonomen und Wissenschaftler zur Frage der Expansion der großen amerikanischen Konzerne aus.

Die überwiegende Zahl der Konzerne, soweit als internationale Konzerne klassifiziert, werden von amerikanischem Kapital beherrscht. Jedoch wäre

[28] Vgl. Ebenda, S. 182

[29] Vgl. Zur Typologie internationaler Konzerne: Walter Huppert, Internationale Industriekonzerne. Duncker & Humblot, Berlin 1966, S. 32

es meines Erachtens zu eng aufgefaßt – sowohl vom theoretischen Standpunkt wie auch hinsichtlich der politischen Schlußfolgerungen –, die Entwicklung der internationalen Konzerne nur unter dem Aspekt des Verhältnisses USA und Westeuropa sehen zu wollen, denn auch in Westeuropa verläuft in jüngster Zeit der Zentralisationsprozeß gerade unter dem Druck der großen international operierenden Konzerne verstärkt in gleicher Richtung. Besonders vom westdeutschen und vom französischen Monopolkapital geht ein starker Druck zur Bildung von Europakonzernen aus.[30] Politische und ökonomische Faktoren treiben die internationale Kapitalzentralisation voran, so daß sich die Konzerne von internationaler Struktur in der Perspektive immer stärker als die technisch-ökonomische und soziale Basis des staatsmonopolistischen Kapitalismus herauskristallisieren werden.

Zur Zeit überwiegen die Direktinvestitionen aus den USA in Westeuropa jedoch bei weitem die der westeuropäischen Länder in den USA. Während seit 1957 eine Verlagerung der amerikanischen Direktinvestitionen von Lateinamerika und Kanada nach Westeuropa vor sich geht, vollzieht sich innerhalb Westeuropas eine Überleitung von Großbritannien auf die EWG-Länder, vor allem auf Frankreich und Westdeutschland.

Bei ihrer weltweiten Expansion, insbesondere bei ihrer Expansion in Westeuropa, bemächtigen sich die amerikanischen Konzerne eines bedeutenden Teils der westeuropäischen Akkumulationsquellen. So entpuppt sich die vielgerühmte Kapitalhilfe der USA für Westeuropa bei näherer Betrachtung als westeuropäische Kapitalhilfe für die großen international operierenden amerikanischen Konzerne, was durch eine Analyse der Kapitalbeziehungen zwischen den USA und Westeuropa erhärtet wird. Als Quintessenz der Kapitalbewegungen zwischen den USA und Westeuropa zeigt sich, daß die USA vorwiegend langfristiges Kapital in Form von Direktinvestitionen nach Westeuropa exportieren, während sie überwiegend privates und staatliches Leihkapital aus Westeuropa importieren.

Nach vorläufigen Angaben[31] betrug die Nettogläubigerposition der USA gegenüber der Welt insgesamt 1967 rund 52,7 Mrd. Dollar. Im Verhältnis zu Westeuropa wird die Schuldnerposition mit rund 5,6 Mrd. Dollar beziffert gegenüber rd. 3 Mrd. Dollar 1966.

Die amerikanischen Direktinvestionen in Westeuropa erreichten 1967 einen Stand von 17,9 Mrd. Dollar (1966: 16,2 Mrd. Dollar), die westeuropäischen Direktinvestitionen in den USA einen solchen von 7 Mrd. Dollar

[30] Siehe: Strauß, Franz Josef, Entwurf für Europa, Stuttgart 1966 sowie von demselben: Herausforderung und Antwort, Stuttgart 1968 und Jean Jaques Servan-Schreiber: Die amerikanische Herausforderung, Hamburg, 1968

[31] Berechnet nach: Survey of Current Business, Washington, Nr. 10, 1968, S. 20

(1966: 6,3 Mrd. Dollar). Auf der anderen Seite erreichten die gesamten Leihkapitalanlagen (private, staatliche, kurz- und langfristige) der USA in Westeuropa einen Stand von 17,5 Mrd. Dollar (1966: 16,0 Mrd. Dollar) während die der westeuropäischen Länder in den USA auf insgesamt rund 34,0 Mrd. Dollar stiegen (1966: 28,9 Mrd. Dollar).

Hinter dieser Struktur der Kapitalbeziehungen zwischen den USA und Westeuropa verbirgt sich ökonomisch u. a. die Umwandlung von westeuropäischem Leihkapital in amerikanisches fungierendes Kapital in Westeuropa.

Die Ursachen für die Schuldnerposition der USA gegenüber Westeuropa sind natürlich komplexer Natur.[32] Sie hängen zum Teil mit der Funktionsweise des Währungssystems und der Stellung des Dollars in diesem System als Leit- und Reservewährung zusammen. Jedoch läßt sich die wachsende Tendenz dieser Verschuldung allein aus dem institutionellen Funktionsmechanismus des Währungssystems nicht erklären. Vielmehr liegen die Ursachen dafür in erster Linie in den hohen und wachsenden Regierungsausgaben der USA für militärische Zwecke im Ausland, in den hohen Ausgaben für Entwicklungshilfe und schließlich in den wachsenden Direktinvestitionen der amerikanischen Konzerne im Ausland. Im Endeffekt ergibt sich, daß die Expansionspolitik der USA, insbesondere auch die der großen amerikanischen Konzerne, auf diese Weise von den westeuropäischen Industrieländern direkt und indirekt mitfinanziert wird.

So führten die hohen amerikanischen Direktinvestitionen zu wachsenden langfristigen Leihkapitalimporten der USA aus Westeuropa. Das hängt mit der Finanzierungspolitik der amerikanischen Konzerne zusammen. Zum Beispiel stammten nur 1,5 Mrd. Dollar oder 17 Prozent des Kapitals, das die Tochtergesellschaften amerikanischer Konzerne 1964 in den drei Hauptindustrien (Bergbau, Erdöl und verarbeitender Industrie) im Ausland investiert haben, aus den USA. Bei den ausländischen Produktionsgesellschaften betrug der Anteil sogar nur 14 Prozent. Als größte Finanzierungsquelle der amerikanischen Direktinvestitionen stellt sich neben der Selbstfinanzierung aus Gewinnen und Abschreibungen die Kreditaufnahme im Ausland dar. Die ausländische Fremdfinanzierung, besteht hauptsächlich aus Bankkrediten und Wertpapieremissionen und weist eine ständig zunehmende Tendenz auf. Besonders unter dem amerikanischen Zahlungsbilanzprogramm nahm sie stark zu. Daneben spielt aber auch die Begebung von Anleihen amerikanischer Firmen in Westeuropa zur Finanzierung von

[32] Vgl. Judd Polk/Irene W. Meister/Larence A. Veit, US Production Abroad and the Balance of Payments. National Conference Board 1966, S. 39, 40

Direktinvestitionen im Ausland eine zunehmende Rolle. Diese Anleihen erreichten 1965 bereits 350 Mill. Dollar und 1966 schätzungsweise sogar 600 bis 700 Mill. Dollar.

Für die USA und die amerikanischen Monopole ist diese Struktur der Kapitalbeziehungen äußerst profitabel, denn auf diese Weise wird kurzfristiges staatliches und langfristiges privates westeuropäisches Leihkapital in fungierendes amerikanisches Kapital in Westeuropa und anderen Teilen der kapitalistischen Weltwirtschaft verwandelt. Das bedeutet, daß die USA im Kapitalverkehr mit Westeuropa hohe Profite aus der Differenz zwischen Zins- und Unternehmergewinn ziehen.

Die Folge ist eine starke Passivierung der westeuropäischen Kapitalertragsbilanz mit den USA, obwohl die USA netto an Westeuropa verschuldet sind. So betrug der Saldo der Kapitalertragsbilanz zwischen USA und Westeuropa zugunsten der USA in Dollar 1955 342 Mill., 1960 245 Mill., 1965 691 Mill. und 1967 569 Mill.[33]

Die amerikanische Zahlungsbilanz- und Kapitalexportpolitik ihrerseits begünstigt die Beibehaltung dieses Mechanismus: Während auf der einen Seite die von USA-Unternehmen kontrollierten Direktinvestitionen in Europa in hohem Maße von der amerikanischen Regierung gefördert werden, unterliegen Direktinvestitionen der westeuropäischen Länder in den USA vielfältigen Beschränkungen.

Die Profite, die die USA so aus Europa ziehen, dienen ihrerseits der weiteren amerikanischen Expansion in Westeuropa und anderswo.

Während den westeuropäischen Ländern erhebliche finanziellen Belastungen aus den Stützungsaktionen für das kapitalistische Weltwährungssystem erwachsen, suchen die amerikanischen Monopole die westeuropäischen Wachstumsindustrien unter ihre Kontrolle zu bringen. Auf dieser Grundlage müssen sich die Gegensätze unter den imperialistischen Ländern verschärfen. Deutlich wurde das in den letzten Jahren an der Haltung Frankreichs und bei verschiedenen Maßnahmen zur verstärkten Kontrolle der Kapitalimporte in einigen westeuropäischen Ländern. Aber auch der Widerstand des westdeutschen Finanzkapitals gegen das Vordringen der amerikanischen Konzerne wächst, was u. a. in der verstärkten Forderung nach Zweiseitigkeit des Kapitalexports in Form von Direktinvestitionen zum Ausdruck kam.

Die kapitalistischen Methoden zur Bewältigung der wissenschaftlich-technischen Revolution mit ihren Auswirkungen auf nationaler und internationaler Ebene beschleunigten den Prozeß der Differenzierung zwischen

[33] Berechnet nach: Survey of Current Business, Nr. 12/1968, S. 32, Tab. 8; Nr. 6/1966, S. 36, 37, Tab. 8; Nr. 12, 1956, S. 6, 7 Tab. 3

den reichen und den armen Ländern des kapitalistischen Systems der Weltwirtschaft.

So hatte der technische Fortschritt, der die Bedeutung der ökonomisch schwachentwickelten Länder als Lieferanten bestimmter mineralischer Rohstoffe hob, in bezug auf deren Rolle als Lieferanten landwirtschaftlicher Rohstoffe und Lebensmittel eine entgegengesetzte Wirkung. Der Ersatz natürlicher Rohstoffe durch synthetische, der steigende Anteil industrieller bzw. technischer Konsumgüter und Dienstleistungen an der individuellen Konsumtion in den imperialistischen Ländern, die Industrialisierung und die schnell ansteigende Produktivität der Landwirtschaft der hochentwickelten Industrieländer in Verbindung mit ihrem Agrarprotektionismus und dem Export landwirtschaftlicher Überschüsse minderte die Stellung der ökonomisch schwachentwickelten Länder als Exporteure agrarischer Erzeugnisse. Die kapitalistische internationale Arbeitsteilung, wie sie sich in der zweiten Hälfte des vorigen Jahrhunderts herausgebildet hatte, basierte auf der schnell steigenden Nachfrage der Industrieländer nach den Exportprodukten der Rohstoffländer und schuf in diesen Rohstoffländern einen wachsenden Markt für Fertigwaren aus den Industrieländern. Bei diesem Austausch waren die Rohstoffländer der Ausbeutung über die modifizierte Wirkung des Wertgesetzes auf dem Weltmarkt ausgesetzt, wobei deren negative Auswirkungen im Imperialismus durch den Nichtäquivalentenaustausch auf Grund der Herrschafts- und Unterordnungsverhältnissen noch verschärft wurden. Da die Exporterlöse der Rohstoffländer unter diesen Voraussetzungen nicht ausreichten, ein bestimmtes Entwicklungstempo der Importe aus den Industrieländern aufrechtzuerhalten, fungierten die Leihkapitalexporte zugleich als Instrumente der Import- bzw. Exportfinanzierung. Oder mit anderen Worten gesagt: Die Schranken, die der Expansion der hochentwickelten Länder auf den Märkten der schwachentwickelten Länder durch die modifizierte Wirkungsweise des Wertgesetzes im internationalen Bereich und den Nichtäquivalentenaustausch gesetzt waren, wurden durch den Leihkapitalexport hinausgeschoben, weil die Waren nicht als solche, sondern als Kapital exportiert wurden. Dadurch konnte sich die Importkapazität der Rohstoffländer für Waren aus den Industrieländern relativ unabhängig von den eigenen Exporterlösen aus dem Handel mit den Industrieländern entwickeln.[34]

Im Ergebnis der Waren- und Kapitalexportbeziehungen der kapitalistischen Industrieländer zu den schwachentwickelten Ländern wurden letztere in Rohstoffanhängsel der hochentwickelten Länder verwandelt. Der Roh-

[34] Vgl. Hilferding, Rudolf, Das Finanzkapital, Berlin, 1947, S. 433ff.

stoffexportsektor ihrer Wirtschaft löste sich ökonomisch aus ihrer Wirtschaftsstruktur heraus und wurde dem Reproduktionsprozeß der hochentwickelten Länder untergeordnet. Es entstand die sogenannte dualistische Wirtschaftsstruktur in den schwachentwickelten Ländern.

Die wachsende Verschuldung der schwachentwickelten Länder rief ihrerseits den Bedarf nach wachsenden Leihkapitalexporten hervor. Hier entstand jedoch ein Widerspruch zwischen dem Profitmotiv des Kapitalexports und seiner Funktion in den Handelsbeziehungen zwischen schwachentwickelten und hochentwickelten Ländern des kapitalistischen Weltwirtschaftssystems. Die Importkapazität (für Waren) der schwachentwickelten Kapitalimportländer hängt vom Zinssatz für ausländisches Leihkapital ab, sie steigt mit niedrigem Zinssatz und umgekehrt. Ferner tragen die Wirtschafts- und Ausbeutungsmethoden, die das Finanzkapital im Interesse des Monopolprofits in diesen Ländern anwandte, Schuld an einer völlig ungenügenden Entwicklung der Arbeitsteilung und der Binnenmärkte in den schwachentwickelten Ländern, gerade im Hinblick auf die Absatzbedürfnisse der hochentwickelten Industrieländer.

Dieser Widerspruch gewinnt unter den Bedingungen der wissenschaftlich-technischen Revolution besonders aktuelle Bedeutung.

Indem die wissenschaftlich-technische Revolution die Position der schwachentwickelten Länder im System der kapitalistischen internationalen Arbeitsteilung schwächt, vermindert sie deren Exporterlöse, die den Hauptanteil des Nationaleinkommens ausmachen, und trägt dazu bei, daß sich dieses nur langsam entwickelt. Die Wachstumsraten des Nationaleinkommens der schwachentwickelten Länder sind zu gering, um daraus den wachsenden Schuldendienst, höhere Importe und eine ausreichende Binnenakkumulation zur Überwindung der Disproportionen in der Wirtschaftsstruktur zu gewährleisten. Zugleich machen sich als Folgen chronische und wachsende Zahlungsbilanzdefizite sowie instabile ökonomische Verhältnisse bemerkbar. Nach Schätzungen der UN wird das Zuwachstempo des ausländischen Kapitalzuflusses in die Entwicklungsländer in Anbetracht der wachsenden Importüberschüsse und der steigenden Zahlungen für den Schuldendienst und andere Dienstleistungen immer unzureichender, um ein Anwachsen des Zahlungsbilanzdefizits der Entwicklungsländer zu verhindern.[35]

Reichten vor 1914 langfristige Kapitalzuflüssen aus den Industrieländern in die schwachentwickelten Länder in Höhe von etwa 2,5 Mrd. Dollar jährlich aus, um die Weltmarktverflechtung beider Ländergruppen aufrechtzuerhalten, so benötigt man heute nach Schätzungen bürgerlicher

[35] UN, World Economic Survey, 1962, I, S. 5–9

Ökonomen 10 bis 12 Mrd. Dollar jährlich. Um den Pro-Kopf-Kapitalzufluß von außen etwa in gleicher Höhe zu halten, wären noch größere Summen nötig.[36] Das bedeutet aber längst nicht, daß diese Summe ausreichen würde, die Wachstumsraten des Nationaleinkommens und die Akkumulation in einem solchen Umfang zu steigern, wie es die Anpassung der Wirtschaft dieser Länder an die veränderte Weltmarktstruktur erfordert.[37]

Andererseits führte die wissenschaftlich-technische Revolution, in Verbindung mit der Konzentration der Direktinvestitionen auf die kapitalistischen Industrieländer, ferner die neue Stufe der Konzentration und Zentralisation des Kapitals und der Produktion im nationalen und internationalen Bereich zu einer bedeutenden Steigerung der Arbeitsproduktivität, der Akkumulation und des Zuwachstempos des Nationaleinkommens in den kapitalistischen Industrieländern. All das wirkt sich in einer verstärkten Differenzierung zwischen den reichen und den armen Ländern des kapitalistischen Weltwirtschaftssystems aus. Daraus ergibt sich eine weitere Verschärfung des Widerspruchs zwischen Produktion und Verwertung. Das zu langsame Wachstum der Binnenmärkte und des Nationaleinkommens in den schwachentwickelten Ländern steht im Widerspruch zu der Bedeutung, die diesen Ländern als Absatzmärkte und Akkumulationsquellen für die hochentwickelten kapitalistischen Länder gerade auch im Zusammenhang mit Entwicklung der technisch-wissenschaftlichen Revolution zukommt. So verschärft zum Beispiel die wissenschaftlich-technische Revolution die ungleichmäßige Entwicklung der einzelnen Industriezweige. Für die Auslastung der entstehenden Überkapazitäten in den Zweigen, die am schnellsten expandieren, sind die Absatzmärkte der ökonomisch schwachentwickelten Länder von großer Bedeutung. Obwohl sich der Welthandel im allgemeinen sowie der Handel mit Maschinen und Ausrüstungen im besonderen am stärksten infolge des gegenseitigen Handels der hochentwickelten kapitalistischen Industrieländer entwickelte, zeigte sich, daß auch den ökonomisch schwachentwickelten Ländern als Käufern von Investitionsgütern eine nicht zu unterschätzende Bedeutung bei der Stützung der Investitionskonjunktur zukam. Daneben spielt auch die Beschleunigung des moralischen Verschleißes infolge des technischen Fortschritts eine Rolle. Um der dadurch hervorgerufenen Kapitalentwertung, die den erhöhten Anforderungen an die Kapitalakkumulation widerspricht, ent-

36 Colm, G., Weltwirtschaftliche Forschung im Zeitalter der Koexistenz, in: Bernhard-Harms-Vorlesungen, Institut für Weltwirtschaft, Universität Kiel. 1964, S. 30

37 Vgl. auch: Baade, Fritz, Dynamische Weltwirtschaft, Paul-List-Verlag, München 1969.

gegenzuwirken, ist man bestrebt, veraltete Anlagen und Ausrüstungen, die bei der Umstellung auf die modernste Fertigung ausgesondert werden, an die Entwicklungsländer zu verkaufen. Schließlich erzeugen die relative Stagnation der traditionellen Konsumgüterindustrien sowie der Konzentrationsprozeß in Westeuropa und der damit verbundene Konkurrenzdruck bei kleineren und mittleren Unternehmen eine Tendenz, in die ökonomisch schwachentwickelten Länder abzuwandern bzw. verstärkt auf die Märkte dieser Länder auszuweichen.

Die Anforderungen an die Verbreiterung der Akkumulationsbasis des Monopolkapitals rücken die Entwicklungsländer als Akkumulationsquelle stärker in den Vordergrund. So wird durch die Automation das Problem der Kompensation der relativ (bzw. absolut) sinkenden Arbeiteranzahl durch die Steigerung des Ausbeutungsgrades für die Kapitalverwertung immer dringlicher werden. Hier liegen große potentielle Reserven, um die Produktion von relativem Mehrwert durch intensivere Ausbeutungsmethoden in den noch zum imperialistischen Machtbereich gehörenden Entwicklungsländern mit Hilfe der kapitalistischen Industrialisierung dieser Länder zu steigern. Mit steigender organischer Zusammensetzung im Prozeß der Industrialisierung würde bei gleichzeitiger Erweiterung der Akkumulation die Anzahl der ausgebeuteten Arbeitskräfte absolut wachsen, es erhöhte sich die Qualifikation dieser zahlreicheren Arbeiter. Als Folge davon würde die Masse von Mehrwert und Profit absolut ansteigen. Dem sich aus der gestiegenen organischen Zusammensetzung des Kapitals ergebenden Fall der Profitrate würde die Ausnutzung der Differenz zwischen dem Wert der Arbeitskraft in den kapitalistischen Industrieländern einerseits und in den Entwicklungsländern andererseits entgegenwirken.

In die gleiche Richtung einer gesteigerten Profitrate trotz Steigerung der Arbeitsproduktivität wirkt die Intensivierung der Arbeit durch die Verwendung moderner Maschinen und die Ausnutzung billiger Energiequellen und Rohstoffe. Von ganz besonderer Bedeutung wäre die Steigerung der Profitrate infolge der Verstärkung der Differenz zwischen wertmäßiger und technischer Zusammensetzung durch die staatliche Finanzierung von Infrastrukturen und modernen, aber unrentablen Anlagen. Denn der Aufbau solcher Anlagen steigert die volkswirtschaftlich durchschnittliche technische Zusammensetzung bedeutend, während die wertmäßige Zusammensetzung sich nur auf das angelegte „private" Kapital bezieht. Die Durchsetzung der wissenschaftlich-technischen Revolution in den imperialistischen Ländern stellt erhöhte Anforderungen an die Entwicklung der Binnenmärkte und die Steigerung des Volkseinkommens und Mehrprodukts in den ökonomisch schwachentwickelten Ländern. Auch vom Standpunkt der Erweiterung der Zirkulationssphäre, der Absatzmärkte, wirkt der

Druck der Produktivkräfte in Richtung auf eine schnellere Industrialisierung der Entwicklungsländer.

Das „private" Monopolkapital war und ist, wie die historische Erfahrung zeigt, nicht in der Lage, die erforderlichen Entwicklungsaufgaben zu lösen, weil man hierzu große Kapitalanlagen benötigt, die entweder auf lange Sicht gar keine oder zu geringe Verwertungsmöglichkeiten bieten würden. Hinzu treten die Risiken als Folge der politischen und ökonomischen Instabilität der Entwicklungsländer im Zeitalter der nationalen antiimperialistischen Befreiungsrevolutionen. Deshalb schreiten die imperialistischen Staaten zur politischen, militärischen und ökonomischen Systemsicherung, d. h. sie suchen politisch, militärisch und ökonomisch die Entwicklungsländer an das imperialistische Lager zu binden, um so die Voraussetzungen für die Erschließung neuer Verwertungsmöglichkeiten zu schaffen.

Der Widerspruch, der zwischen der verstärkten Differenzierung der reichen und armen Länder des kapitalistischen Systems einerseits und den Anforderungen der Kapitalverwertung für eine intensivere koloniale Ausbeutung unter den Bedingungen der wissenschaftlich-technischen Revolution andererseits besteht, erzeugt so eine Tendenz zur beschleunigten Entwicklung der ökonomisch schwachentwickelten Länder. Die staatlichen Kapitalexporte sowie die staatliche Förderung von Direktinvestitionen in Entwicklungsländern sind u. a. ein Ausdruck dieser Tendenz. Dabei soll die staatliche „Kapitalhilfe" im Rahmen der Entwicklungshilfe die notwendigen, aber unrentablen Investitionen finanzieren, während sich die Monopole die so erschlossenen hochrentablen Kapitalanlagesphären vorbehalten.

In der Intensivierung der neokolonialen Ausbeutung schwächerer Länder liegt ökonomisch der Hauptinhalt der sogenannten „Entwicklungshilfe". Ihre Formen und Methoden, denen zum einen die Tendenz zu einer beschleunigten Entwicklung der Produktivkräfte in den schwachentwickelten Ländern innewohnt, sind zum anderen Reflex vielfältiger monopolistischer Interessengegensätze. Ihre allgemeinen und besonderen politischen und sozialökonomischen Zielsetzungen beeinträchtigen die ökonomische Effektivität, so daß gewisse Aufgaben, wie zum Beispiel die Beseitigung von Einfuhrbeschränkungen für Importe aus Entwicklungsländern, die Koordinierung der inneren Wirtschaftspolitik in den imperialistischen Ländern mit den Erfordernissen der Industrialisierung der Entwicklungsländer, die Abrüstung und die Verwendung der Rüstungsmilliarden für Infrastrukturinvestitionen usw., in striktem Gegensatz zu den unmittelbaren ökonomischen und politischen Zielen der Monopole in den Entwicklungsländern stehen. Vor allem widersprechen die gegen die nationale Befreiungsbewegung und das sozialistische Lager gerichteten aggressiven Ziele der imperialistischen Mächte einer konsequenten Entwicklungspolitik.

3. Zusammenfassung

Wie eingangs festgestellt, bietet sich das Problem des relativen Kapitalüberschusses als Problem der produktiven Kapitalanlage dar, die im Kapitalismus nicht unmittelbar gegeben ist, weil „... das Kapital und seine Selbstverwertung als Ausgangspunkt und Endpunkt, als Motiv und Zweck der Produktion erscheint; daß die Produktion nur Produktion für das *Kapital* ist und nicht umgekehrt die Produktionsmittel bloße Mittel für eine stets sich erweiternde Gestaltung des Lebensprozesses für die Gesellschaft der Produzenten sind. Die Schranken, in denen sich die Erhaltung und Verwertung des Kapitalwerts, die auf der Enteignung und Verarmung der großen Masse der Produzenten beruht, allein bewegen kann, diese Schranken treten daher beständig in Widerspruch mit den Produktionsmethoden, die das Kapital zu seinem Zweck anwenden muß, und die auf unbeschränkte Vermehrung der Produktion, auf die Produktion als Selbstzweck, auf unbedingte Entwicklung der gesellschaftlichen Produktionskräfte der Arbeit lossteuern. Das Mittel – unbedingte Entwicklung der gesellschaftlichen Produktivkräfte – gerät in fortwährenden Konflikt mit dem beschränkten Zweck, der Verwertung des vorhandenen Kapitals."[38]

Die qualitativ neue Stufe der Verschärfung der Widersprüche, die dem relativen Kapitalüberschuß zugrunde liegen, bedingt zugleich mit den daraus resultierenden neuen Quellen, Funktionen und Erscheinungsformen des relativen Kapitalüberschusses neben dem Kapitalexport auch neue Absorptionskanäle für das relativ überschüssige Kapital, so zum Beispiel die Ausweitung des parasitären Staatsverbrauchs, insbesondere für Rüstung, Entwicklung der Infrastruktur, staatliche „Entwicklungshilfe" und andere Formen der staatlichen Finanzierung der ökonomischen und politischen Expansion. Durch diese und weitere Absorptionskanäle als spezifische Methoden, mit denen der imperialistische Staat Verwertungsmöglichkeiten schafft, wird der gesamten Gesellschaft ein Tribut auferlegt, um die ökonomischen und politischen Bedingungen zur Aufrechterhaltung des Profitsystems zu sichern. Diese spezifischen Methoden bedingen ihrerseits die konkreten historischen Erscheinungsformen des relativen Kapitalüberschusses in Form von chronischen und Strukturkrisen, als inflationäre Prozesse, in Gestalt der Überproduktion von produktivem Kapital, der

[38] Marx, K., Das Kapital, Dritter Band, in: MEW, Bd. 25, S. 278, 279

weltwirtschaftlichen Strukturverzerrungen und der Deformation der internationalen Arbeitsteilung. Hier begegnen uns heute zugleich die konkreten Formen, in denen sich die Funktion des relativen Kapitalüberschusses – durch Kapitalvernichtung und -entwertung die Reproduktion auf erweiterter Stufenleiter zu ermöglichen – vollzieht.

Quellen, Funktion, Erscheinungsformen und Absorptionskanäle des relativen Kapitalüberschusses bedingen sich auf diese Weise gegenseitig, und wir sehen in ihnen die einzelnen Komponenten der Bewegung des Widerspruchs zwischen Produktion und Verwertung, seiner relativen Lösung und Verschärfung. Es erhebt sich die Frage nach den Beziehungen zwischen den konkreten historischen Formen der relativen Lösung und Verschärfung des Widerspruchs zwischen Produktion und Verwertung und einigen wesentlichen Besonderheiten der internationalen Kapitalbeziehungen nach dem zweiten Weltkrieg. Damit stellen wir auch die Frage nach der Bedeutung der internationalen Kapitalbeziehungen für das Wirtschaftswachstum. Offensichtlich sank die Bedeutung des Kapitalexports für das Wachstum, sowohl im Vergleich zu früheren Entwicklungsstadien des Imperialismus als auch im Verhältnis zu anderen Absorptionskanälen – und das trotz starker absoluter Zunahme der Kapitalexporte. Einerseits sehen wir hierin u. a. eine Auswirkung des hohen staatlich stimulierten Entwicklungstempos der Binneninvestitionen und des Exports. Auf der anderen Seite ist das ebenso eine Folge der Verschlechterung der Bedingungen der internationalen Kapitalanlage und hängt schließlich auch mit den neuen Erscheinungsformen des relativen Kapitalüberschusses zusammen. So ist z. B. ein bedeutender Teil des relativ überschüssigen Kapitals als Folge der staatsmonopolistischen Wachstumsstimulierung in Form von überschüssigem fixen Kapital national fixiert, und in dieser Form international nicht als Kapitalexport übertragbar. Oder nehmen wir die mit der staatsmonopolistischen Wachstumsstimulierung verbundenen chronischen Inflationsprozesse oder die chronischen Zahlungsbilanzungleichgewichte, die neben anderen Ursachen, wesentliche Gründe für die Untergrabung des privaten internationalen Kreditmechanismus sind. Die gleichen Ursachen, die insgesamt gesehen zu einer Verschlechterung der Verwertungsbedingungen für Kapitalexporte führten, schufen neben den staatlichen Kapitalexporten neue Formen der internationalen Kapitalbeziehungen, deren Motiv bereits nicht mehr in der unmittelbaren Profitmaximierung liegt, sondern in der Sicherung der allgemeinen Bedingungen für die Profitproduktion und das kapitalistische Wachstum überhaupt.

Im Bereich der privaten Kapitalexporte stoßen wir auf drei Erscheinungen: 1. die relativ geringe Bedeutung der internationalen Kapitalmarktfinanzierung; 2. den Vorrang der Direktinvestitionen im industriellen und Zirkulationskapital; 3. die Konzentration der Direktinvestitionen auf gegenseitige Investitionen der kapitalistischen Industrieländer untereinander.

Infolge der staatsmonopolistischen Wachstumsstimulierung und Systemsicherung der hochentwickelten kapitalistischen Industrieländer und auch durch die dabei angewandten Formen und Methoden der sogenannten Entwicklungshilfe verstärkte sich die Differenzierung zwischen reichen und armen Ländern innerhalb des kapitalistischen Weltwirtschaftssystems. Die dadurch vertieften Disproportionen im Handel und bei der internationalen Arbeitsteilung im Bereich des kapitalistischen Weltwirtschaftssystems verschärfen den Widerspruch zwischen Produktion und Verwertung; sie drohen immer stärker zur Quelle von Wachstumshemmnissen für das System als Ganzes zu werden.

Einerseits führt die Einbeziehung des Staates in den Reproduktionsprozeß wohl zu einer beschleunigten Entwicklung der Produktivkräfte und zur schnellen Entfaltung der wissenschaftlich-technischen Revolution in den imperialistischen Ländern, andererseits aber zwangsläufig zu verstärkter Monopolisierung und Zentralisierung auf nationaler und internationaler Ebene im Bereich des kapitalistischen Systems der Weltwirtschaft, mithin zu einer gewaltigen Vergeudung von gesellschaftlicher Arbeit und Produktivkräften, zur Vertiefung des kapitalistischen Grundwiderspruchs.

Zugleich mit Vertiefung und Erweiterung der sozialen und nationalen Gegensätze durch die verstärkte Monopolisierung und ihre ökonomischen und politischen Folgen entstehen neue und weiterreichende Grundlagen für den antimonopolistischen und antiimperialistischen Kampf.

Dabei zeigen der ökonomische Inhalt der staatsmonopolistischen Regulierung und die sich hieraus ergebenden Widersprüche, als Ursprung neuer Quellen und Erscheinungsformen des relativen Kapitalüberschusses, daß auch vom Standpunkt des Wirtschaftswachstums der Einfluß der Werktätigen auf die Entscheidungen in Staat und in Produktion notwendig ist. Angesichts des komplexen Charakters der ökonomischen, sozialen und politischen Erfordernisse des Wachstums unter den Bedingungen der wissenschaftlich-technischen Revolution wird das Mitbestimmungsrecht der Werktätigen im Betrieb und auf staatlicher Ebene zur Bedingung eines ausgeglichenen und stetigen Wachstums. Der Kampf um den Lebensstandard und die unmittelbaren Lebensinteressen muß sich aufs engste mit dem Kampf um den Einfluß auf alle Seiten der staatlichen Politik verbinden. Das gilt insbesondere auch für die Außenpolitik. Angesichts solcher Erscheinungsformen des relativen Kapitalüberschusses, wie enormer Aufrüstung, Inflation, Brachlegung produktiven Kapitals, Strukturkrisen, Unterkonsumtion im

Bereich der sozialen, hygienischen und bildungsmäßigen Infrastruktur usw., wird der Kampf der Werktätigen für die Herstellung normaler Beziehungen zu allen Staaten, für Abrüstung und Reduzierung der Rüstungskosten, für Zurückdrängung und Beseitigung des neokolonialistischen Charakters der „Entwicklungshilfe“ und für ihre Umwandlung von einem imperialistischen Ausbeutungs- und Herrschaftsinstrument in ein echtes Instrument des Niveauausgleichs zwischen hochentwickelten und schwachentwickelten Ländern, der Kampf gegen jede politische und militärische Einmischung in die Angelegenheiten anderer, vor allem schwächerer Staaten, objektiv möglich und notwendig.

Kapitel II

Die Stellung Westdeutschlands im System der langfristigen internationalen Kapitalbeziehungen

1. Die verstärkte internationale Kapitalverflechtung Westdeutschlands und die Bedeutung des Kapitalexports

Seit Ende der fünfziger Jahre haben sich die westdeutschen Kapitalbeziehungen zum Ausland außerordentlich intensiviert. Das betrifft sowohl die Direktinvestitionen als auch die privaten und staatlichen Leihkapitalexporte. So ist die Zahl der Länder, mit denen Westdeutschland in kapitalmäßiger Verflechtung steht oder in die es einseitig Kapital exportiert, bedeutend gestiegen. Heute steht Westdeutschland als Kapitalexporteur an vierter Stelle hinter USA, England und Frankreich, gefolgt von der Schweiz, Belgien, Luxemburg, den Niederlanden und Japan.

Die westdeutsche Kapitalverflechtung mit dem kapitalistischen Weltmarkt wird dadurch charakterisiert, daß netto große Summen „privaten" Kapitals, vor allem industrielles und Leihkapital aus den imperialistischen Industrieländern importiert werden, während vorwiegend staatliches Kapital in die schwachentwickelten Länder exportiert wird. Hier zeigt jedoch eine Analyse der verfügbaren statistischen Materialien über den westdeutschen Kapitalverkehr mit dem Ausland, daß die relative Abnahme der Bedeutung des Kapitalexports auch im Falle Westdeutschland festzustellen ist.

Nimmt man als Maßstab die in der Zahlungsbilanz ausgewiesenen Veränderungen des Saldos der langfristigen Kapitalbewegungen zwischen Westdeutschland und dem Ausland, so ist Westdeutschland seit 1951 Nettokapitalexporteur, d. h. es exportiert mehr Kapital, als es importiert. Dieser Überschuß der Kapitalexporte über die Kapitalimporte war jedoch relativ gering, wuchs doch von 1960 bis 1967 der langfristige Netto-Kapitalexport[1] aus der Bundesrepublik pro Jahr im Durchschnitt nur um rund 1,1 Mrd. DM.[2]

[1] Nettokapitalexport = Überschuß der Kapitalexporte über die Kapitalimporte

[2] Berechnet nach: Statistische Beihefte zu den Monatsberichten der Deutschen Bundesbank, Reihe 3, April 1969. Berechnung der westdeutschen langfristigen Nettokapitalexporte 1960–1967 in Mill. DM. (Fortsetzung der Fußnote auf S. 55).

Für die zweitstärkste Industriemacht des kapitalistischen Weltwirtschaftssystems, die mit 11 Prozent am kapitalistischen Weltexport teilnimmt und über 9 Prozent der kapitalistischen Weltindustrieproduktion verfügt, erscheint der angeführte Durchschnittswert von geringer Größenordnung. Auch im Vergleich zu den Veränderungen der anderen Hauptsalden der westdeutschen Zahlungsbilanz blieb der langfristige Nettokapitalexport bis 1967 relativ gering. So wies die Bilanz der Übertragungen an das Ausland von 1960 bis 1967 im jährlichen Durchschnitt rund 5,3 Mrd. DM[3] aus, während die Überschüsse der Handelsbilanz für die gleiche Periode im jährlichen Durchschnitt 6,7 Mrd. DM[4] erreichten und sich der durchschnittliche jährliche Zuwachs der Währungsreserven der Bundesbank auf rund 1,1 Mrd. DM[5] belief.

Bei den genannten durchschnittlichen Nettokapitalexporten aus Westdeutschland handelt es sich jedoch um komplexe Größen, die durch eine Untersuchung der Bruttokapitalbewegungen zwischen Westdeutschland und dem Ausland zu ergänzen bleiben. Dabei beziehen wir uns auf den Zeitraum 1960 bis 1967. Für die Entwicklung der Kapitalbeziehungen Westdeutschlands mit dem Ausland entstanden Ende der fünfziger und zu Beginn der sechziger Jahre eine Reihe neuer innerer und äußerer Bedingungen sowie ökonomischer und politischer Faktoren, wie die Veränderung der Kräfteverhältnisse in der Welt zugunsten des Sozialismus und der nationalen Befreiungsbewegung in den kolonialen und abhängigen Ländern, die Wiedererstarkung des deutschen Imperialismus in ökonomischer Hinsicht und der sich vertiefende Widerspruch zwischen seiner ökonomischen Stärke und den politischen Kräfteverhältnissen, die Bildung der beiden westeuropäischen Wirtschaftsblöcke EWG und EFTA sowie der Übergang der imperialistischen Mächte zur verstärkten und koordinierten neokolonialistischen Expansion, ferner die Einführung der Ausländerkonvertibili-

12 183 staatliche Kapitalexporte, langfristig, brutto, S. 9, Sp. 16
1005 Kapitalexporte der Bundesbank, mittelfristig oder de facto längerfristig, S. 18b, Sp. 8, 9, 14, brutto
4249 vorfristige Rückzahlung von Auslandsschulden, S. 9, Sp. 23
15 566 private langfristige Kapitalexporte, S. 9, Sp. 3, brutto

33 003 Bruttokapitalexporte
24 156 private langfristige Bruttokapitalimporte, S. 9, Sp. 9, brutto

8847 Nettokapitalexporte 1960–1967
8847 : 8 = 1,106

[3] Berechnet nach: ebenda, S. 1, Sp. 9

[4] Berechnet nach: ebenda, Sp. 3

[5] Berechnet nach: ebenda, Sp. 24

tät in Westeuropa und die Verschärfung der internationalen Liquiditätsprobleme durch die Unterhöhlung der Stellung der Leitwährungen US-Dollar und Pfund Sterling.

Unter dem Einfluß dieser neuen Bedingungen und Faktoren, zu denen seit Ende der fünfziger Jahre auch in Westdeutschland verstärkt die wissenschaftlich-technische Revolution trat, machten sich neue Entwicklungstendenzen bemerkbar, die der intensiveren Kapitalverflechtung Westdeutschlands mit dem Ausland ihr besonderes Gepräge geben.

Die Struktur der Gesamtkapitalexporte veränderte sich gegenüber der Vorperiode in der Richtung, daß die privaten Kapitalexporte ihren Anteil an den Gesamtkapitalexporten steigerten. Dementsprechend erhöhte sich auch der Anteil der hochentwickelten kapitalistischen Industrieländer an den westdeutschen Gesamtkapitalexporten auf Kosten des Anteils der ökonomisch schwachentwickelten Länder. Die privaten Leihkapitalexporte nahmen stark zu und die industriellen Kapitalexporte stiegen im durchschnittlichen jährlichen Wachstum beschleunigt.

Die privaten Kapitalimporte Westdeutschlands stiegen schneller als die privaten Kapitalexporte. Läßt man die westdeutschen Vor- und Nachkriegsschulden und ihre Rückzahlung außer Betracht, so war Westdeutschland bis 1967 wegen seiner hohen privaten Kapitalimporte Nettokapitalimporteur gegenüber den hochentwickelten kapitalistischen Industrieländern. Das erhellt die Bilanz des langfristigen privaten Kapitalverkehrs, die im Durchschnitt der Jahre 1960 bis 1967 rund 1,1 Mrd. DM jährliche westdeutsche Kapitalimporte ausweist.[6]

Nach statistischen Angaben erreichten die westdeutschen langfristigen, privaten und staatlichen Bruttokapitalexporte[7] in den Jahren 1960 bis 1967 insgesamt rund 33 Mrd. DM, während sich die gesamten langfristigen Bruttokapitalimporte für denselben Zeitraum rund 24,2 Mrd. DM. beliefen.

Somit ergeben sich für diese Periode durchschnittliche jährliche Kapitalexporte in einer Größenordnung von 4,1 Mrd. DM und durchschnittliche jährliche Kapitalimporte in einer Größenordnung von rund 3 Mrd. DM.

Während von den westdeutschen Gesamtkapitalexporten in diesem Zeitraum weniger als die Hälfte, nämlich 15,566 Mrd. DM, auf private Kapitalexporte entfielen, umfaßten die Kapitalimporte von rund 24,2 Mrd. DM ausschließlich private Anlagen. Bei öffentlichen westdeutschen Kapitalimporten war im gleichen Zeitraum kein Zuwachs zu verzeichnen. Planmäßige Tilgungen, vorfristige Schuldenrückzahlungen und Repatriierung von Auslandsschulden führten zu Kapitalabflüssen in Höhe von 5,254 Mrd. DM.

[6] Berechnet nach: ebenda, S. 9, Sp. 2
[7] Neuanlage abzüglich Liquidation

Nach diesen statistischen Daten war Westdeutschland bis 1967 im Bereich des langfristigen privaten Kapitalverkehrs im beachtlichen Ausmaß Nettokapitalimporteur. Hierin liegt eine wesentliche Besonderheit der westdeutschen langfristigen Auslandskapitalbeziehungen bis 1967, wobei die hohen Kapitalimporte im privaten Bereich durch langfristige staatliche Kapitalexporte und Schuldentilgungen überkompensiert wurden.

Zu den staatlichen Kapitalexporten, die der neokolonialistischen Expansion und der Stützung des kapitalistischen Weltwährungssystems dienen, zählen Kredite an Entwicklungsländer, Beteiligungen und Krediten an internationale Organisationen und vorfristigen Rückzahlungen von Auslandsschulden. In beachtlichem Ausmaß betätigt sich auch die Bundesbank als Exporteur von staatlichem Kapital. So räumte sie im August 1960 der Weltbank einen Kredit von 1 Mrd. DM ein. Doch fungiert der Hauptteil ihrer Kapitalexporte als Währungsreserve. 1967 hatten die sogenannten beschränkt verwendbaren Auslandsforderungen einen Stand von rund 2,8 Mrd. DM erreicht. Diese Forderungen setzen sich zusammen aus 1,0 Mrd. DM mittelfristigen Schuldverschreibungen des britischen und amerikanischen Schatzamtes, welche die Bundesbank im Rahmen des sogenannten Devisenausgleichabkommens mit den USA und Großbritannien 1967 übernahm, sowie aus Schuldverschreibungen der Weltbank in Höhe von 1,44 Mrd. DM und restlichen Forderungen aus früheren Krediten an die EZU. Schließlich rückte die Bundesbank zum Hauptfinanzier des Internationalen Währungsfonds auf, wobei ihre Reserveposition im Fonds, die sich aus den tatsächlich geleisteten Einzahlungen und den Forderungen aus der Kreditgewährung im Rahmen der „Allgemeinen Kreditvereinbarungen" zusammensetzt, 1967 rund 4,2 Mrd. DM[8] erreichte.

Jetzt wollen wir die durchschnittlichen jährlichen Bruttokapitalexporte Westdeutschlands, die in der Periode 1960 bis 1967 4 Mrd. DM ausmachen, zum Nettosozialprodukt und seinen Verwendungsbereichen in Beziehung setzen und dabei die Ergebnisse einem historischen Vergleich mit den entsprechenden Relationen für die Zeit des Eintritts des deutschen Kapitalismus in sein imperialistisches Entwicklungsstadium unterziehen.

Das Nettosozialprodukt zu Marktpreisen betrug im Durchschnitt der Jahre 1960 bis 1967 358 Mrd. DM (in jeweiligen Preisen), wobei es von 271 Mrd. DM 1960 auf 429 Mrd. DM 1967 anstieg. Somit entfielen auf die Kapitalexporte etwa 1,2 Prozent des Nettosozialprodukts.[9]

8 Statistische Beihefte, a. a. O., S. 18a

9 Berechnet nach: Sachverständigenrat. Jahresgutachten 1968/69, Verl. W. Kohlhammer GmbH, Stuttgart-Mainz 1968, S. 122, Tab. 26

Nach der Verwendungsrechnung des Sozialprodukts entfielen in den Jahren 1960 bis 1967 im Durchschnitt auf Anlageinvestitionen 28,0 Prozent, auf den Staatsverbrauch 17 Prozent und auf den Außenbeitrag – d. h., im konkreten westdeutschen Fall, auf den Überschuß im Waren- und Dienstleistungsverkehr – 1,2 Prozent.[10]

Nach neueren westdeutschen Veröffentlichungen wird der jährliche durchschnittliche Zuwachs der deutschen Kapitalanlagen im Ausland von 1883 (für die Zeit vorher liegen keine Angaben vor) bis 1913 auf 536 Mill. Mark geschätzt.[11]

Gehen wir in Anlehnung an diese Schätzung, um die Rechnung zu vereinfachen, von einem durchschnittlichen jährlichen Kapitalexport von 500 Mill. Mark aus, so ergibt sich ein von 2,5 bis auf 1 Prozent abfallender Anteil am Nettosozialprodukt in den Jahren von 1885–1889 bis 1910 – 1913.

Periode	Nettosozialprodukt zu Marktpreisen (Lfd. Preise in Mrd. Mark)	Anteil des Kapitalexports (lfd. Preise in Prozent)
1885/89	20	2,5
1890/94	24	2.1
1895/99	29	1,8
1900/04	33	1,5
1905/09	42	1,2
1910/13	50	1,0

Quelle: Walther G. Hoffmann, S. 104, Tab. 36

Während des gleichen Zeitraumes steigt der Anteil der Nettoinvestitionen zu laufenden Preisen von 11,5 Prozent auf 15,2 Prozent und der des Staatsverbrauchs von 7,4 Prozent auf 9,1 Prozent, wogegen der Anteil des Außenbeitrags von 2,7 auf 1,4 Prozent zurückgeht.[12]

Aus den Angaben über die Verwendung des Sozialprodukts für die Zeit von 1885 bis 1913 und für die 1960er Jahre läßt sich entnehmen, daß der Anteil des Bruttokapitalexports am Sozialprodukt in etwa gleich geblieben ist. In den Jahren 1900 bis 1913 lag er zwischen 1 bis 1,5 Prozent und 1960 bis 1967 bei 1,2 Prozent. Wesentlich stärker veränderten sich die Anteile der Investitionen und des Staatsverbrauchs, die von 15 Prozent 1910/13 auf über 28 Prozent 1960/67 bzw. von 9 Prozent 1910/13 auf 17 Prozent

[10] Berechnet nach: ebenda, S. 126, 127, Tab. 29

[11] Hoffmann, Walter, G., Das Wachstum der deutschen Wirtschaft seit Mitte des 19. Jahrhunderts, Berlin-Heidelberg-New York 1965, S. 262

[12] Ebenda

1960/67 stiegen. Die relativ abnehmende Bedeutung des Kapitalexports erscheint also, wenn man die Bruttokapitalexporte zugrunde legt, nicht so sehr in einer absoluten Abnahme ihres Anteils am Sozialprodukt, sondern eher in einer relativen Konstanz dieses Anteils, verglichen mit der Dynamik der Anteile der Bereiche Investitionen und Staatsverbrauch. Diese Bereiche dehnten sich anteilmäßig hauptsächlich auf Kosten des privaten Verbrauchs aus, dessen Anteil am Nettosozialprodukt zu Marktpreisen von 78,4 Prozent 1885/89 auf 74,3 Prozent 1910/13 und 63,6 Prozent 1960/67 sank. Dagegen blieb der Anteil des Außenbeitrags etwa konstant. Dabei ging diese Konstanz, anders als beim Kapitalexport, mit einer gestiegenen Bedeutung des Warenexports einher. Vor dem ersten Weltkrieg machte die Exportquote (Anteil des Exports am Nettosozialprodukt) 17,5 Prozent aus; sie war von rd. 18 Prozent 1880 auf 13 Prozent 1899 gefallen und seitdem bis 1913 wieder gestiegen.[13] In den sechziger Jahren erreichte sie sogar 22,5 Prozent.[14]

Einen klareren zahlenmäßigen Eindruck von der abnehmenden Bedeutung des Kapitalexports gewinnt man, wenn man nicht von den Bruttokapitalexporten ausgeht, sondern von den Werten der durchschnittlichen jährlichen Nettokapitalexporte. Bei einem durchschnittlichen jährlichen Nettokapitalexport von 1,1 Mrd. DM in den Jahren 1960 bis 1967 stellt sich der Anteil am Nettosozialprodukt zu Marktpreisen auf etwa 0,3 Prozent. In dieser Relation tritt vor allem die große Bedeutung des Kapitalimports zutage. Läßt man die staatlichen Kapitalexporte unberücksichtigt, so kann man annehmen, daß zum Unterschied von der Zeit vor dem ersten Weltkrieg der Kapitalimport eine größere Bedeutung als der Kapitalexport gewonnen hat. Auch ein Vergleich der Größenordnungen der privaten langfristigen Kapitalexporte mit den Größenordnungen der staatlichen Kapitalexporte, der einseitigen Übertragungen und der langfristigen privaten Kapitalimporte läßt die Veränderungen deutlich werden. Nach den Angaben der Zahlungsbilanzstatistik betrug der langfristige private Kapitalexport von 1960 bis 1967 15566 Mill. DM, dagegen die Zunahme der langfristigen staatlichen Kapitalexporte im gleichen Zeitraum 18480 Mill. DM. Die einseitigen Übertragungen nahmen um 42516 Mill. DM und die langfristigen privaten Kapitalimporte um 24156 Mill. DM zu. Mithin standen 1960 bis 1967 einem durchschnittlichen jährlichen Zuwachs der langfristigen privaten Kapitalexporte in Höhe von 1,9 Mrd. DM ein durchschnittlicher jährlicher Zuwachs bei den langfristigen staatlichen Kapitalexporten in Höhe von 2,2 Mrd. DM, bei den einseitigen Übertragungen in

[13] Hoffmann, Walter G., a. a. O.
[14] Wirtschaft und Statistik, Wiesbaden, Nr. 9/1967, S. 507, Tab. 14

Höhe von 5,3 Mrd. DM und ein durchschnittlicher jährlicher privater langfristiger Kapitalimport von 3 Mrd. DM gegenüber.

Bei den einseitigen Übertragungen fallen seit einigen Jahren immer stärker die Lohnüberweisungen ausländischer Arbeitskräfte ins Gewicht. Ökonomisch stellt der Kauf ausländischen Arbeitsvermögens Kapitalimport dar, weil die ausländischen Arbeitskräfte in Westdeutschland als Bestandteil des produktiven Kapitals fungieren. In dieser Eigenschaft schaffen sie über den zu ihrer eigenen Reproduktion erforderlichen Wert hinaus, der sich mehr oder weniger äquivalent in den Löhnen niederschlägt und teilweise ins Ausland geht, einen Mehrwert, der in Westdeutschland in Kapital rückverwandelt wird. Dieser Mehrwert erscheint jedoch nicht auf der Aktivseite der Bilanz der einseitigen Übertragungen bzw. der Kapitalbilanz im Rahmen der westdeutschen Zahlungsbilanz. Diese quantitativen Gegenüberstellungen belegen u. E. die relativ abnehmende Bedeutung des Kapitalexports für das Wirtschaftswachstum in Westdeutschland im Vergleich mit der Zeit vor dem ersten Weltkrieg, sowie im Hinblick auf andere Absorptionskanäle des relativen Kapitalüberschusses.

Für Westdeutschland war in der gesamten Nachkriegsperiode ein hohes staatlich stimuliertes Entwicklungstempo der Binneninvestitionen und des Exports kennzeichnend, wobei der Staat durch seine Umverteilungspolitik die schnelle Konzentration und Zentralisation des Kapitals in der Binnenwirtschaft förderte. Infolgedessen nahm das relativ überschüssige Kapital u. a. als überschüssiges fixes Kapital eine Form an, die seinen Export ausschloß. So nahmen in Westdeutschland von Zyklus zu Zyklus die brachgelegten bzw. nicht voll ausgelasteten Kapazitäten zu. Im Jahre 1955 wurde das nicht ausgelastete Anlagekapital in der westdeutschen Industrie zu Preisen des Jahres 1958 auf 3,5 Mrd. DM geschätzt und war bis 1966 auf 25,8 Mrd. gestiegen.[15]

Obwohl 1966 Anlagekapital im Werte von 25,8 Mrd. DM nicht genutzt wurde, traten im gleichen Jahr neue Bruttoanlageinvestitionen in Höhe von 19,96 Mrd. DM hinzu.[16] Gemessen an dem Nettoausfall an Industrieproduktion infolge der Unterauslastung von Produktionskapazitäten, nehmen sich die Größenordnungen des westdeutschen Kapitalexports sehr gering aus. Im jährlichen Durchschnitt für die Periode 1960 bis 1967 lag der Nettoausfall an Industrieproduktion bei rd. 13 Mrd. DM und für den Gesamtzeitraum von 1960 bis 1967 bei 103,5 Mrd. DM, was mehr als der Hälfte der Nettoproduktion der westdeutschen Industrie vom Jahre 1966 entspricht.[17] Daß die staatliche Investitionsförderung in ihren verschie-

[15] Vgl. DWI-Berichte, Berlin Nr. 4/1969, S. 3, Tab. 1
[16] Ebenda [17] Ebenda

denen Formen zur Neuanlage von fixem Kapital bei Vorhandensein großer Überkapazitäten führte, belegen als eindrucksvolle Beispiele der westdeutsche Steinkohlenbergbau sowie die Eisen- und Stahlindustrie.[18]

Die Überproduktion an fixem Kapital, die Nichtauslastung und Stilllegung von Produktionsanlagen, der dadurch bedingte Produktionsausfall stehen in einem krassen Widerspruch zu dem angeblichen Kapitalmangel für die Entwicklungshilfe, für Infrastrukturverbesserungen und eine sozial gerechte Strukturpolitik. In dem Vorhandensein relativ überschüssigen Kapitals bei gleichzeitigem Kapitalmangel ebenso relativ wie der Kapitalüberschuß – zeigen sich die Grenzen der staatsmonopolistischen Regulierung.

Trotz Ausdehnung des staatlichen Sektors der Wirtschaft und der allseitigen Einschaltung des Staates in den Reproduktionsprozeß bleiben das Profitmotiv und damit die Verwertungsproblematik nach wie vor Grundlage und bestimmendes Moment bei der Entwicklung der Wirtschaft und bei den wirtschaftspolitischen Entscheidungen. Auch im Falle Westdeutschlands spielen Kriegsproduktion und Militarisierung eine weitaus bedeutendere Rolle als Wachstumsfaktor und Absorptionskanal für relativ überschüssiges Kapital als der Kapitalexport. Einerseits stimulieren die Rüstungsproduktion oder auch Rüstungsimporte direkt und indirekt die Produktion, andererseits können sie weder als Produktionsmittel noch als Konsumtionsmittel Verwendung finden und fallen aus dem Reproduktionsprozeß heraus. Sie stellen relative Wachstumsschranken der Produktion dar und Absorbtionskanäle für relativ überschüssiges Kapital. Auch im Vergleich zu den Rüstungsausgaben des westdeutschen Staates nimmt sich der Kapitalexport gering aus.

Nach den Daten der volkswirtschaftlichen Gesamtrechnung stieg der Staatsverbrauch von 40,4 Mrd. DM 1960 auf 69,6 Mrd. 1965 und 80,6 Mrd. DM 1967 (laufende Preise), wobei der Verbrauch für militärische Zwecke 1967 18,6 Mrd. DM beanspruchte.[19]

Im absoluten und relativen Wachsen des Staatsverbrauchs erkennt man die wachsende Funktion des Staates in der Wirtschaft. Wenn diese darin besteht, daß er als gesamtgesellschaftlicher Machtfaktor kraft staatlichen Zwanges Bedingungen für die Kapitalverwertung setzt, so führt dies notwendig auch zur materiellen Ausdehnung des Staates sowie zu einer zu-

18 Vgl. DWI-Forschungshefte, Nr. 1/1967, Berlin 1967

19 Sachverständigenrat. Jahresgutachten 1968/69, Stuttgart-Mainz 1968, S. 126, Tab. 29
Statistisches Bundesamt, Wiesbaden, Wirtschaft und Statistik, Nr. 10/1968, S. 628

nehmenden Inanspruchnahme der sachlichen und personellen Produktionsfaktoren. Der Staat wird damit selbst zum mächtigsten Kapitalmobilisator und -verwender. So beruht der steigende Anteil der Investitionen am Sozialprodukt im Vergleich zu der Zeit vor dem ersten Weltkrieg – unter dem Gesichtspunkt der Rolle des Staates dabei – nicht nur auf der staatlichen Investitionsförderungspolitik, sondern er ist auch eine Folge der wachsenden Staatsinvestitionen.

Allein von 1960 bis 1967 wurden insgesamt über 131 Mrd. DM für staatliche Käufe von Anlagen- und Ausrüstungsinvestitionen ausgegeben.[20]

Die staatlichen Käufe neuer Anlagegüter für Investitionszwecke stiegen von 9,7 Mrd. DM 1960 auf 19,3 Mrd. DM 1967. 1967 belief sich der Anteil des Staates (Gebietskörperschaften und Sozialversicherung) an den 110,4 Mrd. DM ausmachenden Käufen neuer Anlagegüter in der Wirtschaft auf 17,3 Prozent. Investitionen und Eigenverbrauch des Staates waren im gleichen Jahre mit rund 21 Prozent an der Verwendung des Bruttosozialprodukts beteiligt: das sind 23 Prozent des Nettosozialproduktes zu Marktpreisen.

Hoffmann ermittelt folgende Anteile von Investitionen und Eigenverbrauch des Staates am Nettosozialprodukt zu Marktpreisen: für 1885–1889 : 8,4 Prozent einschließlich Rüstung bzw. 5,6 Prozent ohne Rüstung; für 1910–13 : 10,8 Prozent bzw. 7,8 Prozent; für 1955–59 : 17,2 Prozent bzw. 13,4 Prozent.[21] Für 1967 liegen diese Anteile bei 23 Prozent einschließlich Rüstung bzw. bei 19 Prozent ohne Rüstung. Diese Daten über die Inanspruchnahme des Sozialprodukts durch den Staat veranschaulichen dessen wachsende Rolle als Konsument und Investor. Auch seine Aufgabe als Umverteiler von Geldeinkommen ist gegen früher beträchtlich gestiegen und hat heute eine neue Qualität erreicht (1967 beanspruchten die Übertragungen von Geldeinkommen und Vermögen an den Staat rund 41 Prozent des verfügbaren Einkommens in Höhe von rund 423 Mrd. DM, wogegen die vom Staat geleisteten Einkommens- und Vermögensübertragungen sich auf 21 Prozent bzw. rd. 89 Mrd. DM beliefen).

Jedoch sei diese Seite staatlicher Aktivität hier nicht näher Gegenstand der Betrachtung, vielmehr wollen wir die Auswirkungen der Rolle des Staates als Produzent, Konsument und Investor auf die realen Prozesse der Reproduktion betrachten. Dabei werden dann folgende Zusammenhänge sichtbar: Als Verbraucher und Investor tritt der Staat auf dem Markt als Käufer in Erscheinung. Dadurch stimuliert er die Produktion und schiebt die Verwertungsschranken hinaus. Die sachlichen Elemente

[20] Ebenda, S. 131, 127

[21] Vgl. Hoffmann, Walter G., a. a. O., S. 108

des konstanten zirkulierenden und fixen Kapitals, die er dem Markt entnimmt, sowie die Arbeitskräfte, die er beschäftigt, dienen einer Produktion besonderer Art, der „Staatsproduktion". Aber diese Staatsproduktion ist keine Warenproduktion, sondern umfaßt Verwaltungsleistungen und verschiedenen Dienstleistungen, mithin Leistungen, die aus der politischen und ökonomischen Funktion des Staates resultieren. Somit erfolgt „Staatsproduktion" überwiegend nicht für den Markt, und ihre Produkte haben weder Wert noch Preis.

Den rund 80,6 Mrd. DM Aufwand an Gütern und Geldeinkommen für die laufende „Staatsproduktion" standen 1967 an wiederverkauften Leistungen nur 12,2 Mrd. DM Erlöse gegenüber. Der Rest mit rund 68,4 Mrd. DM stellte Leistungen für gesamtgesellschaftliche Zwecke dar. Sie repräsentieren Waren und Arbeitskräfte, die gesellschaftlich konsumiert und damit dem Markt und dem Verwertungsmechanismus entzogen werden.

Mit steigendem Anteil des Staatsverbrauchs und der staatlichen Investitionen am Sozialprodukt wächst also der Teil der Produktion, der keinen Warencharakter besitzt und nicht Träger von Wert ist. Insofern fungieren die verschiedenen Arten des Staatsverbrauchs und der staatlichen Investitionen einmal stimulierend auf die Produktion von Waren und die Akkumulation des Kapitals, zum andern gleichzeitig als Absorbtionskanäle für relativ überschüssiges Kapital. So wurden zum Beispiel 1967 für die Käufe von Waren für die „laufende Staatsproduktion", d. h., für staatliche Verwaltungsleistungen, rund 47 Mrd. DM aufgewendet. Dazu kamen rund 41,5 Mrd. DM Löhne und Gehälter des zivilen und militärischen Personals. Die erwähnten 47 Mrd. DM Waren, die der Staat für seine „Produktion" kaufte, stellen Wert dar. Bezüglich der 41,5 Mrd. DM wäre zu sagen, daß die zivilen und militärischen Angestellten, die der Staat für seine „Produktion" benötigt, in Form ihrer Löhne und Gehälter einen Anteil an den produzierten Konsumtionsmitteln mit Warencharakter erhalten. Indes erzeugen diese „Staatsarbeiter" selbst weder Wert noch Mehrwert, noch übertragen und erhalten sie Wert. Mehr noch: Im Verlaufe ihrer Tätigkeit vernichten sie Wert, und zwar die Waren, die als sachliche Elemente des Staatsverbrauchs dem Markt entnommen werden.

Mit dem Verbreitern der Schicht der „Staatsarbeiter" wächst die individuelle Konsumtion der vom kapitalistischen Standpunkt aus unproduktiven Arbeitskraft im Verhältnis zur individuellen Konsumtion, die der Reproduktion wert- und mehrwertbildender Arbeitskraft dient.

Unter kapitalistischen Produktionsverhältnissen werden durch „Staatsproduktion", Staatsverbrauch und Staatsinvestitionen Wert und Kapital vernichtet. In der spezifischen Form der Absorption relativ überschüssigen Kapitals im Wege gesellschaftlicher Konsumtion und wachsender individueller Konsumtion der unproduktiven Schichten (die sich nicht auf den Staatssektor beschränken) liegt unseres Ermessens eine wesentliche materielle Ursache für die Systemimmanenz der Geldentwertung im staatsmonopolistischen Kapitalismus, für den die Ausdehnung des Staatssektors innerhalb des kapitalistischen Reproduktionsprozesses charakteristisch ist.

Dabei bleibt es zunächst gleichgültig, ob es sich um Staatsverbrauch und Staatsinvestitionen für gesellschaftlich nützliche oder für parasitäre Zwekke handelt, wenn auch die letzteren die typischen sind. Entscheident ist, daß auf kapitalistischer Basis als Waren erzeugte Konsumtionsmittel und Produktionsmittel mittels des Staatsverbrauchs und der Staatsinvestitionen vom Staat in Anspruch genommen werden, sei es, daß er sie direkt für Geld kauft, oder über die Löhne und Gehälter, die er seinen Angestellten zahlt, bezieht. So wird der Wert der auf dem Markt zirkulierenden Warenmasse um den Wert der vom Staatssektor absorbierten Waren verringert, während die umlaufende Geldmenge gleichbleibt oder steigt. Im Falle Westdeutschlands entfällt ein ständig wachsender Teil des Sozialprodukts auf parasitären gesellschaftlichen Verbrauch, speziell auf militärischen. Aber auch der Teil wächst bedeutend, den der Staat für Infrastrukturausgaben benötigt, da die Gesellschaft unter den Bedingungen der wissenschaftlich-technischen Revolution einen wachsenden Teil ihres Gesamtprodukts für diesen Zweck abzweigen muß.

Für Westdeutschland z. B. wird die verfügbare staatliche Finanzmasse im Zeitraum 1966 bis 1970 bei einem Anteil des Staates am Bruttosozialprodukt von 32,5 Prozent und einem angenommenen Anstieg des nominellen Bruttosozialprodukts von 5 Prozent pro Jahr mit 846 Mrd. DM berechnet. Die Staatsausgaben für den gleichen Zeitraum werden mit 663 Mrd. DM angesetzt. Von diesen entfallen über 50 Prozent auf laufende Ausgaben für die Infrastruktur und die Rüstung, nämlich 251 Mrd. DM bzw. 101 Mrd. DM. Die Differenz zwischen der verfügbaren staatlichen Finanzmasse und den Staatsausgaben – 183 Mrd. DM – soll für Maßnahmen zur Anpassung und Verbesserung der Infrastruktur (Verkehrswesen, Forschung und Bildung, Sozialwesen usw.) verwandt werden.[22]

Diese Zahlen sollen nur etwaige Größenordnungen andeuten, aber zugleich die Aufmerksamkeit auf ein weiteres theoretisches Problem lenken:

Wenn sich der Profitmechanismus unter den Bedingungen des Monopolkapitalismus und insbesondere im staatsmonopolistischen Kapitalismus wandelt, so bedeutet das nicht nur Veränderungen in den Erscheinungsformen und Absorbtionskanälen des relativen Kapitalüberschusses, sondern auch in der Art und Weise, wie er seine Funktion – die Entwertung von

[22] Vgl. Bundestagsdrucksache, V/1160 v. 28. 11. 1966, S. 253/254

Kapital und Einkommen – vollzieht. Die Notwendigkeit, Produktionsmittel und Arbeitskräfte in jene gesellschaftlichen Bereiche zu lenken, die sich zwar der kapitalistischen Warenproduktion und der Kapitalverwertung entziehen und keine Anlagesphäre für Kapital darstellen können, die jedoch unter den Bedingungen der wissenschaftlich-technischen Revolution immer stärker zur Voraussetzung für die Kapitalverwertung und das Wirtschaftswachstum im Kapitalismus werden, erfordert, daß der Staat zentral Kapital bereithält. Hier erscheint der relative Kapitalüberschuß u. a. als relativer Kapitalmangel, beispielsweise zur Sicherung der Infrastruktur.

2. *Die Stellung Westdeutschlands im imperialistischen System und die formale und regionale Struktur der westdeutschen Kapitalverflechtung mit dem Ausland*

Wir haben die Bedeutung des Kapitalexports im Verhältnis zu den Investitionen, dem Staatsverbrauch, dem Export und dem Kapitalimport gezeigt und sie mit den Veränderungen in den Erscheinungs- und Bewegungsformen des relativen Kapitalüberschusses begründet. Dabei kam auch zum Ausdruck, daß die hohen westdeutschen Kapitalimporte im privaten Bereich durch langfristige staatliche Kapitalexporte und Schuldentilgungen überkompensiert werden, was einen relativ geringen Nettokapitalexport bedingt. Die westdeutsche Kapitalverflechtung mit dem kapitalistischen Weltmarkt ist, wie festgestellt wurde, dadurch charakterisiert, daß netto große Summen an „privatem" Kapital aus den imperialistischen Industrieländern importiert und vorwiegend staatliches Kapital in die schwachentwickelten Länder und die internationalen Organisationen exportiert wird.

Diese eigenartige formale und regionale Struktur der westdeutschen Kapitalverflechtung ist wesentlich durch die Stellung des deutschen Imperialismus innerhalb des imperialistischen Systems bedingt. Diese wird durch den Widerspruch zwischen dem bedeutenden ökonomischen Potential der Bundesrepublik als zweitstärkster imperialistischer Industrie- und Handelsmacht einerseits und ihrem beschränkten politischen Einfluß andrerseits charakterisiert.

Außenwirtschaftsbeziehungen sind immer auch außenpolitische Beziehungen. So zeigte die westdeutsche Außenwirtschaftspolitik, darunter auch die Kapitalexportpolitik, eindeutig das Bestreben, neben der Erreichung eigener ökonomischer Ziele vor allem die Unterstützung des Hauptverbündeten – der USA – bei der Verfolgung politischer und militärischer Hegemonieabsichten in Deutschland und Europa mittels ökonomischer und finanzieller Zugeständnisse zu erlangen.

Hieraus ergibt sich, daß die westdeutsche Zahlungsbilanz nicht nur im ganzen durch hohe politische Zahlungen belastet ist, die überwiegend aus Überschüssen beim Warenexport finanziert werden müssen, sondern daß eben auch ein großer Teil der Kapitalexporte politisch bedingt ist. Das gilt vor allem für die staatlichen Kapitalexporte in Form von Krediten an Entwicklungsländer sowie für die Kredite und Beteiligungen an internationalen Organisationen und die finanziellen Leistungen zur Stützung des Währungssystems. So nutzen die USA die wachsende ökonomische Stärke Westdeutschlands immer stärker zur finanziellen Stützung ihrer eigenen Hegemonie- und Expansionsbestrebungen auf ökonomischem, politischem und militärischem Gebiet aus. Die Devisenausgleichszahlungen der Bundesrepublik an die USA im Zusammenhang mit der Stationierung amerikanischer Truppen in Westdeutschland dienen nicht nur zur Entlastung der amerikanischen Zahlungsbilanz und damit zur Stützung des Dollars als Leitwährung, sondern führten auch zur Einräumung faktisch langfristige Kredite zeitweise in Höhe von mehreren Milliarden DM an die USA, die damit ihren finanziellen Spielraum bei der Vietnam-Aggression erweiterten.[23]

Auch mit der westdeutschen finanziellen Entwicklungshilfe an reaktionäre, den USA hörige Regierungen in Südostasien (Thailand, Südvietnam, Taiwan, Südkorea) wird amerikanische Politik finanziert. Die vielfältigen Maßnahmen, die seit 1958 zur Stützung des kapitalistischen Weltwährungssystems insbesondere des US-Dollars, ergriffen wurden, brachten für Westdeutschland die höchsten finanziellen Belastungen. Es mußte nicht nur einen großen Teil seiner Auslandsschulden, überwiegend Schulden an die USA vorfristig zurückzahlen, seine finanzielle Entwicklungshilfe steigern und seine Importe an Rüstungsgütern und Agrarerzeugnissen aus den USA erhöhen, sondern auch große finanzielle Beiträge zu den Maßnahmen der währungspolitischen Kooperation der führenden kapitalistischen Industrieländer leisten. Neben ihrem Beitrag zum internationalen Goldpool beteiligte sich die Bundesbank an den gegenseitigen kurzfristigen Kredithilfeabkommen der Notenbanken 1962/63 in Höhe von 150 Mill. Dollar. Und im Herbst 1962 bis März 1963 übernahm sie für 200 Mill. Dollar DM-Schuldverschreibungen des amerikanischen Schatzamtes zur Unterstützung der amerikanischen Maßnahmen, die den Goldumtausch ausländischer Dollarreserven unterbinden sollten.

Als die Mittel des internationalen Währungsfonds auf Grund der „Allgemeinen Kreditvereinbarung" 1962 um 6 Mrd. Dollar erhöht wurden, übernahm die Bundesrepublik einen Anteil von 1 Mrd. Dollar. Im Zuge der

[23] Vgl. DWI-Forschungshefte, Berlin Nr. 2/1967, S. 72 ff.

Zusammenarbeit der Deutschen Bundesbank mit den amerikanischen Währungsbehörden auf den Devisenmärkten, verkaufte die Deutsche Bundesbank 1961 größere DM-Beträge gegen US-Dollar. Um den Eintausch von Dollarguthaben gegen Gold zu umgehen, hatten die USA seit 1961 Bestände an fremden Währungen angelegt, um Zahlungsspitzen abfangen zu können. Von größerer Bedeutung waren hierbei jedoch die mehrmaligen Quotenerhöhungen der Bundesrepublik bei der Weltbank und ihren Tochterorganisationen sowie insbesondere beim internationalen Währungsfonds.

Schließlich griff bei der Finanzierung des amerikanischen Zahlungsbilanzdefizits der Internationale Währungsfonds seit 1964 hauptsächlich auf die westdeutsche Währung zurück. Im Zuge der Transaktionen des Internationalen Währungsfonds zur Finanzierung des amerikanischen Zahlungsbilanzdefizits fand ein Abbau der amerikanischen Gläubigerposition im Währungsfonds von 1,3 Mrd. Dollar 1958 auf 769,4 Mill. Dollar. Ende 1964 statt. Gleichzeitig rückte Westdeutschland zum Hauptfinanzier des Internationalen Währungsfonds auf, so daß es Ende 1964 mit 912,5 Mill. Dollar über die höchste Reserveposition im Fonds verfügte. Bis Ende 1966 stieg die westdeutsche Reserveposition weiter auf 1257 Mill. Dollar, während die der USA auf 326 Mill. Dollar abgesunken war.[24] (1967 1052 : 420).

Diese hohen finanziellen Leistungen Westdeutschlands zur Stützung des Dollars, sind wohl in erster Linie politisch bedingt, haben aber auch vielfältige ökonomische Auswirkungen. Trägt doch die Bundesrepublik dadurch selbst dazu bei, daß die für sie ohnehin ungünstigen Relationen im Bereich des langfristigen privaten Kapitalverkehrs mit den USA sich weiter verschlechtern, und zwar u. a. dadurch, daß die mittels westdeutscher staatlicher Kapitalexporte gestützte überhöhte Dollarparität die Expansion der amerikanischen Konzerne in Westdeutschland weiter fördert.

Ende 1967 hatten die amerikanischen Direktinvestitionen in Westdeutschland (Buchwerte) rund 14 Mrd. DM erreicht, während die westdeutschen in den USA nur rund 935,5 Mill. DM ausmachten (Transaktionswerte). Aber darüber hinaus fördert die westdeutsche Regierung auch direkt das Eindringen der amerikanischen Konzerne nach Westdeutschland und unterstützt ihrerseits die amerikanische Kapitalexportpolitik, teilweise sogar entgegen den Konkurrenzinteressen der westdeutschen Monopolbourgeoisie. So liegen hier der unbeschränkten Offenhaltung Westdeutschlands als Kapitalanlagesphäre ebenfalls politische Erwägungen im Interesse des Bündnisses mit den USA zugrunde, wobei man gleichzeitig das politische Interesse der USA an Westdeutschland durch ein starkes Engagement der amerikanischen Industrie in Westdeutschland zu unter-

24 IMF, International Fincancial Statistics, September 1967

mauern hofft.[25] Die hohen Nettokapitalimporte Westdeutschlands aus den kapitalistischen Industrieländern beruhen also zu einem beachtlichen Teil auf der Stellung Westdeutschlands im imperialistischen System als Hauptverbündeter der USA in Europa. So entfallen auf die USA allein mehr als 40 Prozent der westdeutschen Kapitalimporte in Fom von Direktinvestitionen. Diesem Konkurrenzdruck der vordringenden US-Konzerne versuchen die westdeutschen Konzerne ihrerseits durch eine verstärkte und staatlich geförderte innerwestdeutsche und innerwesteuropäische Konzentration und Zentralisation zu widerstehen. So richten sich über die Hälfte der westdeutschen langfristigen privaten Kapitalexporte in Form von Direktinvestitionen auf die EWG- und EFTA-Länder.

In der engeren internationalen Kapitalverflechtung der westdeutschen Monopole mit den führenden Monopolen der kapitalistischen Industrieländer spiegeln sich aber auch allgemeine Erfordernisse der Entwicklung der Produktivkräfte wider, nämlich die Anforderungen an die Internationalisierung des Wirtschaftslebens, an eine höhere Stufe der internationalen Konzentration und Zentralisation der Produktion, wozu es im Kapitalismus der internationalen Kapitalverflechtung bedarf. Im folgenden Abschnitt werden die Hauptkomponenten der internationalen Kapitalverflechtung der westdeutschen Monopole näher untersucht.

3. Hauptkomponenten der internationalen Kapitalverflechtung Westdeutschlands mit dem Ausland

Als ein wesentliches Merkmal wurde bereits die Bedeutung langfristiger privater Kapitalimporte für die verstärkte internationale Kapitalverflechtung Westdeutschlands hervorgehoben. Die folgende Tabelle gibt einen Einblick in die regionale Struktur der langfristigen privaten westdeutschen Kapitalverflechtung mit den kapitalistischen Industrieländern.

Nach der westdeutschen Zahlungsbilanzstatistik erhöhten sich die privaten langfristigen Kapitalanlagen Westdeutschlands im Ausland in den Jahren 1963 bis 1967 um 11264 Mill. DM und die des Auslands in Westdeutschland um 16847 Mill. DM, was einem Nettokapitalimport von 5583 Mill. DM entspricht.

Von der Gesamtzunahme des westdeutschen langfristigen privaten Kapitalexports in den Jahren 1963 – 1967 entfielen 3350 Mill. DM oder 28,8 Prozent auf die EWG-Länder (ohne assoziierte Gebiete), 2368 Mill. DM oder 20 Prozent auf die EFTA-Länder und 1495 Mill. DM oder 13,2 Prozent auf die USA.

[25] Vgl. DWI-Forschungshefte, Berlin, Nr. 2/1967

	Westdeutsche langfristige private Nettokapitalanlagen im Ausland 1963–1967 gesamt		Ausländische langfristige private Nettokapitalanlagen in Westdeutschland 1963–1967 gesamt	
	Mill. DM	Prozent	Mill. DM	Prozent
Alle Länder	11264	100	16847	100
EWG	3350	28,8	5208	31,3
EFTA	2368	20,3	4903	29,3
darunter				
Großbritannien	188	1,7	1610	9,6
USA	1495	13,2	5276	31,4

Quelle: Berechnet nach: Monatsberichte der Deutschen Bundesbank, Juni 1967, S. 46/47; Statistische Beihefte, a. a. O., S. 10

Demgegenüber verteilt sich die Gesamtzunahme des westdeutschen langfristigen privaten Kapitalimports in den Jahren 1963 bis 1967 mit 5208 Mill. DM oder 31,3 Prozent auf die EWG-Länder, mit 4903 Mill. DM oder 29,3 Prozent auf die EFTA-Länder, darunter auf Großbritannien mit 1610 Mill. DM oder 9,6 Prozent und mit 5276 Mill. DM oder 31,4 Prozent auf die USA.

Am wenigsten ausgeglichen ist die langfristige private Kapitalbilanz Westdeutschlands mit Großbritannien und den USA. Mit diesen beiden größten Kapitalexportländern besteht für die Kapitalverflechtung Westdeutschlands im langfristigen privaten Kapitalverkehr noch eine starke Einseitigkeit mit den übrigen EFTA-Ländern und den EWG-Ländern, d. h., mit den kontinental westeuropäischen Industrieländern, ist die Kapitalverflechtung weniger einseitig, insofern auf diese Länder 49,1 Prozent des westdeutschen privaten langfristigen Kapitalexports und 60,6 Prozent des Kapitalimports entfallen.

Nun erhebt sich die Frage nach der formalen Struktur des westdeutschen langfristigen privaten Kapitalverkehrs. Von den gesamten langfristigen privaten Kapitalexporten in der Zeit von 1960 bis 1967 in Höhe von 15566 Mill. DM werden als *Direktinvestitionen* 6,950 Mrd. DM ausgewiesen; beim Kapitalimport waren es 16,034 Mrd. DM. Auf *Portfolioinvestitionen* entfielen beim Kapitalexport 4,037 Mrd. DM und beim Kapitalimport 5,891 Mrd. DM. Als *Darlehen und Krediten* wurden 3,120 Mrd. DM Kapital exportiert und 3,533 Mrd. DM importiert. Mit anderen Worten: 6,950 Mrd. DM wurden als profittragendes Kapital und 7,157 Mrd. DM als zinstragendes Kapital im Ausland angelegt. Von dem vom Ausland in Westdeutschland angelegten Kapital entfielen 16,034 Mrd. DM auf profittragendes und 9,524 Mrd. DM auf zinstragendes Kapital. Nach der Definition der Deutschen Bundesbank gelten beim internationalen Kapitalverkehr solche Investitionen als Direktinvestitionen, durch die man einen unmittelbaren Einfluß auf das kapitalnehmende Unternehmen erlangen möchte oder mit denen der Investor einem Unternehmen, an dem er bereits maßgeblich beteiligt ist, neue Mittel zuzuführen will. Umfang und Intensität der Einflußnahme reichen von Kooperationsabsprachen auf der Basis einer Darlehensgewährung bis zur völligen Beherrschung und unmittelbaren Kapitalbeteiligung in Form von Minderheits- oder Mehrheitsbeteiligungen. Darlehen, sofern sie zu dauerhaften Verbindungen führen, können den Charakter von Direktinvestitionen annehmen, z. B. solche von Muttergesellschaften an Tochtergesellschaften oder an Unternehmen des gleichen Konzerns bzw. zwischen Unternehmen mit gegenseitiger Kapitalverflechtung. Nicht unter die Direktinvestitionen fallen längerfristige Darlehen für Geldkapitalanlagen, der Erwerb von Grundbesitz für nichtkommerzielle Zwecke oder der Erwerb festverzinslicher Wertpapiere wie auch der Aktienerwerb zwecks Geldkapitalanlage.[26] Anlagen in ausländischen festverzinslichen Wertpapieren und Aktien, die nicht dem Zweck von Direktinvestitionen dienen sollen, werden statistisch als Portfolioinvestitionen ausgewiesen. Ebenso wie Darlehen und Kredite stellen sie Leihkapitalexporte dar. Mit diesen will man Zinsen und Kursgewinne erzielen, während mit den Kapitalexporten in Form von Direktinvestitionen Profit bzw. Unternehmergewinn realisiert wird.

Die angeführten statistischen Daten zeigen die große Bedeutung der Direktinvestitionen beim Kapitalexport wie vor allem auch beim Kapitalimport. Das heißt, auch der westdeutsche langfristige private Kapitalverkehr mit dem Ausland ist durch den hohen Anteil der Direktinvestitionen gekennzeichnet. Wir erläuterten bereits im ersten Kapitel, aus welchen Ursachen unter den Bedingungen der wissenschaftlich-technischen Revolution diese Form der internationalen Kapitalverflechtung an Bedeutung gewinnt. Da das verfügbare statistische Material aber keine ausreichenden Anhaltspunkte darüber enthält, wie sich die regionale Struktur des westdeutschen Kapitalverkehrs mit den kapitalistischen Industrieländern nach den einzelnen Formen, wie Portfolioinvestitionen, Krediten und Darlehen sowie Direktinvestitionen gliedert – lediglich über die Direktinvestitionen liegen genauere Angaben vor – wollen wir im nächsten Abschnitt diese wichtigste Komponente des langfristigen westdeutschen Kapitalverkehrs näher untersuchen.

[26] Vgl. Monatsberichte der Deutschen Bundesbank, Frankfurt (Main). Die deutschen Direktinvestitionen im Ausland.
Dezember 1965, S. 19

Die westdeutschen Direktinvestitionen im Ausland

Die westdeutschen Direktinvestitionen im Ausland hatten Ende 1967 einen Stand von rund 12 Mrd. DM erreicht,[27] ohne reinvestierte Profite. Verglichen mit den Binneninvestitionen der westdeutschen Konzerne sowie mit dem Umfang der Direktinvestitionen anderer imperialistischer Länder erscheinen die westdeutschen Direktinvestitionen im Ausland selbst dann ziemlich gering, wenn man ihr tatsächliches, wesentlich höheres Volumen[28] in Betracht zieht.

Ende 1968 umfaßten die amerikanischen Direktinvestitionen, zu Buchwerten gerechnet 237 Mrd. DM und die englischen 71 Mrd. DM, während die westdeutschen zu Transaktionswerten ausgewiesen, 14 Mrd. DM erreicht hatten.

Allerdings muß man die zeitliche Dynamik der Entwicklung des Volumens der westdeutschen Direktinvestitionen im Auge behalten, die in der zehnjährigen Periode von 1952 bis 1961 um 3,8 Mrd. DM, während der drei Jahre von 1962 bis 1964 um weitere 3,4 Mrd. DM und schließlich in den drei Jahren von 1965 bis 1967 um fast 5 Mrd. DM anstiegen. Betrug der durchschnittliche jährliche Zuwachs der Direktinvestitionen in den fünfziger Jahren etwa eine halbe Milliarde DM, so lag er während der ersten Hälfte der sechziger Jahre bereits bei etwas über einer Milliarde, um dann 1966 auf mehr als anderthalb Milliarden und 1967 und 1968 bereits sogar auf über zwei Milliarden DM zu klettern.

Ungeachtet dessen bewegen sich die westdeutschen Direktinvestitionen im Ausland auch im Vergleich mit den Direktinvestitionen des Auslandes in der Bundesrepublik immer noch in relativ bescheidenen Grenzen. Das gilt bis 1967 sowohl für die laufenden Investitionen als auch für ihren Stand. So belief sich der Zuwachs der ausländischen Direktinvestitionen in Westdeutschland, zu Transaktionswerten gerechnet, in der Zeit vom 1. 9. 1961 bis 31. 12. 1967 auf 14,5 Mrd. DM, während der Zuwachs der west-

27 12056,8 Mill. DM zu Transaktionswerten, das sind bilanztechnisch die Anschaffungswerte. Bundesanzeiger, Bonn, v. 22. 4. 1969

28 Die rund 12 Mrd. DM statistisch ausgewiesenen Direktinvestitionen zu Transaktionswerten enthalten keine zwischenzeitlichen Wertveränderungen (Währungspairtät, Wiederbeschaffungskosten) und nicht den Wertzuwachs durch die Bildung offener und stiller Reserven aus nichtausgeschütteten Gewinnen. Sacheinbringungen werden zu abgeschriebenen Buchwerten erfaßt. Nichterfaßt sind noch vorhandene Direktinvestitionen aus der Vorkriegszeit in der Schweiz, in Portugal, Argentinien, Kolumbien, Indien, Pakistan, der Türkei und der Südafrikanischen Union. (Vgl. Monatsberichte der Deutschen Bundesbank, Nr. 12/1965)

deutschen Direktinvestitionen im Ausland in den Jahren 1962 bis 1967 rund 8,3 Mrd. DM umfaßte. Von der Deutschen Bank wurde der Gesamtstand des ausländischen Vermögens in der Bundesrepublik auf 60 Mrd. DM geschätzt.[29] An dieser Stelle erscheint ein Hinweis auf die sogenannte „Kapitalexportoffensive" zweckmäßig, die 1967 und besonders 1968 einsetzte. 1968 betrug der gesamte langfristige Nettokapitalexport der Bundesrepublik 11348 Mill. DM, während sich der Bruttokapitalexport auf 13077 Mill. DM und der Kapitalimport auf 1780 Mill. DM belief. Diese gewaltige und sprunghafte Steigerung der Kapitalexporte beruhte jedoch überwiegend auf zeitweilig wirkenden Faktoren, und es wäre verfrüht, daraus bereits auf einen grundsätzlichen Wandel der Stellung Westdeutschlands im System der langfristigen internationalen Kapitalverflechtung zu schließen. Die wichtigste Komponente des Kapitalexports – die Direktinvestitionen – überschritten mit 2292,2 Mill. DM zwar erstmalig geringfügig die entsprechenden Kapitalimporte in Höhe von 2248,7 Mill. DM, was aber weniger auf einer übermäßigen Steigerung der westdeutschen Kapitalexporte in dieser Form beruht als vielmehr auf einem Rückgang der ausländischen Direktinvestitionen in jenem Jahr. 1967 beliefen sich die Direktinvestitionen des Auslands in der Bundesrepublik noch auf 4325,8 Mill. DM. Die außerordentliche Steigerung der Kapitalexporte geht eindeutig auf die hohen zinsinduzierten privaten Leihkapitalexporte von rund 10 Mrd. DM zurück. Auch das Programm zur Förderung der Direktinvestitionen, das der westdeutsche Finanzminister Strauß Anfang 1969 vorlegte, bestätigt, daß die hohen Kapitalexporte des Jahres 1968 noch nicht Ausdruck einer bereits veränderten Situation Westdeutschlands als Kapitalexporteur sind, sondern daß dieser Wandel jetzt erst verstärkt angestrebt wird.

Tabelle 1 zeigt die territoriale Verteilung der westdeutschen Direktinvestitionen im Ausland, und zwar befinden sich etwa ein Drittel in Entwicklungsländern und zwei Drittel in den hochentwickelten kapitalistischen Industrieländern. Schwerpunkte bilden die EWG-Länder und die kontinentalen EFTA-Länder. Hier finden wir bei den EWG-Ländern mit den höchsten westdeutschen Direktinvestitionen Frankreich und Belgien, und unter den außereuropäischen Industrieländern Kanada. Bei den EFTA-Ländern bildet vor allem die Schweiz eine Anlagesphäre für westdeutsche Direktinvestitionen; sie rangiert mit an der Spitze unter den Ländern, in die von Westdeutschland aus Mittel für Direktinvestitionen geflossen sind. Betrachtet man die Entwicklungsländer, so konzentriert sich der Hauptteil der Direktinvestitionen auf die mittelamerika-

[29] Blick durch die Wirtschaft, Frankfurt (Main), Nr. 95, v. 25. 4. 1966

nischen und südamerikanischen Länder, und dort insbesondere auf Brasilien.

Die ländermäßige Verteilung der westdeutschen Direktinvestitionen läßt erkennen, daß sich bei sehr breiter regionaler Streuung über 97 Länder in allen fünf Erdteilen der hauptsächliche Anteil auf einige wenige Länder erstreckt. So entfallen auf die USA, die Schweiz, Brasilien, Kanada, Frankreich und Belgien/Luxemburg über 50 Prozent des Gesamtstandes von Ende 1968. Hierbei erklärt sich der hohe Anteil der Schweiz, Kanadas und Belgien/Luxemburgs u. a. daraus, daß diese Länder aus verschiedenen Gründen, vor allem aus steuerlichen Erwägungen, von den westdeutschen Konzernen für die Errichtung von Holdinggesellschaften bevorzugt werden.

Weitere acht Länder, Italien, Österreich, Argentinien, Spanien, Niederlande, Großbritannien, Australien und Indien, nehmen 31 Prozent in Anspruch, so daß auf allein 14 Länder rund 82 Prozent der gesamten Direktinvestitionen entfallen.[30]

Der statistisch ausgewiesene Anteil der außereuropäischen Entwicklungsländer, rund 29 Prozent, liegt insofern zu niedrig, als gerade bei diesen Ländern die Unterbewertung der Direktinvestitionen, die sich aus der Einbringung von Sachwerten erklärt, ins Gewicht fällt. Vor allem aber werden Kapitalien, die den westdeutschen Holdinggesellschaften in der Schweiz und in Kanada zufließen, vielfach von diesen in schwachentwickelten Ländern, vor allem in Südamerika, investiert. Diese Investitionen über ausländische Holdinggesellschaften hatten bis 1964 bereits 1362 Mill. DM erreicht.

Die westdeutschen Direktinvestitionen gingen in über 70 Entwicklungsländer, wovon sich fast drei Viertel der Gesamtsumme auf 11 Länder konzentrierten. Hierzu zählen in Afrika: Algerien, Liberia und Lybien; in Mittelamerika: die niederländischen Antillen, Mexiko und Panama; in Südamerika: Brasilien und Argentinien; in Asien: Indien, Iran und Pakistan; in Europa: Spanien, Portugal, Griechenland und Irland.

Tabelle 2 bringt die westdeutschen Direktinvestitionen (Stand Ende 1964) nach Anlageformen und Anlageländern. Über zwei Drittel der westdeutschen Direktinvestitionen beruhen auf Beteiligungen, zum überwiegenden Teil Mehrheitsbeteiligungen. Rund ein Viertel ging als Darlehen an Tochtergesellschaften, und etwa 8 Prozent entfielen auf die Kapitalausstattung rechtlich unselbständiger Niederlassungen.

Zur Kapitalaufbringung dienten vorwiegend Barzahlungen und Überweisungen, bei knapp einem Fünftel die Form der Aufrechnung, Verrechnung und Einbringung von Sachwerten und Rechten. Der Kreditaufnahme

[30] Vgl. auch Tabelle 4 im Anhang

im Ausland kommt im Unterschied zu den amerikanischen Direktinvestitionen im Ausland eine geringe Bedeutung zu.

Die starke Konzentration der westdeutschen Direktinvestitionen zeigt sich darin, daß nur neun Unternehmen 37 Prozent der Gesamtinvestitionen des Standes von 1964 vorgenommen haben und daß auf 24 von insgesamt 5100 Unternehmen 52 Prozent entfielen.[31]

An der Spitze aller westdeutschen kapitalexportierenden Konzerne steht die IG-Farbengruppe, die 45 Prozent der chemischen Produktion Westdeutschlands kontrolliert und die 32 Prozent der Beschäftigten und 50 Prozent des Exports des Zweiges auf sich vereinigt. Bis Anfang 1964 gehörten ihr bereits über 60 Produktionsgesellschaften und 140 Vertriebsgesellschaften im Ausland.[32] Über ihre drei Stammgesellschaften, die Farbenfabriken Bayer AG, Leverkusen, die Badische Anilin- und Soda-Fabrik, AG Ludwigshafen, und die Farbwerke Hoechst AG, Frankfurt a. M., errichtete sie oder beteiligte sich an Produktionsstätten für Kunststoffe, Kunststoffdispersionen und Kunststoffvorprodukte in Frankreich, Spanien, Brasilien, Südafrika und den USA. Pharmazeutika werden in der Türkei, in den USA, in Argentinien, Brasilien, in der VAR, in Chile, Kolumbien, Mexiko, auf den Philippinen und anderweitig von IG-Farben-Tochter- oder Beteiligungsgesellschaften erzeugt. Für die Produktion von Farbstoffen und Textilhilfsmitteln errichtete die IG-Farbengruppe Werke in Spanien, USA, Argentinien, Brasilien und Indien oder erwarb Beteiligungen an solchen. Pflanzenschutzmittel werden von IG-Betrieben in Brasilien, Argentinien, Mexiko, USA und Pakistan hergestellt. Traktorenbau- und Montagewerke betreibt der Konzern in Spanien und Argentinien. Das Auslandsproduktionsprogramm der IG-Farben umfaßt weiterhin Sprengstoffe, Grundchemikalien, Schädlingsbekämpfungsmittel, Lösungsmittel, Färbereihilfsmittel, Phenol, Polyäthylen, Textildruckfarben, Düngemittel und anderes mehr. Nach der IG-Farben-Gruppe rangieren die Elektrokonzerne, insbesondere der Siemens-Konzern, an zweiter Stelle unter den großen Kapitalexporteuren. Seit 1948 gründete dieser Konzern in über 40 Ländern Produktions- und Vertriebsgesellschaften, darunter Elektrounternehmen in Belgien, Italien, Griechenland, Spanien, Norwegen, Schweden, die Schweiz, Österreich, Argentinien, Brasilien, Kolumbien, Südafrika, Indien und Pakistan. Bereits 1963 lagen 15 Prozent der Konzernproduktion außerhalb Westdeutschlands.[33] Der AEG-Konzern ist in Frankreich an der Produktion von Fernlenkwaffen beteiligt, in den USA an der Fer-

[31] Vgl. Monatsberichte der Deutschen Bundesbank, Nr. 12/1965, S. 21
[32] Deutsches Wirtschaftsinstitut, Berlin, Bericht Nr. 21/1964, S. 17
[33] Deutsches Wirtschaftsinstitut, Berlin, Bericht Nr. 18/1964, S. 4

tigung von Flugzeugzubehör. In Schweden, Spanien, Brasilien und Argentinien unterhält er Elektrounternehmen, und in Österreich befaßt er sich mit der Erzeugung elektrischer Haushaltsgeräte.

Der Bosch-Konzern errichtete in England, Frankreich, Italien und der Schweiz sowie in einer Reihe von Überseeländern Produktionsgesellschaften vorwiegend für Kraftfahrzeugzubehör.

Bei den Montankonzernen sind vor allem Thyssen, Haniel, DEA, Mannesmann, Quandt, Wintershall, Krupp, Hoesch, Klöckner und Flick als die größten Kapitalexporteure zu nennen. Die Schwerpunkte ihrer Produktionstätigkeit im Ausland liegen auf den Gebieten des Bergbaus, vor allem was Aufschluß und Förderung von Eisenerz und Erdöl anbelangt sowie in der Metallurgie, im Maschinen- und Fahrzeugbau.

Zum Thyssen-Konzern gehören mehr als 30 Unternehmen im Ausland, vor allem in Westeuropa, Kanada und Südafrika. Über seine großen Gesellschaften, die Gelsenkirchner Bergwerks-AG, Essen, die Deutschen Edelstahlwerke AG, Krefeld, die Phoenix-Rheinrohr AG, Düsseldorf, und die Westfälische Union AG für Eisen- und Drahtindustrie, Hamm, u. a., ließ er Unternehmen für die Produktion von geschweißten Rohren, Drahterzeugnissen, Titanerzeugnissen und anderes mehr errichten und beteiligte sich an dem Aufschluß und der Förderung von Erdöl und Eisenerz in Afrika, in der Sahara und in Kanada.

Der Haniel-Konzern ist über die Hüttenwerke Oberhausen AG, Oberhausen (HOAG), an Reedereien in Holland und am Aufschluß kanadischer Erzlagerstätten, ferner zusammen mit den anderen Montankonzernen an afrikanischen Bergbauprojekten beteiligt. Über die Gutehoffnungshütte Sterkrade AG, Oberhausen, und die Schloemann AG, Düsseldorf, besitzt der Konzern Beteiligungen an Maschinenbaubetrieben in Indien und USA. Auch die MAN und die Feinstahl AG, Essen, errichteten Produktionsbetriebe im Ausland. Die ehemals zum Konzernbereich gehörende Deutsche Erdöl AG, Hamburg, die 1966 der amerikanische Erdölkonzern Texaco übernommen hatte, ist in Peru, Kanada, Libyen, Venezuela, in der Türkei, in Griechenland, Syrien, in der Sahara, im Iran und anderweitig an Gesellschaften zur Schürfung und Förderung von Erdöl beteiligt.

Der Flick-Konzern richtete sein Interesse auf den Erwerb von Beteiligungen an Eisen- und Stahlwerken in Belgien und Frankreich. Mittels der Daimler-Benz AG Stuttgart, und der Auto-Union GmbH, Ingolstadt, kontrolliert er Unternehmen zum Bau von Kraftfahrzeugen in Südafrika, Argentinien, Spanien, Brasilien, Indien, Thailand und Australien. Seiner Dynamit AG, Troisdorf, übertrug er die Produktion von Sprengstoffen in Spanien, Peru und Brasilien, während er über die Krauss-Maffei AG an der Lokomotivproduktion in Indien beteiligt ist.

Der Krupp-Konzern erwarb Beteiligungen an Erzaufschlüssen in Griechenland, der Türkei Angola, Kongo, Kanada und anderweitig sowie an Schwermaschinenbaubetrieben in Kanada, Brasilien und Japan sowie an Chemieunternehmen im Iran, in den USA, in Österreich und in der Schweiz. Dem Mannesmann-Konzern ermöglichten seine in- und ausländischen Tochtergesellschaften den Enwerb oder die Errichtung von Unternehmen für Stahl- und Kunststoffrohre sowie für geschweißte Rohre in Frankreich, Luxemburg, in der Schweiz, in Österreich, Kanada, in den USA, Brasilien, der Türkei und anderweitig. Beregnungsanlagen läßt Mannesmann in Italien, Spanien, Argentinien und Brasilien durch eigene Unternehmen bauen, und in Kanada, Brasilien, Gabun und anderen afrikanischen Staaten beteiligt sich der Konzern zusammen mit den anderen Montankonzernen an Aufschluß und Ausbeutung von Erzlagerstätten. Erwähnt seien auch in Kanada und Brasilien neuerrichtete Hütten- und Stahl- und Walzwerke.

Der Klöckner-Konzern läßt über die Auslandsgesellschaften der Klöckner-Humboldt-Deutz AG, Köln, in Argentinien, Brasilien und der VAR Traktoren, Motoren und Lastwagen bauen.

Der Hoesch-Konzern, dem Maschinenbaubetriebe in Frankreich, Holland, Österreich, der Schweiz gehören, ist außerdem am Aufschluß von Erzlagerstätten in Gabun, Guinea und anderen afrikanischen Staaten sowie in der Südafrikanischen Union und in Kanada beteiligt.

Der Quandt-Konzern ist u. a. über die Gewerkschaft Elwerath und die Wintershall AG an dem Aufschluß und der Förderung und Schürfung von Erdöl in Italien, der Schweiz, Peru, Kanada, Äthiopien, Libanon, Libyen, Iran und in der Sahara beteiligt.

Der größte westdeutsche Maschinenbau-Konzern, die Demag AG, Duisburg, unterhält Produktionsstätten in Frankreich, Italien, Japan, Brasilien und Kanada.

Zu diesen produktiven Direktinvestitionen der größten Konzerne der Produktionsmittelindustrie kommen noch deren Direktinvestitionen in Handels-, Absatz-, Vertriebs- und Werbeunternehmen, ihre Beteiligungen an ausländischen Finanzierungs- und Beratungsgesellschaften und anderes mehr.

Auch die Kapitalexporte der Konsumgüterindustrie stiegen in den letzten Jahren an, insbesondere der Lebens- und Genußmittelindustrie, aber auch der Textilindustrie, der Schuh- und Bekleidungsindustrie, der Spielwaren- und Uhrenindustrie usw. Ferner beteiligen sich westdeutsche Konzerne an Hotels und Kaufhäusern, an Verlagen und ähnlichen Unternehmen im Ausland bzw. gründen solche.

Territorial gesehen, nahmen die direkten Kapitalexporte nach den USA, nach Kanada, Frankreich, Belgien/Luxemburg, den Niederlanden und Libyen in den letzten Jahren besonders stark zu.

Eine Reihe großer westdeutscher Konzerngesellschaften geriet in den letzten Jahren unter ausländische, vorwiegend amerikanische Kontrolle, so die Gewerkschaft Elwerath, die Aral AG, die Deutsche Erdöl AG u. a. Daher kann man die Direktinvestitionen dieser Gesellschaften im Ausland neben denen der in Westdeutschland ansässigen Tochtergesellschaften der großen internationalen Konzerne, die von der westdeutschen Statistik nicht gesondert ausgewiesen werden, praktisch nicht zu den westdeutschen Auslandsinvestitionen zählen. Mit zunehmender Auslandskontrolle der westdeutschen Industrie gerät auch ein immer größerer Teil ihrer Auslandsanlagen unter ausländische Kontrolle.

Die zweigmäßige Struktur der westdeutschen Direktinvestitionen zeigt ebenso wie die ländermäßige Verteilung bei breiter Streuung auf über 50 Industrie- und Wirtschaftszweige einige wenige entscheidende Schwerpunkte. Über 50 Prozent entfallen (nach Kapitalinvestoren) auf die Investitionsgüterindustrie, insbesondere die Zweige Eisen- und Stahlerzeugung, Maschinen-, Fahrzeug- und Traktorenbau, Elektrotechnik und Elektronik, chemische Industrie und Feinmechanik Optik[34]

In Belgien, Brasilien und Argentinien befinden sich die höchsten Anlagen der westdeutschen bzw. der in Westdeutschland ansässigen ausländischen Autoindustrie. Die Elektroindustrie investierte vor allem in Brasilien, der Schweiz und Frankreich. Die Bedeutung Kanadas für die Investitionen der westdeutschen Eisenindustrie erklärt sich daraus, daß der Mannesmann-Konzern große Teile seines Auslandsvermögens einer kanadischen Holdinggesellschaft übertrug. Bei der chemischen Industrie liegt das Investierungsinteresse vorwiegend in Brasilien, den USA, Frankreich und der Schweiz, und zwar werden auch in diesem Zweig die hohen Anlagen in Kanada und in der Schweiz im wesentlichen durch Holdinggesellschaften bestimmt.

In der starken Konzentration der westdeutschen Direktinvestitionen auf einige wenige Länder, Konzerne und Industriezweige, neben dem relativ schwachen westdeutschen Kapitalexport in Form von Direktinvestitionen, spiegelt sich u. a. der Rückstand der westdeutschen Monopole auf dem Gebiet der internationalen Konzentration und Zentralisation wider. Diesen Rückstand aufzuholen, betrachtet der westdeutsche Imperialismus, nach den Äußerungen führender Vertreter des westdeutschen Finanzkapitals und der westdeutschen Regierung wie Abs, Berg, Strauß und Kiesinger, als seine vordringlichste Aufgabe in den siebziger Jahren.

Im Blick auf den bisher relativ geringen Stand der westdeutschen Direktinvestitionen, darf man die Folgen des zweiten Weltkrieges nicht außer acht lassen. Neben dem Verlust fast aller Auslandsanlagen, der alten

[34] Vgl. Monatsberichte der Deutschen Bundesbank, Nr. 12/1965, S. 27

Einflußsphären und neben den besonderen Risiken, die sich für die westdeutschen Monopole mit dem Kapitalexport infolge des verlorenen Krieges verbanden, spielten der Auf- und Ausbau der inländischen Produktionskapazitäten und die Ausnutzung der günstigen Exportkonjunktur bis Ende der fünfziger Jahre unter den damaligen Verwertungsbedingungen die entscheidende Rolle. Infolge der günstigen Ausbeutungsbedingungen im Inland in Verbindung mit den für Westdeutschland besonders lohnenden Exportmöglichkeiten war es für die westdeutschen Konzerne angesichts der Risiken beim Kapitalexport zunächst profitabler, den Mehrwert im Inland zu produzieren und zu akkumulieren, und Profite über den Export zu realisieren. Die wachsenden Zahlungsbilanzüberschüsse infolge hoher Exportüberschüsse ermöglichten die Bildung steigender zentraler Währungsreserven, die ihrerseits zu einem großen Teil der Finanzierung staatlicher Kapitalexporte dienten. In den sechziger Jahren beschleunigte sich der Konzentrations- und Zentralisationsprozeß in Westdeutschland, was zu einer schnelleren Expansion der westdeutschen Direktinvestitionen insbesondere in der zweiten Hälfte der sechziger Jahre führte. Alle Anzeichen deuten darauf hin, daß sich diese Prozesse in den siebziger Jahren noch verstärken werden, wobei es wahrscheinlich stärker zu Zusammenschlüssen großer westeuropäischer Konzerne kommen wird, um den Rückstand im Grad der Konzentration und Zentralisation gegenüber den USA aufzuholen.

Das ist jedoch nicht nur eine Frage der westeuropäisch-amerikanischen Rivalität. Die politischen, militärischen und ökonomischen Gegensätze der imperialistischen Länder verschärfen sich heute auf der Grundlage und im Zusammenhang mit den gewaltigen Umwälzungen in den Produktivkräften. Die westeuropäischen imperialistischen Länder können sich diesem Druck der Produktivkräfte nicht entziehen.

Im ersten Kapitel wurde der Zusammenhang zwischen den Erfordernissen der wissenschaftlich-technischen Revolution und einer neuen höheren Stufe der Internationalisierung des Wirtschaftslebens und der internationalen Konzentration und Zentralisation der Produktion und des Kapitals aufgezeigt. Dies führt zu einem immer stärkeren Vordringen der großen Monopole von internationaler Struktur und ist die Grundlage für die Veränderungen in der formalen Struktur der Kapitalexporte, für den hohen Anteil der Direktinvestitionen an den gesamten langfristigen privaten Kapitalexporten. In Westdeutschland und Westeuropa gibt es bisher nur einige wenige Unternehmen dieser Größenordnung. Z. B. waren 1965 von 87 Unternehmen des kapitalistischen Systems mit über 1 Mrd. Dollar Umsatz pro Jahr 12 westdeutsche, 7 britische, 2 holländische, 2 französische, 1 italienisches und 1 schweizerisches Unternehmen. Amerikanische Unternehmen dieser Größenordnung gab es dagegen 60.[35] Unter den 500 größten Unternehmen des kapitalistischen Systems befanden sich 300 amerikanische, 30 westdeutsche, 56 britische, 23 französische, 8 italienische, 7 schwedische, 8 schweizerische, 5 holländische, 3 belgische, 2 österreichische und 1 luxemburgisches.[36] 1966 verfügte General Motors, Detroit über einen Umsatz von 20,2 Mrd. Dollar, das Volkswagenwerk im gleichen Jahr nur über 2,3 Mrd. Dollar. Die zehn größten Unternehmen der USA hatten zusammen 1966 einen Umsatz von 79,3 Mrd. Dollar. Die zehn größten westeuropäischen Unternehmen, darunter 4 westdeutsche (Volkswagenwerk, Siemens, August-Thyssen-Hütte, Farbenfabriken Bayer), hatten dagegen zusammen nur einen Umsatz von 28,9 Mrd. Dollar.[37] 1964 gab es unter den 5100 westdeutschen Unternehmen, die Direktinvestitionen im Ausland vornahmen, insgesamt 9, von denen jedes einzelne jeweils mehr als 100 Mill. DM investierte. 1957 entfielen bereits 57 Prozent. der USA-Direktinvestitionen auf 45 Unternehmen, die jedes mehr als 400 Mill. DM im Ausland investierten.[38]

Unter den westeuropäischen Ländern steht Westdeutschland der Anzahl der Größtunternehmen nach an der Spitze. Unter den 100 größten Industrieunternehmen im kapitalistischen Teil der Welt befanden sich 1965 12 westdeutsche, 9 britische, 2 britisch-niederländische, 1 niederländisches, 1 schweizerisches, 2 italienische und 2 französische (71 sind USA-Unternehmen).[39]

Ein verstärkter Konzentrations- und Zentralisationsprozeß im westeuropäischen Rahmen wirft natürlich eine Vielzahl politischer, ökonomischer und juristischer Probleme auf. Aber trotz der vielfältigen ökonomischen und politischen Gegensätze mit denen man jetzt und künftig rechnen muß, schreitet dieser Prozeß fort. Davon zeugen neben zwischenstaatlichen Kooperationsabsprachen, gegenseitigen Kapitalbeteiligungen, Gemeinschaftsgründungen und Filialgründungen bereits einige bedeutende Fusionen, zu denen sich in den letzten beiden Jahren Konzerne der westeuropäischen Länder besonders innerhalb der EWG entschlossen haben.

Der westdeutsche Imperialismus will diesen Prozeß vorantreiben und glaubt ihn auf Grund des Übergewichts der westdeutschen Konzerne dazu ausnutzen zu können, seine politische Konzeption von einem unter westdeutscher Führung stehenden politisch vereinigten Westeuropa zu reali-

35 Der Volkswirt, 21. Jg., Nr. 43, vom 18. 8. 1967, S. 1776
36 Ebenda
37 Ebenda
38 Vgl. Monatsberichte der Deutschen Bundesbank, Dezember 1965, S. 23
39 Vgl. DWI-Bericht, Nr. 2/1967, S. 29

sieren. Die Veröffentlichungen des westdeutschen Finanzministers Strauß „Plan für Europa“ und „Herausforderung und Antwort“ machen dabei deutlich, daß ein politisch geeintes Westeuropa lediglich als Ausgangsbasis und Zwischenstufe für eine Expansion nach Südost- und Osteuropa gedacht ist. Dabei wird die Bildung von westeuropäischen Großunternehmen mit zentralisiertem Produktions- und Forschungspotential als die erforderliche technisch-ökonomische Basis zur Entfaltung einer solchen Expansionsstrategie angesehen.

Als Vorbedingung und Vorbereitung auf die sich abzeichnenden verstärkten internationalen Zentralisationsprozesse und den sich verschärfenden Kampf um die ökonomische und politische Hegemonie in Westeuropa geht man in den führenden westeuropäischen Ländern daran, die staatsmonopolistische Zentralisierung zu beschleunigen. Das findet vor allem seinen Ausdruck darin, daß unter der vereinigten Leitung und Kontrolle der Regierungen und Monopolverbände in den einzelnen Staaten die vorhandenen technischen und ökonomischen Kapazitäten der führenden Industriezweige zu einigen großen Unternehmenskomplexen zusammengefaßt werden.

Die ausländischen Direktinvestitionen in Westdeutschland

Die tatsächliche Höhe der ausländischen Direktinvestitionen in Westdeutschland läßt sich bisher nicht exakt feststellen. Nach Berechnungen der Deutschen Bank betrugen 1966 die ausländischen Vermögensanlagen in der Bundesrepublik 60 Mrd. DM.[40] In seinem Bericht Nr. 11, 1963, schätzt das Deutsche Wirtschaftsinstitut, Berlin, unter Berücksichtigung der Sekundärbeteiligungen und der Gesellschaften mit beschränkter Haftung die ausländische Kapitalkontrolle über das westdeutsche Nominalkapital nach dem Stand von 1960 bereits auf 28 bis 30 Prozent.[41] Eine Untersuchung der Deutschen Bundesbank[42] beziffert die Höhe des ausländischen Beteiligungskapitals nach Nominalwerten Ende 1968 mit 18 Mrd. DM. Wie in der Untersuchung betont wird, liegt dieser Wert weit unter den den tatsächlichen Stand der ausländischen Kapitalanlagen in Westdeutschland viel realer widerspiegelnden Substanz- oder Marktwerten, die aber statistisch nicht zu ermitteln sind. Zu den gesamten ausländischen Direktinvestitionen rechnen außer dem Nominalkapital die Rücklagen sowie die sonstigen Finanzierungsmittel. Nach den vom USA-Departement of

[40] Blick durch die Wirtschaft, Frankfurt/Main, Nr. 94 vom 25. 9. 1966
[41] Ebenda, S. 3
[42] Vgl. Monatsberichte der Deutschen Bundesbank, Nr. 5/1969

Commerce veröffentlichten Zahlen über die Direktinvestitionen der USA im Ausland, die zu Buchwerten bewertet werden und außer den Grund- und Stammkapitalbeteiligungen auch Rücklagen und sonstige Finanzierungsmittel umfassen, ergab sich für Ende 1968 ein Stand von 14 bis 15 Mrd. DM amerikanischer Direktinvestitionen in Westdeutschland. Demgegenüber werden die amerikanischen Beteiligungen am Nominalkapital für Ende 1968 nur mit 7,8 Mrd. DM bewertet. Das sind nur etwa die Hälfte der zu Buchwerten ausgewiesenen Direktinvestitionen. Die Differenz läßt darauf schließen, daß das Ausmaß der Unterbewertung beträchtlich ist. Totzdem gibt die Untersuchung der Bundesbank einige wichtige Entwicklungstrends wieder. Z. B. entfallen über 90 Prozent des Werts der Auslandsbeteiligungen auf Kapitalgesellschaften. Am Nominalkapital aller Kapitalgesellschaften bestand 1965 der Untersuchung der Bundesbank zufolge ein durchschnittlicher Auslandsanteil von 17,3 Prozent, wobei der durchschnittliche Auslandsanteil am Nominalkapital der Aktiengesellschaften rund 13 Prozent betrug und am Kapital der GmbH rund 22 Prozent. Bis 1968 war der Auslandsanteil am Nominalkapital aller Kapitalgesellschaften auf 18,7 Prozent gestiegen. Dabei stieg er bei den Aktiengesellschaften auf 14,6 Prozent und bei den Gesellschaften mit beschränkter Haftung auf 24,6 Prozent. Die ausländische Kapitalkontrolle der westdeutschen Kapitalgesellschaften hat sich somit deutlich verstärkt in den letzten drei Jahren. Das geht in erster Linie auf eine starke Expansion der ausländisch kontrollierten Großunternehmen in Westdeutschland zurück.

Diese Durchschnittsanteile besagen jedoch nicht viel über den tatsächlichen Einfluß des ausländischen Kapitals in der westdeutschen Wirtschaft. Aufschlußreicher sind in dieser Beziehung Angaben über den Konzentrationsgrad des Auslandskapitals in Westdeutschland und seine Kapital-, Produktions- und Marktanteile in einzelnen Industriezweigen.

Das Schwergewicht liegt bei Tochtergesellschaften großer internationaler Konzerne, die selbst als Aktiengesellschaften oder GmbH betrieben, ihrerseits in Westdeutschland eine monopolartige Stellung einnehmen und ihren Einfluß durch den Aufbau von Beteiligungssystemen und den Aufkauf westdeutscher Unternehmen ständig ausdehnen. 1965 entfielen auf 28 Großunternehmen mit einem Nominalkapital von 100 Mio. DM und mehr je Unternehmen 47 Prozent oder 6,2 Mrd. DM des gesamten nominalen ausländischen Beteiligungskapitals.[43] 1968 entfielen 48,4 Prozent oder 8,7 Mrd. DM des gesamten ausländischen Beteiligungskapitals auf

[43] Vgl. Monatsberichte der DBB, November 1966, S. 19 und Mai 1969, S. 26

47 Großunternehmen mit einem Nominalkapital von 100 Mio. DM und mehr.

31 von den 100 größten Industrieunternehmen und Konzernen in Westdeutschland sind Tochtergesellschaften großer ausländischer Konzerne[44], die gleichzeitig zu den größten internationalen Monopolen gehören, wie die General Motors Corp., Detroit, die Standard Oil Co of New Yersey, New York, die Ford Motor Comp., Dearborn/Michigan, die Royal Dutch-Shell, London und Den Haag, der Unilever-Konzern, London und Rotterdam, die British Petroleum Co Ltd., London, die Aciéries Réunions de Burbach-Eich-Dudelange, Luxemburg (ARBED), die Brown-Boveri & Cie., Baden, der Aku-Konzern, Holland, die International Business Machines Corp. u. a. Neben diesen gingen in den letzten Jahren eine Reihe weiterer großer internationaler Monopole dazu über, ihre Anlagen in Westdeutschland auszubauen oder neue zu errichten. Dazu gehören der Philips-Konzern (Niederlande), der Standard-Electric-Konzern (USA), der Socony Mobil-Oil-Konzern und andere amerikanische Ölkonzerne, der British American-Tabacco-Konzern, die Solvay-Gruppe (Belgien), der Nestlé-Konzern (Schweiz), die Corn-Products-Gruppe (USA) u. a.

Rund 80 Prozent des gesamten an westdeutschen Unternehmen beteiligten ausländischen Kapitals entfiel 1965 auf 2508 Tochtergesellschaften ausländischer Konzerne, d. h. auf Unternehmen, bei denen der ausländische Anteil am Nominalkapital über 90 Prozent betrug. Bis 1968 war die Anzahl der Unternehmen, an denen ausländisches Kapital zu über 90 Prozent beteiligt ist, auf 3292 gestiegen. Vom gesamten ausländischen Beteiligungskapital entfielen auf Mehrheitsbeteiligungen fast 90 Prozent und nur 3 Prozent auf Minderheitsbeteiligungen.[45]

Diese Angaben verdeutlichen den stärkeren Konzentrationsgrad des in Westdeutschland angelegten Auslandskapitals im Vergleich zu dem im Ausland angelegten westdeutschen Kapital. Die Tabelle 5 im Anhang zeigt das ausländische Beteiligungskapital nach Herkunftsländern und Wirtschaftszweigen nach dem Stand von Ende 1968. Über 90 Prozent des gesamten ausländischen Kapitals stammt aus nur 6 Ländern: USA (43,6 Prozent), Niederlande (13,4), Schweiz (12,6), Großbritannien (10), Frankreich (6,0) und Belgien (4,3).[46] Dabei konnten die USA ihren Anteil von 34,1 Prozent 1964 auf 43,6 Prozent 1968 steigern. Die westdeutsche Mineralölverarbeitung wird nahezu vollständig vom ausländischen Kapital kontrolliert[47], denn auf 21 Kapitalgesellschaften mit ausländischer Be-

[44] Vgl. DWI-Bericht, Nr. 4, 1967, S. 24–26
[45] Monatsberichte, a. a. O., S. 19 und S. 26
[46] Vgl. auch Tab. 6 [47] Vgl. Tab. 8 im Anhang

teiligung konzentrierten sich Ende 1968 rund 84 Prozent des Nominalkapitals aller 98 Kapitalgesellschaften dieses Zweiges. Vorherrschend ist hier der Einfluß der großen amerikanischen, britisch-holländischen und britischen Erdölkonzerne, deren westdeutsche Tochtergesellschaften selbst große Konzerne darstellen, die nicht nur die Verarbeitung, sondern auch die Förderung, den Transport und den Vertrieb von Erdöl zunehmend monopolisieren. Bereits 1965 besaßen die Esso AG, Hamburg, die Deutsche Shell AG, Hamburg, die BP Benzin und Petroleum AG, Hamburg, die Mobil Oil AG in Deutschland, Hamburg, und die Caltex GmbH, Hannover, zusammen ein Nominalkapital von 1975 Mill. DM, eine Raffineriekapazität von 55 Mill. t und einen Anteil an der westdeutschen Gesamtkapazität von 67,7 Prozent.[48] Diese fünf Tochtergesellschaften der großen internationalen Erdölkonzerne konnten nach dem Stand von Ende 1965 rund 78 Prozent vom gesamten Nominalkapital aller 80 Kapitalgesellschaften der Mineralölverarbeitung und Kohlewertstoffindustrie auf sich vereinigen. Auf vier ausländisch beherrschte Kapitalgesellschaften der Mineralölgewinnung aus der Zahl der 14 ausländischen Gesellschaften im westdeutschen Bergbau entfielen 1968 allein 67 Prozent des dort angelegten ausländischen Beteiligungskapitals. Auf die 14 ausländisch kontrollierten Gesellschaften im westdeutschen Bergbau entfallen 1968 rund 25 Prozent des Nominalkapitals aller Kapitalgesellschaften dieses Zweiges.

Der Hauptteil der Beteiligungen entfällt auf Frankreich, USA und Belgien-Luxemburg; französische Stahlkonzerne kontrollieren wichtige Gesellschaften des westdeutschen Steinkohlenbergbaus. Auch in den übrigen Bereichen des westdeutschen Bergbaus, mit Ausnahme der Braunkohlenförderung, bestehen ausländische Beteiligungen, vor allem niederländische und belgische, in einzelnen wichtigen Gesellschaften. In der Erdöl- und Erdgasförderung Westdeutschlands dehnte sich der Einfluß der ausländischen Ölkonzerne insbesondere der amerikanischen in den letzten Jahren bedeutend aus. Lag der Anteil, der von den ausländischen Ölkonzernen kontrollierten westdeutschen Förderung von Erdöl und Erdgas 1961 bei 30 Prozent, so stieg der Anteil bereits bis 1965 auf über 40 Prozent bei Erdöl und rund 45 Prozent bei Erdgas.[49]

In den Zweigen Stahlbau, Maschinenbau, Fahrzeugbau sind vor allem amerikanische, schweizerische und schwedische Konzerne engagiert. Ende 1968 gab es in diesen Zweigen 369 Kapitalgesellschaften mit ausländischer Beteiligung. Das sind 7,9 Prozent aller Kapitalgesellschaften dieser Zweige. Auf diese 7,9 Prozent der Gesellschaften entfielen Ende 1968

48 DWI-Bericht, Nr. 6, 1966, S. 9, Tab. 10
49 DWI-Bericht, Nr. 6, 1966, S. 8

rund 21 Prozent des Nominalkapitals aller Kapitalgesellschaften dieser Zweige. Allein im Maschinenbau entfielen auf etwa 10 Prozent aller Kapitalgesellschaften des Zweiges ein Anteil von *22 Prozent* am gesamten Nominalkapital des Zweiges. Auch aus diesen Relationen wird die Konzentration des Auslandskapitals auf Großunternehmen deutlich. Tochtergesellschaften großer ausländischer Konzerne, die beachtliche Markt- und Produktionsanteile in Westdeutschland besitzen, befinden sich vor allem im Automobil- und Fahrzeugbau, im Landmaschinenbau, im Werkzeugbau, im Nähmaschinenbau, im allgemeinen Maschinenbau, in der Büromaschinenproduktion, der Kugellagerfabrikation und in der Verpackungsindustrie.

Das ausländisch kontrollierte Nominalkapital in der westdeutschen elektrotechnischen Industrie macht 45 Prozent des gesamten Nominalkapitals des Zweiges aus.

In der elektrotechnischen Industrie stehen vier von den zehn größten Konzernen vollständig unter dem Einfluß großer luxemburgischer, niederländischer und Schweizer Konzerne. Eine Reihe kleinerer ausländischer Gesellschaften gründeten Tochtergesellschaften in Westdeutschland oder kauften Unternehmen auf. Ferner bestehen ausländische Kontrollbeteiligungen an so bedeutenden westdeutschen Konzernen wie der AEG, der Osram GmbH und der Continental Elektroindustrie AG. In der feinmechanisch-optischen Industrie sind vor allem zwei Tochtergesellschaften amerikanischer Konzerne zu nennen, die zu den führenden Unternehmen des Zweiges gehören. Es sind dies die Kodak AG, Stuttgart, und die Adox-Fotowerke Dr. C. Schleussner GmbH, Frankfurt/M.

An vierter Stelle unter den Industriezweigen, in denen ein beachtlicher Auslandseinfluß vorliegt, steht die Nahrungs- und Genußmittelindustrie. In diesem Zweig gab es 1968 165 Kapitalgesellschaften mit ausländischer Beteiligung. Das sind 6,8 Prozent aller Kapitalgesellschaften des Zweiges. Auf diese 6,8 Prozent ausländisch kontrollierter Kapitalgesellschaften entfielen rund 61 Prozent des Nominalkapitals aller Kapitalgesellschaften des Zweiges. Der Hauptteil der Auslandsbeteiligungen liegt hier bei niederländischen, schweizerischen, amerikanischen und britischen Konzernen, die wesentliche Produktions- und Marktanteile in der westdeutschen Margarine-, Zigaretten-, Süßwaren- und Feinfrostproduktion sowie bei Molkereiprodukten erwarben.

Die chemische Industrie einschließlich der Kunststoff-, Gummi- und Asbestindustrie vereinigte 1968 auf sich einen Anteil von 12,1 Prozent am gesamten ausländischen Beteiligungskapital in Westdeutschland. In der Chemischen Industrie allein verfügten 1968 241 Kapitalgesellschaften mit ausländischer Beteiligung, d. h. rund 12 Prozent aller Kapitalgesellschaften dieses Zweiges, über 23,5 Prozent des Nominalkapitals aller Kapitalgesellschaften des Zweiges. Der Auslandsanteil am Gesamtnominalkapital betrug in der Gummi-, Kunststoff- und Asbestverarbeitung sogar 44 Prozent. Die stärksten Kapitalbeteiligungen liegen hier bei den USA, der Schweiz, den Niederlanden, Großbritannien und Belgien. In der Petrolchemie gründeten die großen westdeutschen Tochtergesellschaften der internationalen Erdölkonzerne zusammen mit Gesellschaften des IG-Farben-Konzerns einige bedeutende Werke auf einer Beteiligungsbasis von 50 zu 50 Prozent. Die Kunststoffproduktion unterliegt vor allem dem Einfluß amerikanischer Konzerne. Während in der westdeutschen Chemiefaserproduktion der vom niederländischen AKU-Konzern kontrollierte Glanzstoffkonzern neben den IG-Farben-Stammgesellschaften die größten Anteile besitzt. Daneben haben amerikanische, britische, französische und schweizerische Konzerne maßgebliche Beteiligungen an wichtigen Gesellschaften der Chemiefaserproduktion erworben. Außer der Erdölchemie, der Kunststoff- und Kunstfasererzeugung unterlagen die pharmazeutische und kosmetische Industrie stärkstem Auslandseinfluß. In bedeutendem Umfange bestätigen sich amerikanische, britische, belgische und schweizerische Konzerne auch in der westdeutschen Reifenindustrie.

In der Eisen- und Nichteisenmetallindustrie lag 1968 der Anteil der Kapitalgesellschaften mit ausländischer Beteiligung am Nominalkapital aller Kapitalgesellschaften des Zweiges bei 26,2 Prozent. An der Dortmund-Hörder Hüttenunion AG, Dortmund, ist der niederländische Hoogovens-Konzern maßgeblich beteiligt, während die DHHV ihrerseits eine Reihe weiterer westdeutscher Hütten- und Walzwerke kontrolliert und sich eine maßgebliche Beteiligung im Erzbergbau gesichert hat. Französische Stahlkonzerne kontrollieren die AG der Dillinger Hüttenwerke. Daneben gibt es eine Reihe kleinerer ausländisch beherrschter Gesellschaften. Schweizerische, kanadische und französische Konzerne wahren ihre Interessen durch maßgebliche Beteiligungen an der westdeutschen Aluminiumerzeugung und -verarbeitung.

Auch in der Industrie der Steine und Erden, der Glasherstellung und Feinkeramik betätigen sich einige bedeutende Tochter- und Beteiligungsgesellschaften ausländischer Konzerne. Geht man vom Kriterium des Anteils des ausländischen Beteiligungskapitals am Nominalkapital der westdeutschen Kapitalgesellschaften aus, so zählen nach dem Stand von 1968 die Mineralölverarbeitung mit 84 Prozent, der Stahlbau, Maschinen- und Fahrzeugbau mit 21 Prozent, die chemische Industrie mit 23,5 Prozent, die Nahrungs- und Genußmittelindustrie mit 61 Prozent, die Elektrotechnik mit 45 Prozent, der Bergbau mit 25 Prozent und die Gummi-, Kunststoff- und Asbestverarbeitung mit 44 Prozent zu den Bereichen mit dem stärksten ausländischen Kapitaleinfluß.

Stark ausgedehnt hat sich auch der Auslandseinfluß im westdeutschen Groß- und Einzelhandel, darunter im Mineralölhandel.

1968 bestanden 1824 Kapitalgesellschaften im Großhandel (das sind etwa 12,4 Prozent der westdeutschen Großhandelsgesellschaften) mit ausländischer Kapitalbeteiligung, deren Anteil am gesamten Nominalkapital im Großhandel sich auf 26,3 Prozent belief. Im Einzelhandel vereinigen 43 ausländisch kontrollierte Kapitalgesellschaften bei insgesamt 3152 Gesellschaften 25,4 Prozent des Nominalkapitals des Zweiges auf sich. Über 40 Prozent des im Einzelhandel angelegten ausländischen Beteiligungskapitals betrifft dabei den Mineralölhandel.

Rund 89 Prozent des gesamten ausländischen Beteiligungskapitals entfällt auf die hier angeführten Industrie- und Wirtschaftszweige.

Insgesamt stiegen die ausländischen Kapitalbeteiligungen in Westdeutschland in den letzten vier Jahren von Ende 1965 bis Ende 1968 um 4429 Mill. DM, wovon allein 60,5 Prozent amerikanische Beteiligungen darstellen. In dieser Relation drückt sich die fortschreitende Amerikanisierung der westdeutschen Wirtschaft deutlich aus. An dem Zuwachs sind die EWG-Länder nur mit 11 Prozent, die EFTA-Länder mit 22 Prozent beteiligt. Von den EFTA-Ländern rangieren die Schweiz und Großbritannien an erster Stelle unter den Ländern, die in den letzten vier Jahren ihre Kapitalbeteiligungen in Westdeutschland am stärksten ausgedehnt haben. Mit einem Anteil über 10% am Gesamtzuwachs steht Großbritannien mit großem Abstand hinter den USA an zweiter Stelle.

Von den zu Transaktionswerten gemeldeten ausländischen Direktinvestitionen in Höhe von insgesamt 16,8 Mrd. DM in der Zeit vom 1. 9. 1961 bis 31. 12. 1968 verteilen sich rund 70 Prozent auf sieben Industriezweige: Mineralölverarbeitung, Maschinenbau, Straßenfahrzeug- und Traktorenbau, Elektrotechnik und Elektronik, Nahrungs- und Genußmittelindustrie, Erdöl- und Erdgasgewinnung. Über 22 Prozent gingen in 11 weitere Zweige, darunter die NE-Metallerzeugung, Tabakverarbeitung, Feinmechanik-Optik, Gummi- und Asbestindustrie, Pharmazie, Versicherungen und Kreditinstitute, Reedereien und Kaufhäuser.[50]

In diesen Zweigen, auf die zusammen rund 90 Prozent der ausländischen Direktinvestitionen der Periode entfallen, fand die stärkste Expansion des Auslandskapitals in den sechziger Jahren statt. Sie sind auch weitgehend mit den Zweigen identisch, auf die der höchste Anteil am ausländischen Beteiligungskapital entfällt und in denen das ausländische Beteiligungskapital einen überdurchschnittlich hohen Anteil am Nominalkapital aufweist. Jedoch wird der tatsächliche Einfluß des Auslandskapitals durch

[50] Vgl. Tab. 9 im Anhang

die Anteile am gesamten Nominalkapital nur ungenügend reflektiert, vor allem aus drei Gründen. Erstens sind die Bereiche zu umfassend, zweitens werden nur die direkten Auslandsbeteiligungen erfaßt, aber nicht die indirekten Beteiligungen, die über westdeutsche Gesellschaften unter ausländischer Kontrolle laufen, und drittens bleibt die qualitative Gewichtung einzelner Branchen außer Betracht. Die starke bzw. dominierende Stellung der ausländischen Konzerne in so entscheidenden Zweigen wie der Erdölindustrie, Kunstfaserindustrie, der modernen Büromaschinenindustrie und der Herstellung elektronischer Datenverarbeitungsanlagen wird nur ungenügend erkennbar.

Der Hauptteil, über 82 Prozent, der ausländischen Direktinvestitionen in den sechziger Jahren kommt aus nur vier Ländern, den USA, der Schweiz, Großbritannien und den Niederlanden (Belgien-Luxemburg, Frankreich und Italien bestreiten zusammen nur einen Anteil von 11,2 Prozent). Auf diese Länder konzentriert sich auch das stärkste Kontingent des ausländischen Beteiligungskapitals.[51] Weit an der Spitze rangieren dabei die USA, die allein über 48 Prozent der Direktinvestitionen von 1961 bis 1968 und 43,6 Prozent des ausländischen Beteiligungskapitals nach dem Stand von Ende 1968 auf sich vereinigten. Den relativ hohen Anteil der Schweiz verursachen die Holdingsgesellschaften, die von vielen im internationalen Maßstab arbeitenden Konzernen, vor allem auch amerikanischen, für Zwecke ihrer westeuropäischen Auslandsbeteiligungen unterhalten werden.

Westdeutschland entwickelte sich in den sechziger Jahren zu einem bevorzugten Anlagegebiet für US-amerikanische Direktinvestitionen. Die Gründe dafür liegen vor allem in seiner starken industriellen Expansionskraft. Von Westdeutschland aus, das das stärkste Wirtschaftspotential innerhalb der EWG besitzt, wird den USA-Konzernen die Eroberung der übrigen EWG-Märkte erleichtert.

Da dem amerikanischen Export durch den Außenzoll der EWG Hindernisse entstehen, aber auch angesichts der höheren Löhne und beträchtlichen Kosten für den Überseetransport, die die Konkurrenzfähigkeit der amerikanischen Waren in Westeuropa belasten, versuchen die amerikanischen Konzerne, diese Schwierigkeiten durch Direktinvestitionen in der EWG und besonders in Westdeutschland zu überwinden. Die amerikanischen Direktinvestitionen wiesen in den Jahren 1960 bis 1967 das höchste Entwicklungstempo in Westdeutschland auf; ihr Zuwachs, der im Weltdurchschnitt in diesem Zeitraum 51 Prozent und in Westeuropa 167 Prozent betrug, erreichte in Westdeutschland sogar 316 Prozent.

[51] Vgl. Tab. 6 und 10 im Anhang

Die Politik der völligen Liberalisierung des Kapitalverkehrs mit dem Ausland, für die vor allem politische Gesichtspunkte den Ausschlag gaben, begünstigt in erster Linie die großen international operierenden Konzerne, unter denen die amerikanischen das Übergewicht haben. Sie können z. B. die Gewinne ihrer Tochtergesellschaften in Westdeutschland als Dividenden für die Muttergesellschaft deklarieren, und unterliegen dann nur einer Besteuerung von 15 Prozent für ausgeschüttete Gewinne, anstatt mit 51 Prozent auf einbehaltene Gewinne besteuert zu werden. Daneben können die Muttergesellschaften die Preise für die von ihren westdeutschen Tochtergesellschaften bezogenen Rohstoffe und Halbfabrikate aus anderen Konzerngesellschaften manipulieren wie auch umgekehrt die Preise für Lieferungen der westdeutschen Tochtergesellschaften an andere Unternehmen des Konzerns beeinflussen mit dem Ziel, bilanzmäßig Verluste bzw. niedrige Gewinne auszuweisen und dadurch die Besteuerung zu umgehen.

Eine spezifische Quelle hoher Profite bei Kapitalanlagen in Westdeutschland bildet für die amerikanischen Konzerne auch der unterschiedliche Grad der Inflationierung der Währungen in USA und Westdeutschtland in Verbindung mit den Kaufkraftparitäten beider Währungen nicht entsprechenden Wechselkursparitäten. Dadurch können die USA-Monopole in Westdeutschland hochmoderne Betriebe zu einem Drittel des Preises, den sie für gleichartige Unternehmen in den USA zahlen müßten, aufkaufen. Ein Beispiel dafür ist der Erwerb der Opal Strumpfwerke, eines der modernsten Großbetriebe seiner Branche in Westeuropa, und anderer.[52]

Als weiterer Faktor fällt ins Gewicht, daß die Produktionskosten, insbesondere die Löhne, in Westdeutschland wesentlich unter denen in den USA liegen.

In dem starken Zustrom amerikanischen Kapitals sahen der westdeutsche Staat und das westdeutsche Finanzkapital zunächst eine Möglichkeit, ihre Kapitalkraft für den Konkurrenzkampf in der EWG zu stärken, ihre Akkumulationsbasis für die Rekonstruktion und Rationalisierung der Industrie zu verbreitern sowie den wissenschaftlich-technischen und technologischen Rückstand auf bestimmten Gebieten aufzuholen. Hinzu kamen politische Motive, die Bonn veranlaßten, noch zu einem Zeitpunkt, als bereits Frankreich und andere westeuropäische Länder der amerikanischen Kapitalinvasion Widerstand entgegensetzten, für die unbeschränkte Liberalisierung des Kapitalverkehrs zugunsten der amerikanischen Investitionen in der Bundesrepublik einzutreten.

[52] Vgl. Blauhorn, Kurt, Ausverkauf in Germany? Moderne Verlags-GmbH, München 1966

Inzwischen stoßen die amerikanischen Investitionen auch in Westdeutdeutschland auf immer größeren Widerstand. Besonders die Konzerne der Autoindustrie, der Elektroindustrie und der chemischen Industrie forderten Maßnahmen gegen das Eindringen amerikanischen Kapitals.

So heißt es in der „Mineralölwirtschaft", Hamburg: „Schienen wir noch in den vergangenen Jahren außerordentlich bemüht zu sein, privates Investitionskapital in die Bundesrepublik zu ziehen, so ist die Bundesrepublik jetzt von einer geradezu panischen Angst befallen, das ausländische Kapital könne dem deutschen Unternehmertum den Boden unter den Füßen fortziehen."[53]

Unter der Überschrift „Frucht und Widerstand ohne viel Worte" schreibt Max Kruk in der „Frankfurter Allgemeinen" vom 18. 2. 1965: „Das Eindringen ausländischen Kapitals durch die Übernahme bestehender Werke oder Kauf von Aktienpaketen wird in der deutschen Wirtschaft schon seit längerer Zeit mit wachsendem Unbehagen verfolgt. Die deutschen Unternehmer äußern sich darüber nicht öffentlich, sie fürchten, Mißverständnissen ausgesetzt zu sein.

Jede öffentliche Kritik an dem Gebaren der ausländischen Konzerne könnte politisch als engstirniger Nationalismus oder als feindselige Haltung gegenüber verbündeten oder befreundeten Nationen ausgelegt werden, wirtschaftlich, als Ausdruck einer antiliberalen Einstellung."

„Die Befürchtung geht dahin, daß sich die Ausländer, besonders die Amerikaner, die Sympathien, die sie im deutschen Volk unzweifelhaft besitzen, mehr und mehr selbst verscherzen könnten: durch eine Marktstrategie, die bewußt auf 'Eroberung' eingestellt ist und dabei, gestützt auf eine immense Kapitalkraft, auch Anfangsverluste ohne wesentlichen Schaden in Kauf nehmen kann."

„. . . der Druck der ausländischen Konzerne ist inzwischen doch so stark geworden, daß er in der deutschen Wirtschaft Gegendruck erzeugt hat. Die deutschen Unternehmer wehren sich gegen das weitere Vordringen der Ausländer, so gut ihnen das eben möglich ist. Auch das ist ein Punkt, über den nicht viel gesprochen wird; der Kampf vollzieht sich im stillen."

„Unter gegenseitigem stillschweigendem Einvernehmen aller Beteiligten wird verhindert, daß beispielsweise ein Aktienpaket einer zur Branche gehörenden Firma in das Ausland abwandert oder ein ganzes Unternehmen an Ausländer verkauft wird."

Bezeichnend ist, daß ein so führender Vertreter des westdeutschen Finanzkapitals wie Abs sich ebenfalls kritisch zu den amerikanischen Investitionen äußerte und eine Art Evidenzkontrolle über den Stand und die

[53] Die Mineralölwirtschaft, Hamburg, 1. Märzheft 1965, S. 161

Entwicklung der ausländischen Investitionen in der Bundesrepublik forderte. Zwar lehnte er eine administrative Beschränkung aus politischen Gründen ab, doch drohte er mit einem möglichen Abzug der westdeutschen Dollarreserven. „Man müsse darüber nachdenken, daß ein Land mit erheblichem Zahlungsbilanzdefizit u. a. durch den Unterhalt beträchtlicher deutscher Dollarguthaben erst in die Lage versetzt worden sei, große Direktinvestitionen in der Bundesrepublik vorzunehmen." „Des weiteren", schreibt das „Handelsblatt", Düsseldorf[54], „hielt es Abs für nützlich, zu erwägen, ob die Bundesrepublik nicht nach dem Beispiel Frankreichs einen Teil der deutschen Dollarguthaben in Gold umwandeln sollte: das könnte die USA vielleicht zum Nachdenken anregen. Auch sei nicht ganz verständlich, daß in den USA der Kauf deutscher Aktien, sofern es sich um den Erwerb von weniger als 10 Prozent des Aktienkapitals handele, mit der Zinsausgleichssteuer belegt sei, während der Erwerb deutscher Firmen und Beteiligungen nicht unter diese zum Schutz des Dollars eingeführte Sondersteuer fiele."

Die ökonomischen Gegensätze, die sich hier zwischen den Monopolen der USA und der EWG im allgemeinen und denen Westdeutschlands im besonderen abzeichnen und durch die staatliche Wirtschaftspolitik gefördert und ausgetragen werden, traten besonders deutlich in den akuten Währungskrisen der letzten zwei Jahre in Erscheinung.

Die westdeutsche Regierung nutzte nunmehr die Situation dazu aus, ihre finanziellen Leistungen zur Entlastung der US-amerikanischen Zahlungsbilanz mit der Forderung nach Beseitigung der Hindernisse für westdeutsche Direktinvestitionen in den USA zu verbinden. Seit Jahren kritisieren die Vertreter des westdeutschen Finanzkapitals die Behinderung ausländischer Direktinvestitionen in den USA durch das Antitrustgesetz, das Antidumpinggesetz, das amerikanische Zollsystem, die Zinsausgleichsteuer u. a. Sie führen Klage über die Schwierigkeiten bei der Kreditaufnahme, die Bevorzugung amerikanischer Unternehmen bei der Vergabe staatlicher Entwicklungsaufträge und über die staatliche Finanzierung der Konzernforschung.[55]

Nunmehr stellte der westdeutsche Finanzminister Strauß in einem Interview mit dem „Volkswirt"[56] fest, daß die westdeutsche Regierung bei den Verhandlungen über den Neuabschluß der Devisenausgleichsabkommen mit den USA Forderungen in der Richtung erhoben habe, westdeutschen Direktinvestitionen in den USA größere Möglichkeiten einzuräumen, und

[54] vom 8. 2. 1965
[55] Vgl. Schmollers Jahrbuch, 86. Jg. Viertes Heft, 1966
[56] „Der Volkswirt" vom 3. 4. 1969, S. 16

daß die Kreditanstalt für Wiederaufbau mit Unterstützung des Bundes für die Finanzierung deutscher Investitionen in den USA 800 Mill. DM bereitstelle, die in den beiden nächsten Jahren in den USA angelegt werden sollen. Das sei nur der Anfang. „Ich habe Gespräche mit der Großwirtschaft geführt, des Automobilbereichs, des chemischen Bereichs, des elektrotechnischen Bereichs. Dort ist man bereit, wesentlich weiter zu gehen."[57]

„... ich habe seit Bildung der neuen Regierung den Standpunkt vertreten, daß es nicht möglich sein wird, den Devisenausgleich mit den bis dahin üblichen Mitteln – siehe Erhard-Johnson-Abkommen – fortzusetzen. Dieses Abkommen hatte nicht zuletzt zum Ruin der Erhard-Regierung beigetragen. Ich habe weiter erklärt, wir müssen uns etwas Neues einfallen lassen. Der in den letzten Jahren getätigte Kauf amerikanischer Staatspapiere kann ja nur eine provisorische Lösung, eine temporäre Angelegenheit sein.

Und in diese Richtung hinein habe ich den Vorschlag mit der Förderung von Direktinvestitionen gestellt."[58]

Immerhin stiegen die westdeutschen Direktinvestitionen in den USA laut „Bundesanzeiger" in den beiden Jahren 1967 und 1968 um 333,3 Mill. DM, von 878,4 Mill. DM Ende 1966 auf 1211,7 Mill. DM Ende 1968. Hier zeigt sich, daß die westdeutschen Monopole offensichtlich den Zeitpunkt für gekommen halten, ihrem Bestreben nach mehr Eigenständigkeit innerhalb des Bündnisses mit den USA, nach größerem Spielraum für die eigene ökonomische und politische Expansion auch offiziell durch die westdeutsche Regierung Ausdruck zu verleihen.

Davon zeugen weiterhin gewisse Details bei der Reorganisation und Zentralisierung der westdeutschen Energiewirtschaft. Erstmalig traf man offizielle Maßnahmen zur Begrenzung des Auslandseinflusses auf die westdeutsche Mineralölwirtschaft. Nachdem mit der Fusion der Rheinisch-Westfälischen Elektrizitätswerke AG (RWE) und der Gelsenkirchner Bergwerks AG (GBAG) der Grundstein zur Zusammenfassung und Zentralisation der Energiequellen sowie für eine straff zentralisierte, integrierte westdeutsche Mineralölwirtschaft gelegt war, folgte im März 1969 ein Basisprogramm für die Erdölversorgung. Dieses Programm, das die Regierung zusammen mit den westdeutschen Erdölgesellschaften[59] ausgearbeitet

[57] Ebenda, S. 16

[58] Ebenda, S. 19

[59] Union Rheinische Braunkohlen Kraftstoff AG, Wesseling
Preußag AG, Hannover
Saarbergwerke AG, Saarbrücken
Deutsche Schachtbau und Tiefbohr GmbH, Lingen/Ems
Gelsenkirchner Bergwerks AG, Essen (Fortsetzung der Fußnote auf S. 92)

hatte, sieht die staatliche Mitfinanzierung beim Aufschluß von Ölfeldern oder beim Erwerb von Beteiligungen an Fördergesellschaften im Ausland, sowie beim Tankerbau vor, ferner die Übernahme von Bürgschaften bei Direktinvestitionen der Erdölgesellschaften im Ausland. Um eine enge Zusammenarbeit bei der Rohölversorgung zu sichern, soll eine Deutsche Erdölversorgungsgesellschaft mbH von den acht Gesellschaften gegründet werden. Die Gesellschaften ihrerseits verpflichten sich, Anteile ihrer Gesellschaften auf die Deutsche Erdölversorgungsgesellschaft zu übertragen, falls sich das Kapital ihrer Gesellschaft zu 25 oder mehr Prozent im ausländischen Besitz befindet. Damit will man einer Überfremdung der Erdölversorgungsgesellschaft vorbeugen.

Die hier angedeuteten Tendenzen werden sicherlich die Entwicklung der westdeutschen Auslandskapitalverflechtung in den siebziger Jahren mitbestimmen.

Für die sechziger Jahre wird diese jedoch in erster Linie durch die hohen ausländischen Direktinvestitionen in Westdeutschland charakterisiert, und es sei abschließend auf einige allgemeine Auswirkungen dieser Erscheinung hingewiesen. Zum Beispiel stimulierten die hohen ausländischen Investitionen einerseits das Wachstum, weil sie sich auf die Industrien konzentrierten, die über ein hohes Tempo des technischen Fortschritts, über eine hohe Produktivität und eine hohe Profitrate verfügten. So wurde der überwiegende Teil der amerikanischen Direktinvestitionen in der Bundesrepublik aus nicht ausgeschütteten und nicht transferierten Gewinnen finanziert.

Andererseits besteht jedoch infolge ihres hohen Konzentrationsgrades und der Konzentration auf die Wachstumsindustrien die Gefahr, daß sie die zyklischen Schwankungen verschärfen, denn die Politik der großen Tochtergesellschaften ausländischer Konzerne in Westdeutschland wird von den ausländischen Muttergesellschaften bestimmt, die ohne Rücksicht auf die gesamtwirtschaftlichen Erfordernisse Betriebsstillegungen und Massenentlassungen – wie seinerzeit bei der Opel-AG und anderen – beschließen können.

Die ausländischen Direktinvestitionen verstärkten mittelbar und unmittelbar den Monopolisierungsprozeß in Westdeutschland und vergrößerten dadurch den inflationären Druck auf die Währung. Zum Beispiel be-

(Fortsetzung der Fußnote von S. 91)
Wintershall AG, Kassel
Scholven Chemie AG, Gelsenkirchen-Buer
C. Deilmann GmbH, Bentheim.
Die acht Gesellschaften hatten sich bereits im Frühjahr 1967 zur Deutschen Mineralöl Explorationsgesellschaft GmbH (Deminex) zusammengeschlossen.

deutet die monopolartige Stellung einer Reihe ausländischer Tochtergesellschaften auf dem westdeutschen Markt – wie z. B. die von IBM Deutschland, die der Erdölkonzerne und der ausländischen Konzerne in der Nahrungs- und Genußmittelindustrie u. a. –, daß diese einen bestimmenden Einfluß auf die Preisgestaltung wichtiger Produktions- und Konsumtionsmittel ausüben können. Verbindet sich bei den Anlagen der USA in Westdeutschland die inländische Finanzierung der Direktinvestitionen mit einem zusätzlichen Import von Investitionsgütern, so wirkt sich das nachteilig auf die Zahlungsbilanz aus, die bei Westdeutschland und den USA ohnehin durch Importe von Rüstungsgütern und Agrarerzeugnissen im Zusammenhang mit dem Devisenausgleich, durch Profitrückflüsse an die USA, durch vorzeitige Schuldenrückzahlungen und staatliche Kapitalexporte zur Stützung des Dollars belastet ist.

Die amerikanische Zahlungsbilanz- und Kapitalexportpolitik, führten zu einer weiteren Beanspruchung der westdeutschen Zahlungsbilanz nicht nur mit den USA, sondern auch im allgemeinen durch die verstärkte Inanspruchnahme des westdeutschen Kapitalmarkts durch ausländische Kreditnehmer, wie die hohen westdeutschen Leihkapitalexporte 1967/68 zeigen.

Die Struktur des langfristigen Kapitalverkehrs der Bundesrepublik – hohe private Kapitalimporte, vor allem in Form von Direktinvestitionen und hohe staatliche und private Leihkapitalexporte – hatte ungünstige Auswirkungen auf die Rentabilität des westdeutschen Kapitalverkehrs mit dem Ausland, was sich in dem hohen westdeutschen Defizit der Kapitalertragsbilanz zeigte. Die westdeutschen Zahlungen für Kapitalerträge von Auslandsanlagen liegen im Durchschnitt bis 1967 höher als die langfristigen privaten Nettokapitalimporte und übersteigen bei weitem die westdeutschen Kapitalexporte in Form von Direktinvestitionen im Ausland (vgl. Tabelle 11 und 14 im Anhang).

Soweit diese Gewinne wieder reinvestiert werden, bleibt das ohne unmittelbaren Einfluß auf die Zahlungsbilanz, weil die Gewinne in entsprechender Höhe als Kapitalimporte die Zahlungsbilanz wieder entlasten. Jedoch besteht insofern ein indirekter Einfluß auf die Zahlungsbilanz, als das hohe westdeutsche Defizit in der Kapitalertragsbilanz Ausdruck der hohen Profite und der schnellen Akkumulation der ausländischen Unternehmen in Westdeutschland sind. Damit wachsen ihr Gewicht und ihr Einfluß auf die Entwicklung von Export und Import. In welcher Weise dieser Einfluß zum Tragen kommt, wird in erster Linie von der Politik der ausländischen Muttergesellschaft, und nicht von den Erfordernissen der westdeutschen Zahlungsbilanz bestimmt. Auf jeden Fall verstärkt sich die außerwirtschaftliche Abhängigkeit Westdeutschlands von den großen Auslandskonzernen.

Die hohen ausländischen Direktinvestitionen trugen wesentlich zur Einführung der Errungenschaften des wissenschaftlich-technischen Fortschritts in Westdeutschland bei. Die Bilanz des Patent- und Lizenzverkehrs mit dem Ausland, die für Westdeutschland negativ ist, zeigt die große Bedeutung der ausländischen Direktinvestitionen in der westdeutschen Industrie für den Import von technischem Wissen.

Gleichzeitig aber verstärkten die ausländischen Direktinvestitionen die Gefahr der wissenschaftlich-technischen Abhängigkeit und hemmten auf bestimmten für die Durchsetzung der wissenschaftlich-technischen Revolution entscheidenden Gebieten die eigene Forschung.

In der Regel konzentrieren die ausländischen Konzerne die gesamte Forschung und Entwicklung im Land der Muttergesellschaft. So hatten neben den Unternehmen, die keine eigene Forschung betrieben, die westdeutschen Tochterunternehmen ausländischer Konzerne im Patent- und Lizenzverkehr mit dem Ausland in der Regel Ausgabenüberschüsse bzw. nur Ausgaben, die in wichtigen Branchen der Wachstumsindustrien sogar die Einnahmeüberschüsse der westdeutschen Konzerne überstiegen. Besonders fällt hier die wissenschaftlich-technische und organisatorische Überlegenheit der großen USA-Konzerne ins Gewicht. So wurden 1963/64 80 Prozent des elektronischen Ausrüstungsmaterials der größten Industrieländer der OECD in den USA hergestellt. Mitte 1966 waren in ganz Westeuropa insgesamt 7800 Datenverarbeitungsanlagen in Gebrauch, wovon 6000 allein in der EWG, in den USA dagegen bereits 30000. Die meisten Kernreaktoren in Westeuropa und Westdeutschland werden nach Lizenzen von USA-Firmen gebaut.

Um den technischen und technologischen Rückstand gegenüber den USA zu verringern und damit auch größeren politischen Spielraum zu gewinnen, fordern die westdeutschen Monopole die Bildung westeuropäischer Großunternehmen mit zentral betriebener Forschung in Westeuropa.[60]

Die Teilnahme des westdeutschen Monopolkapitals am Prozeß der internationalen Konzentration und Zentralisation des Kapitals

Die verstärkten Kapitalimporte und -exporte der Bundesrepublik von und nach den hochentwickelten kapitalistischen Industrieländern, d. h. ihre verstärkte internationale langfristige Kapitalverflechtung mit diesen Ländern, spiegelt die Intensivierung des internationalen Konzentrations- und Zentralisationsprozesses wider.

[60] Vgl. Schmollers Jahrbuch, a. a. O., Auslandskapital in der Bundesrepublik, Bericht über eine wirtschaftswissenschaftliche Tagung der Adolf Weber Stiftung in Frankfurt am Main.

Die auf der modernen materiell-technischen Basis erforderliche Stufe der Konzentration und Zentralisation der Produktion und des Kapitals, der notwendige Monopolisierungsgrad der Wirtschaft geht über die im nationalen Rahmen organisierten Produktivkräfte und Produktionsverhältnisse hinaus und ruft nach verstärkter internationaler Monopolisierung eine dem Grad der Konzentration und Zentralisation der Produktion entsprechende extensive und intensive Ausdehnung des Marktes und seine internationale Regulierung, eine Internationalisierung der Ausbeutungsbedingungen und Durchsetzung der für die technisch-wissenschaftliche Revolution erforderliche Verteilung des Kapitals auf die Anlagesphären im internationalen Maßstab.

Die höhere Stufe der Konzentration und Zentralisation der Produktion wird im Kapitalismus auf dem Wege über die zu einer höheren Stufe der Konzentration und Zentralisation des Kapitals führende Konkurrenz mit einer weiteren Monopolisierung der Wirtschaft verwirklicht.

Seit einigen Jahren vollzieht sich in allen Ländern der EWG ein mit staatlicher Hilfe forcierter Konzentrations- und Zentralisationsprozeß in erster Linie auf nationaler Ebene. Die in Westdeutschland 1964 einsetzende neue Zentralisationswelle führte, verstärkt in den letzten Jahren, zu Fusionen einiger der bedeutendsten Unternehmen innerhalb der einzelnen Konzernbereiche sowie zwischen verschiedenen Konzernen in der Eisen- und Stahlindustrie, dem Schiffbau, der Elektroindustrie, der chemischen Industrie, im Maschinenbau und in der Automobilindustrie, im Flugzeugbau, im Kohlenbergbau, in der Energie- und Mineralölwirtschaft. Auch in den anderen EWG-Ländern und in Großbritannien fand Ähnliches statt. Jedoch wird es bei diesen Zentralisationsvorgängen auf nationaler Ebene nicht bleiben. Sie dienen nur dazu, die einzelnen nationalen Monopole auf einen noch schärferen Konkurrenzkampf vorzubereiten, der auch verstärkte zwischenstaatliche Zentralisation zur Folge haben wird. Das liegt auf der Hand angesichts des höheren Monopolisierungsgrades der amerikanischen Industrie und der dominierenden Stellung der amerikanischen Konzerne in den Wachstumszweigen der kapitalistischen Weltindustrieproduktion.

So müssen sich nach Angaben des „Volkswirts“ alle westdeutschen Automobilproduzenten zusammengenommen auf dem EWG-Markt mit weniger Absatz- und Produktionsanteilen begnügen, als sie General Motors auf dem USA-Markt innehat.

Um einen vergleichbaren Produktions- und Marktanteil zu gewinnen, müßten sich die jeweils größten Automobilproduzenten Italiens (Fiat), Frankreichs (Renault) und Westdeutschlands (Volkswagenwerk) zusammenschließen. Auf alle übrigen Automobilproduzenten der EWG vereinigen auf sich nicht einmal einen Produktions- und Marktanteil, wie ihn der zweitgrößte Automobilkonzern der USA, die Ford-Motor-Corp., beherrscht. Die beiden westdeutschen Tochtergesellschaften von General Motors und Ford sowie Simca, die französische Tochtergesellschaft von Chrysler, stellten etwa ebensoviele Personenkraftwagen her wie die seinerzeit größten französischen Automobilkonzerne Renault, Citroën und Peugot zusammen.[61]

Der Aggressivität der amerikanischen Konzerne entsprechen Zentralisationsbestrebungen bei den westeuropäischen Konzernen, die nicht nur zu Zusammenschlüssen auf nationaler Ebene führen, sondern solche bereits in westeuropäischem Rahmen zeitigten. Als typisches Beispiel älteren Datums für diesen Prozeß sei die Fusion der AGFA AG, Leverkusen, mit Geveart Photoproducten N. V., Rotterdam, genannt. Die Amerikanisierung der Schleussner-Fotowerke durch den amerikanischen Chemietrust Dupont, neben dem Vordringen weiterer amerikanischer, englischer, schweizerischer und japanischer Konzerne auf dem westdeutschen und westeuropäischen Fotomarkt, gefährdete die Positionen der IG-Farben auf diesem Gebiet. Als Folge kam es im Februar 1964 zur völligen Fusion der AGFA AG, Leverkusen, und der Geveart Photoproducten N. V., Rotterdam. Im Zuge dieses Zusammenschlusses übernahm die AGFA AG, Leverkusen, mehrere Firmen der westdeutschen Fotoindustrie, an denen ihre Muttergesellschaft, die Bayerswerke AG, Mehrheitbeteiligungen hat, und zwar die Leonar-Werke AG, Hamburg, die Mimosa AG, Kiel, die Chemische Fabrik Vaihingen Enz GmbH und die Perutz-Photowerke GmbH, München. Die Gruppe AGFA-Geveart behauptet einen Geschäftsanteil am Weltfotogeschäft von etwa 12 Prozent und konnte damit ihre Stellung gegenüber der amerikanischen Kodak, deren Anteil am Weltfotogeschäft man auf 50 Prozent schätzt,sowie gegenüber den übrigen amerikanischen, europäischen und japanischen Konkurrenten wesentlich stärken.

Der Zusammenschluß der beiden westeuropäischen Spitzenunternehmen der Fotowirtschaft ermöglicht diesen nicht nur eine bessere Rationalisierung durch gemeinsame Produktion, Forschung und Vertriebstätigkeit, sondern bedeutet auch eine Anpassung an die sich durchsetzenden neuesten wissenschaftlich-technologischen Entwicklungen auf diesem Gebiet.[62] In der chemischen Industrie vollziehen sich internationale Zentralisationsprozesse infolge der starken Stellung der IG-Farben jedoch vorwiegend in Form von Gemeinschaftsgründungen oder von Kooperationsverträgen mit großen ausländischen Konzernen im Bereich der durch die technisch-wissen-

[61] Der Volkswirt, Nr. 33 vom 18. 8. 1967, S. 1776
[62] Chemische Industrie, Nr. 3, 1964

schaftliche Revolution neu entstehenden Industriezweige. Bei der Entwicklung der Petrolchemie arbeiten die IG-Farben vorzugsweise mit den britischen Öltrusts zusammen. Die Badische Anilin & Soda Fabrik AG, Ludwigshafen, gründete mit der Deutschen Shell AG, Hamburg, auf einer Beteiligungsbasis von 50 zu 50 Prozent die Rheinischen Olefine-Werke GmbH (ROW), Wesseling. Gleiches tat die Bayer-AG, Leverkusen, die sich mit der BP-Benzin und Petroleum AG, Hamburg, ebenfalls auf einer Beteiligungsbasis von 50 zu 50 Prozent, zur Erdölchemie GmbH, Darmagen zusammenschloß. Es handelt sich um zwei Großunternehmen mit einem Stammkapital von 140 Millionen DM bzw. 110 Millionen DM, die u. a. für die IG-Farben-Gruppe eine wichtige Rohstoffbasis der eigenen Kunststoff-, Kunstfaser- und Kautschukerzeugung darstellen. Die ROW erreichten 1961 bereits 10 Prozent der Welterzeugung und etwa 87 Prozent der EWG-Gesamtkapazität bei Äthylen und Hochdruckpolyäthylen.[63]

Auf die Erdölchemie GmbH, Darmagen, entfiel 1964 mengenmäßig fast ein Viertel der Produktion Westdeutschlands an anorganischen Chemikalien. Von 1957 bis 1966 wurden 640 Mill. DM für den Auf- und Ausbau des Werkes investiert. Jetzt stellt die Erdölchemie, Darmagen, die größte petrolchemische Anlage in Westdeutschland und die zweitgrößte in Westeuropa dar. Zusammenschlüsse der IG-Farben-Gesellschaften fanden in der letzten Zeit insbesondere auch mit führenden französischen Chemiekonzernen statt, sei es in Form von Aktienaustausch, von Kapitalbeteiligungen, von Gemeinschaftsgründungen, der Koordinierung der Forschungs- und Produktionskapazitäten oder der Kooperation beim Marketing.

Beispiele dafür sind die Verbindungen zwischen Hoechst-Péchiney und Saint Gobain, zwischen Bayer-Progil und Ugins, zwischen der Badischen Anilin und Sodafabrik und Shell (Frankreich), zwischen Hoechst-Nobel und Bozel, zwischen Rhône-Poulence und Bayer, zwischen Hoechst und Roussel-Uclaf.

Außer in der chemischen Industrie sehen wir vor allem in der elektrotechnischen und elektronischen Industrie, im Maschinenbau und in der Stahlindustrie Zusammenschlüsse in Form von Kapitalbeteiligungen und Kooperationsverträgen zwischen westdeutschen und westeuropäischen, vor allem französischen Konzernen, so zwischen der Preussag AG und der französischen Pennaroya. Der holländische Hoogovens-Konzern übernahm 15 Prozent des Aktienkapitals der Hoesch AG; die Demag AG schloß ein Abkommen mit dem französischen Baummaschinenhersteller Richier ab. Auch der holländische Philips-Konzern, die Siemens AG und die AEG stimmten ihre Computerinteressen miteinander ab. Vereinbarungen über

[63] DWI-Bericht, Berlin, Nr. 11, 1963, S. 19

Zusammenarbeit gab es zwischen der Compagnie Europeenne d'Automatisme Electronique (C. A. E.) und der Telefunken AG hinsichtlich elektronischer Rechenanlagen und zwischen dem Grundig-Konzern und der Compagnie Sans Fil (C. S. F.) auf dem Gebiet des Farbfernsehens und der Elektronik. Daneben kam es zwischen italienischen und französischen, zwischen holländischen und italienischen sowie zwischen Konzernen der skandinavischen Länder zu Zusammenschlüssen.

Auch auf dem Gebiet des Exports, der Industrieberatung und der Finanzierung kamen in wachsendem Maße interwesteuropäische Zusammenschlüsse und Gemeinschaftsgründungen zustande. Ende 1961 schlossen sich drei bedeutende Gruppen aus Westdeutschland, Frankreich und Italien, die auf dem Gebiet der internationalen Planung und Beratung tätig sind, – die Sofralec, Paris, die Halconsalt, Rom, und die Projekt-Union, Bonn – zur „Europaexport AG", Luxemburg, zusammen für die gemeinsame Planung und Beratung in allen Entwicklungsländern. Ende 1963 einigten sich vier führende westeuropäische Banken – die Deutsche Bank AG, die Midland Bank Ltd., die Banque de la Sociéte Générale de Belgique und die Amsterdamsche Bank N. V. – über eine enge Zusammenarbeit im Rahmen eines „Europäischen Beratungsausschusses". Diese „absolut größte Kartellvereinigung, die bisher im Zeichen der westeuropäischen Integration entstand"[64], dient neben der Intensivierung der Zusammenarbeit mit der EFTA dazu, die Positionen der westeuropäischen Banken, insbesondere der Deutschen Bank AG, gegenüber den amerikanischen Banken im „Entwicklungsgeschäft" zu stärken.

Die Verschärfung des Konkurrenzkampfes unter dem Druck der in- und ausländischen Monopole führte und führt zum Ruin vieler Großbetriebe und zu ihrem Aufkauf durch in- und ausländische, meist amerikanische Konzerne.

Neben den Rowenta-Metallwerken, die zu 50 Prozent an den Sunbeam-Konzern aus Chicago übergingen, erwarb die John-Deere-Company die Traktorenfabrik Lanz. Der General-Electric-Konzern übernahm Anfang 1964 die Esge-Gruppe und einige Monate später die Kapitalmehrheit der Prometheus-Elektrische Geräte und Heizeinrichtungen, Eschwege. 1961 ging die Aktienmehrheit der Franz Kathreiners Nachfolger AG, München, an eine Schweizer Holding-Gesellschaft Capaco S. A. über.

Weiter ging die Kuba-Imperial, die drittgrößte Fernsehgerätefabrik Westdeutschlands, 1966 an die General Electric Company über, ferner die Rei-Werke AG, der größte westdeutsche Feinwaschmittelhersteller an den amerikanischen Konzern Proctor & Gamble und die Deutsche Erdöl AG

[64] DWI-Bericht, Berlin, Nr. 4, 1964, S. 7

(DEA) an den drittgrößten amerikanischen Erdölkonzern, die Texaco Inc., New York. Übernommen wurde 1967 die Afred Teves GmbH von dem amerikanischen ITT-Konzern, die Braun AG von The Gilette Co. (USA). Die britisch-amerikanischen Babcock & Wilcox Dampfkesselwerke sicherten sich über ihre westdeutsche Tochtergesellschaft Mehrheitsbeteiligungen an der Büttnerwerke AG, der Vereinigten Kesselwerke AG. und der Dürrwerke AG.

Intensivierung der Konzentration und Zentralisation des Kapitals vollziehen sich zugleich auf nationaler Ebene und international. Der Prozeß der wissenschaftlich-technischen Revolution treibt die Diversifizierung, Spezialisierung und Kombination gewaltig voran. Aus dieser Entwicklung entstehen neue Monopolstrukturen auf der Grundlage gegenseitiger weitverzweigter Kapitalverflechtungen der führenden Konzerne[65]. So gibt es keinen führenden westdeutschen Konzern, der nicht mit mehreren anderen über gemeinsame Beteiligungsgesellschaften kapitalmäßig verflochten wäre Das gilt aber nicht nur für die westdeutschen Konzerne, sondern ebenfalls für die in Westdeutschland tätigen großen Auslandskonzerne. Erinnert sei hier an Kapitalverflechtungen über gemeinsame Beteiligungsgesellschaften zwischen dem ARBED-Konzern und den westdeutschen Konzernen Thyssen, Hoesch und AEG, zwischen dem Hoogovens-Konzern und Thyssen, Krupp, Hoesch, Flick, Klöckner, zwischen Quandt-Wintershall und Standard Oil und Shell, zwischen IG-Farben, der BP-Gruppe und dem Unilever-Konzern u. a. m., die Aufzählung ließe sich beliebig fortsetzen. Die Kapitalverflechtung über gemeinsame Beteiligungsgesellschaften beschränkt sich dabei nicht auf Westdeutschland, sondern verläuft im internationalen Maßstab, insbesondere auch bei der neokolonialistischen Infiltration der Entwicklungsländer. Hier versucht das internationale Finanzkapital, über solche gemeinsamen Gesellschaften sich der Rohstoffquellen, ganzer Industriezweige und des Bankwesens zu bemächtigen. So wie sich aus der kapitalmäßigen Verflechtung der Industriezweige neue Bankverbindungen ergeben, so führt auch international der Zentralisationsprozeß zu Veränderungen im Kräfteverhältnis und im Einflußbereich der Banken. Es entstehen neue internationale Formen des Finanzkapitals und neue finanzkapitalistische Gruppierungen.

Der langfristige private Leihkapitalverkehr Westdeutschlands mit dem Ausland

Der langfristige private Leihkapitalverkehr mit dem Ausland vollzieht sich in verschiedenen Formen:

[65] Vgl. Chmelnitzkaja, E.: Moderne Kombination und Diversifikation. In: „Konjunktur und Krise", Berlin, 1967, Bd. 11, S. 41–54

1. durch die Gewährung oder Inanspruchnahme langfristiger Lieferantenkredite,
2. durch die Gewährung oder Inanspruchnahme langfristiger Kredite und Darlehen im Geschäftsverkehr mit Ausländern,
3. Erwerb bereits emittierter ausländischer Aktien oder Obligationen durch westdeutsche (Kapitalexport) bzw. Erwerb bereits emittierter westdeutscher Aktien oder Obligationen durch Ausländer (Kapitalimport),
4. Zeichnung von im Inland oder im Ausland zur Emission aufgelegten ausländischen Anleihen oder Aktien durch Inländer (Kapitalexport) bzw. Zeichnung von im Inland oder im Ausland zur Emission aufgelegten inländischen Anleihen oder Aktien durch Ausländer (Kapitalimport).

Die Investitionen in ausländischen Wertpapieren bezeichnet man als Portfolio-Investitionen; als Anlageobjekte für Portfolioinvestitionen dienen Aktien (Devidendenpapiere) und Anleihen (festverzinsliche Wertpapiere). Bei den Anleihen unterscheidet man Anleihen der öffentlichen Hand und Industrieanleihen.

Ferner fallen unter festverzinsliche Wertpapieren auch Bankschuldverschreibungen wie Pfandbriefe, Kommunalobligationen und Schuldverschreibungen von Spezialkreditinstituten. Bei den Portfolioinvestitionen wird Geldkapital in Wertpapieren angelegt mit dem Ziel, Zinsen oder Dividenden bzw. Kurs- und Spekulationsgewinne zu realisieren zum Unterschied von den Wertpapieranlagen, wo man mittels einer ständigen Beteiligung an einem Unternehmen Einflußnahme und Kontrolle zu gewinnen sucht. Diese Wertpapieranlagen zählen zu den Direktinvestitionen. Im Gegensatz zu den Direktinvestitionen wird die Bewegung der Portfolioinvestitionen weitgehend von zwischenstaatlichen Zinsdifferenzen und zwischenzeitlichen Kursdifferenzen bestimmt, die ihrerseits wiederum sehr stark von den unterschiedlichen Systemen und Maßnahmen der staatsmonopolistischen Regulierung der einzelnen nationalen Kapitalmärkte abhängen.

Den Hauptteil der Portfolioinvestitionen bilden sowohl beim Kapitalexport als auch beim Kapitalimport die festverzinslichen Wertpapiere, unter denen die öffentlichen Anleihen dominieren.

Heute spielen internationale Aktien und Anleiheemissionen nicht mehr die Rolle als Hauptinstrument bei der Finanzierung der Unternehmen. Vom Gesamtzuwachs der westdeutschen Kapitalexporte in Form von Portfolioinvestitionen in Höhe von 4037 Mill. DM 1960 bis 1967 entfielen 1203 Mill. DM auf Aktien und 1880 Mill. DM auf festverzinsliche Wertpapiere und 584 Mill. DM auf Investmentzertifikate. Bei einem Gesamtzuwachs an Kapitalimporten über Portfolioinvestitionen in Höhe von 5894 Mill. DM belief sich der Anteil der Aktien und Investmentzertifikate auf 2357 Mill. DM und an festverzinslichen Wertpapieren auf 2534 Mill. DM.[66]

Bei den Kapitalexporten und -importen über festverzinsliche Wertpapiere handelte es sich überwiegend nicht um eigentliche Auslandsanleihen in dem Sinne, daß ausländische Schuldner am westdeutschen Kapitalmarkt oder westdeutsche Schuldner an einem ausländischen Kapitalmarkt Anleihen emittierten, sondern überwiegend um Käufe bereits zirkulierender Anleihen inländischer Schuldner (Staat, Unternehmen usw.). So wurden nur einige wenige private Anleihen von westdeutschen Unternehmen im Ausland gegeben im Betrage von 600 Mill. DM, und zwar sämtlich in der Schweiz. Bei den westdeutschen Kapitalexporten lagen die Verhältnisse bis 1967 ähnlich. Von den in Westdeutschland bis dahin emittierten Auslandsanleihen in Höhe von 5,2 Mrd. DM wurde nur ein Teil in Westdeutschland selbst untergebracht. Erst seit 1959 fanden überhaupt wieder in stärkerem Maße Wertpapiertransaktionen Westdeutschlands mit dem Ausland statt. In diesem Jahr wurden fast 1,5 Mrd. DM Kapital über den Kauf ausländischer Wertpapiere exportiert.

Bis 1963 lagen dann die westdeutschen Kapitalexporte in dieser Form weit unter den entsprechenden Kapitalimporten. In den letzten Jahren 1964 bis 1967, im Zusammenhang mit dem amerikanischen Zahlungsbilanzprogramm und der Einführung der westdeutschen Kuponsteuer, überstiegen die Kapitalexporte wieder die Kapitalimporte über Wertpapiere.[67]

Ein großer Teil der Wertpapiertransaktionen steht im Zusammenhang mit westdeutschen Direktinvestitionen im Ausland bzw. mit ausländischen Direktinvestitionen in Westdeutschland. In der Statistik der Bundesbank werden ab 1967 die auf Direktinvestitionen entfallenden Wertpapiertransaktionen nach Schätzungen ausgegliedert und die eigentlichen Portfolioinvestitionen für die Jahre 1960 bis 1967 ausgewiesen. Zu der Gesamtsumme privater westdeutscher Nettokäufe ausländischer Wertpapiere 1960 bis 1967 in Höhe von 4037 Mrd. DM muß man 3,2 Mrd. DM Aktienkäufe im Zuge westdeutscher Direktinvestitionen im Ausland hinzurechnen. Die ausländischen Nettokäufe westdeutscher Wertpapiere von insgesamt 5,9 Mrd. DM in den Jahren 1960 bis 1967 erhöhen sich um 4,5 Mrd. DM für Käufe in Form ausländischer Direktinvestitionen in Westdeutschland.

Wie bei den Direktinvestitionen überwiegen für die Gesamtperiode bis 1967 bei den Portfolioinvestitionen die Kapitalimporte. Das gleiche gilt für den privaten Kapitalverkehr über langfristige Kredite und Darlehen. Die Nettokapitalexporte über Kredite und Darlehen ohne Direktinvesti-

66 Berechnet nach: Statistische Beihefte, a. a. O., S. 12

67 Vgl. Tabelle 13 im Anhang

tionen betrugen in den Jahren 1960 bis 1967 1,6 Mrd. DM und die Kapitalimporte 1,9 Mrd. DM.

Insgesamt flossen so dem westdeutschen Staat und den in Westdeutschland ansässigen Unternehmen in dem untersuchten Zeitraum längerfristige Finanzierungsmittel in Höhe von 2,2 Mrd. DM aus dem Ausland zu. Westdeutschland war auch auf dem Gebiet des langfristigen privaten Leihkapitalverkehrs Nettokapitalimporteur.

Dieses Bild ändert sich, betrachtet man nur die letzten vier Jahre 1964 bis 1967.

Insgesamt überstieg in diesen Jahren der langfristige Leihkapitalexport mit rund 3,6 Mrd. DM den Leihkapitalimport.[68] Auf dem Gebiet des langfristigen privaten Leihkapitalverkehrs mit dem Ausland entstand in diesen Jahren eine westdeutsche Gläubigerposition gegenüber einer Schuldnerposition, den Gesamtzeitraum betrachtet. Ein Trend, der sich in den Jahren nach 1967 verstärkt fortsetzte. In den Jahren erhöhten sich die westdeutschen Kapitalexporte in Form von Portfolioinvestitionen um 3207 Mill. DM (gegenüber 830 Mill. DM 1960–1963), während die Kapitalimporte in dieser Form um 835 Mill. DM abnahmen. Insgesamt überstiegen in den vier Jahren die westdeutschen Kapitalexporte in dieser Form die Kapitalimporte um rund 4 Mrd. DM. Auf der anderen Seite nahmen die Kapitalimporte über Kredite und Darlehen mit rund 2,3 Mrd. DM schneller zu als die Kapitalexporte in dieser Form (1,9 Mrd. DM). Gleichzeitig gingen die Kapitalimporte in Form von Aktienkäufen sowie als Kredit und Darlehen für Zwecke der ausländischen Direktinvestitionen stark in die Höhe.

Diese Veränderungen finden ihre Ursache weitgehend in den staatsmonopolistischen Maßnahmen zur Regulierung des Kapitalverkehrs mit dem Ausland in den USA und Westeuropa, insbesondere auch in Westdeutschland. Um das Defizit der Zahlungsbilanz einzudämmen, traf die USA-Regierung eine Reihe von Maßnahmen zur Beschränkung des Kapitalexports. Den Auftakt dazu bildete die Zinsausgleichssteuer.

Das Zinsausgleichssteuergesetz (Interest Equalisation Tax) wurde am 3. September 1964 verkündet und trat rückwirkend ab 19. Juli 1963 in Kraft. (Es wurde inzwischen zweimal verlängert.) Die Geltung des Gesetzes erstreckt sich auf Anleihen und Aktien ausländischer Emittenten und belastet den amerikanischen Erstinvestor. Das brachte für Ausländer erhöhte Kosten der Kapitalaufnahme in den USA, während es für amerikanische Investoren eine Verminderung der Rentabilität ihrer Kapitalanlage in Auslandsanleihen bedeutete. Von der Steuer ausgenommen wurden

[68] Berechnet nach: Statistische Beihefte, a. a. O., S. 13

kanadische Emissionen, Emissionen von Schuldnern in Entwicklungsländern, Handelskredite amerikanischer Banken und Firmen sowie der Kauf ausländischer Wertpapiere in Verbindung mit amerikanischen Direktinvestitionen im Ausland, sofern die jeweilige Beteiligung mindestens 10 Prozent des Kapitals der ausländischen Gesellschaft ausmachte.

Anfang 1965 wurde die Steuer auf mittelfristige Bankkredite ausgedehnt und gleichzeitig eine Limitierung der Kredite amerikanischer Banken an Ausländer eingeführt. Ebenfalls Anfang 1965 ergingen Leitlinien zur Begrenzung der Ausdehnung der Direktinvestitionen, und zwar im Rahmen eines freiwilligen Programms zur Stützung der Zahlungsbilanz, das sich an die im Ausland investierenden Unternehmen richtete. Das Programm empfahl den Unternehmen, verstärkt auf die Kapitalmärkte Westeuropas auszuweichen, wobei diese Empfehlung Ende 1966 auch auf die Mittelost tätigen amerikanischen Öl-Gesellschaft ausgedehnt wurde.

Die Einführung der Zinsausgleichssteuer in den USA verteuerte für die westeuropäischen und japanischen Emittenten, nächst den Kanadischen die am amerikanischen Kapitalmarkt die Anleiheaufnahme in den USA. Auch andere Länder (Schweiz, Niederlande) gingen dazu über, den Leihkapitalexport insbesondere über Anleihen zu beschränken. So wurde die Kapitalnachfrage vom amerikanischen Kapitalmarkt auf den westeuropäischen und besonders den westdeutschen umgelenkt, zumal Westdeutschland keinerlei Beschränkungen für Auslandsinvestitionen bestehen. Um die amerikanische Politik einer Beschränkung der Leihkapitalexporte sowie aus konjunkturpolitischen Gründen ergriff die westdeutsche Regierung Maßnahmen zur Beschränkung des Leihkapitalimports und kündigte im März 1964 eine 25prozentige Steuer auf Zinserträge aus im Besitz von Gebietsfremden befindlichen Wertpapieren inländischer Emittenten an, die am 28. 3. 1965 in Kraft trat. Vorher wurde diese Art von Kapitalimport durch die Steuerfreiheit der Zinserträge in Westdeutschland gefördert.

Im Ergebnis der Beschränkungen des amerikanischen Leihkapitalexports und des westdeutschen Leihkapitalimports sowie von Restriktionen in anderen westeuropäischen Ländern fanden in den Jahren ab 1964 in verstärktem Maße Emissionen von Auslandsanleihen in Westdeutschland statt.[69]

Die folgende Aufstellung zeigt die verstärkte Auflegung von Auslandsanleihen in den Jahren nach 1964 in Westdeutschland.

[69] 1967 und insbesondere 1968 und 1969 setzte sich dieser Trend, verstärkt durch die Zuspitzung der Währungskrise, fort. Besondere Faktoren, waren hier wirksam. Vgl. Monatsberichte der Deutschen Bundesbank, Nr. 3, 1969, S. 25 ff.

Emission von Auslandsanleihen in Westdeutschland 1957[70] bis 1966 (in Mio DM)

	Anleihen	Tilgung	Nettoabsatz	Nominalwert Mio DM
1957	21,0	–	21,0	21,0
1958	92,0	–	92,0	92,0
1959	344,6	–	344,6	344,6
1960	44,8	–	44,8	44,8
1961	12,0	–	12,0	12,0
1962	100,0	3,5	96,5	100,0
1963	160,0	52,9	107,1	160,0
1964	895,0	4,7	890,3	895,0
1965	1389,2	31,3	1357,9	1389,2
1966	658,9	36,5	622,4	658,9

Quelle: Geschäftsbericht der Deutschen Bundesbank für 1964, S. 167/68 sowie Monatsbericht der Deutschen Bundesbank, Februar 1967, S. 76–78

Nach den Angaben der obigen Aufstellung betrugen die Auflegung und der Erstabsatz von festverzinslichen Wertpapieren ausländischer Emittenten in den Jahren 1957 bis 1963 zum Nominalwert 774,4 Mill. DM. Allein 1964 wurden mehr Auslandsanleihen aufgelegt und abgesetzt als während der gesamten Periode 1957 bis 1963. Von 1964 bis 1966 waren es 2943,1 Mill. DM, 1967 betrug der Bruttoabsatz von Auslandsanleihen 866 Mill. DM. Jedoch stellten nur weniger als die Hälfte dieser Anleihen tatsächlichen westdeutschen Kapitalexport dar.

Die Kuponsteuer bewirkte nämlich, daß die ausländische Nachfrage nach festverzinslichen Wertpapieren westdeutscher Emittenten zurückging, und diejenige für die von der Kuponsteuer nicht betroffenen DM-Anleihen des Auslands zunahm. Die Folge der Erschwerung des amerikanischen Leihkapitalexports und des westdeutschen Leihkapitalimports bestand somit, neben der Reduzierung der Kapitalimporte über den Verkauf westdeutscher festverzinslicher Wertpapiere an das Ausland, in einem verstärkten westdeutschen Kapitalexport und Kapitaltransit. Von den 1964 am westdeutschen Kapitalmarkt abgesetzten Auslandsanleihen in Höhe von 895 Mill. DM wurden netto nur 353,1 Mill. DM im Inland untergebracht, 541,9 Mill. DM wurden an das Ausland weiterverkauft. Von den 689 Mill. DM Auslandsanleihen, die von Januar bis Mai 1965 am westdeutschen Kapitalmarkt abgesetzt worden sind, wurden 398,6 Mill. DM an das Ausland weiterverkauft.[71] Insgesamt wurden 1965 13 Mill. DM Auslands-

[70] 1957 wurden erstmals seit der Währungsreform Auslandsanleihen in Westdeutschland aufgelegt.

[71] Monatsberichte der Deutschen Bundesbank, Nr. 6, 1965, S. 7

anleihen mit einem Nominalbetrag von 1300 Mill. DM vergeben, davon sind 65 Prozent von Ausländern gekauft worden. Im Jahre 1966 wurden 7 DM-Anleihen für ausländische Schuldner am westdeutschen Kapitalmarkt aufgelegt mit einem Emissionserlös von 610 Mill. DM, die zu etwa 75 Prozent von ausländischen Anlegern gezeichnet wurden.[72]

Der westdeutsche Kapitaltransit ist Bestandteil der verstärkten Ausbildung eines supranationalen Kapitalmarktes, des sogenannten Euroanleihemarktes, der im Zusammenhang mit den amerikanischen Maßnahmen zur Beschränkung des Kapitalexports einen bedeutenden Aufschwung erlebte.

Die Beschränkungen des amerikanischen Anleihemarktes für Ausländer sowie die Politik der verstärkten Auslandsfinanzierung der ausländischen Direktinvestitionen der amerikanischen Konzerne führte zu einer beachtlichen Ausweitung der Emissionen von Auslandsanleihen in Westeuropa.

Bis zur Einführung der Zinsausgleichssteuer war New York das führende Finanzzentrum für Auslandsanleihen. In Westeuropa wurden nach dem zweiten Weltkrieg nur in der Schweiz und in den Niederlanden Auslandsanleihen in größerem Umfang emittiert. Seit Einführung der Konvertibilität 1958 kam es zwar auch in anderen westeuropäischen Ländern, darunter auch Westdeutschland, wieder zu Auslandsanleihen, aber nur in beschränktem Ausmaß.

Im Zusammenhang mit der Zinsausgleichssteuer in USA, den verstärkten Restriktionen des Kapitalverkehrs in anderen Ländern und der westdeutschen Kuponsteuer entwickelte sich neben den eigentlichen Auslandsanleihen ein neuer Typ von internationalen Anleihen, die sich nicht an einen bestimmten nationalen Kapitalmarkt wenden, sondern an internationale Kapitalien der verschiedenen Art. Sie werden von internationalen Bankenkonsortien aufgelegt und international plaziert. Auch die DM-Auslandsanleihen zählen dazu. Anlagesuchendes ausländisches Kapital, das vor der Kuponsteuer in westdeutschen festverzinslichen Wertpapieren angelegt wurde, wurde nunmehr von den, von der Kuponsteuer nicht betroffenen DM-Auslandsanleihen angezogen.

Der verstärkte Rückgriff der amerikanischen Konzerne auf die westeuropäischen Kapitalmärkte führte nicht nur zu einer bedeutenden Zunahme der Emissionen von Dollaranleihen in Westeuropa, sondern auch der Markt für DM-Auslandsanleihen wird in bedeutendem Maße von amerikanischen Konzernen in Anspruch genommen. So wurde zwischen der Gulf-Oil-Gruppe und der Deutschen Bank als Führerin eines europäischen

[72] Ebenda, Nr. 6/1967

Bankenkonsortiums die Emission einer 100-Mill.-DM-Anleihe vereinbart, die zu etwa 30 Prozent von westdeutschen Anlegern übernommen wurde. Die Anleihe sollte von der Transocean Gulf-Oil-Comp., Pittsburgh (USA) für Investitionen in Westeuropa verwandt werden. Neben den amerikanischen Konzernen emittierten auch westeuropäische Konzerne von internationaler Struktur (z. B. 100 Mill. DM British Petroleum Ltd., London, Mai 1965), die internationalen Organisationen u. a. DM-Anleihen. Daneben fanden verstärkt Emissionen von auf Fremdwährung lautenden Anleihen in Westdeutschland statt.

Die gleichen Ursachen, die in den letzten Jahren zu einem verstärkten westdeutschen Kapitalexport und Kapitaltransit auf dem Gebiet der Anleihen führten, riefen eine gegenläufige Entwicklung beim westdeutschen Leihkapitalverkehr über Kredite und Darlehen hervor. Hier fand z. B. 1964–66 eine beschleunigte Zunahme der Kapitalimporte statt, weil die westdeutschen Konzerne infolge restriktiver kreditpolitischer Maßnahmen im Inland verstärkt auf die Aufnahme von Krediten und Darlehen im Ausland auswichen und sich ihre Nachfrage nach ausländischem Leihkapital infolge der Beschränkung des Wertpapier-Kapitalimports auf Darlehen und Kredite verlagerte.

Darüber hinaus war auch für diese Entwicklung die Expansion der amerikanischen Konzerne in Westdeutschland von Bedeutung. Einer Untersuchung der Bundesbank über die Auslandsforderungen und -verbindlichkeiten der westdeutschen Unternehmen zufolge entfielen von den gesamten langfristigen Auslandsverbindlichkeiten der in Westdeutschland ansässigen Unternehmen nach dem Stand von Ende September 1966 die Hälfte (2,4 Mrd. DM von 4,8 Mrd. DM) auf Kredite, die westdeutsche Tochtergesellschaften ausländischer Konzerne bei ihren Muttergesellschaften aufgenommen hatten. Der Hauptteil entfiel dabei auf amerikanische Gesellschaften.[73] Auch bei der kurzfristigen Auslandsverschuldung der westdeutschen Unternehmen spielen die westdeutschen Tochtergesellschaften ausländischer Unternehmen eine bedeutende Rolle. Von den gesamten kurzfristigen Krediten, die bis Ende September 1966 von in Westdeutschland ansässigen Unternehmen im Ausland aufgenommen worden waren, entfielen 2,2 Mrd. DM auf solche mit ausländischer Mehrheitsbeteiligung. Auch hier entfällt der überwiegende Teil auf Unternehmen unter amerikanischer Kontrolle.[74] So gingen beispielsweise im Zusammenhang mit den amerikanischen Zahlungsbilanzmaßnahmen die USA-Konzerne zur Finanzierung ihrer Direktinvestitionen in Westdeutschland dazu

[73] Monatsberichte der Deutschen Bundesbank, Nr. 11, 1966, S. 8 u. 9
[74] Ebenda, S. 6, 7

über, früher gewährte kurzfristige Kredite in langfristige Kredite oder Eigenkapital umzuwandeln. Von der 1964 bis Ende 1966 auf diese Weise finanzierten Steigerung der ausländischen Direktinvestitionen in Westdeutschland in Höhe von 1,1 Mrd. DM entfielen auf die amerikanischen Direktinvestitionen 777 Mill. DM.[75]

Aber auch ein Teil der Steigerung der westdeutschen Portfoliokapitalexporte hängt mit den Finanzierungsmethoden der amerikanischen Konzerne in Westdeutschland zusammen und stellt keinen echten westdeutschen Kapitalexport dar. Das ist dann der Fall, wenn amerikanische Konzerne die Aktienmehrheit von westdeutschen Unternehmen nicht gegen Barzahlung erwarben, sondern im Austausch gegen eigene Wertpapiere. So führte der Erwerb der Deutschen Erdöl AG, Hamburg, durch den amerikanischen Texaco Konzern 1966 zu einer Steigerung des westdeutschen Portfoliokapitalexports in Höhe von 748 Mill. DM, da der amerikanische Konzern beim Erwerb der Aktienmehrheit der Deutschen Erdöl AG DEA-Aktien gegen Wandelschuldverschreibungen tauschte.

Die Expansion ausländischer, insbesondere amerikanischer Direktinvestitionen in Westdeutschland sind offensichtlich ein wesentliches mitbestimmendes Moment bei der Entwicklung der einzelnen Komponenten der lang- und kurzfristigen Leihkapitalverflechtung Westdeutschlands mit dem Ausland. Darüber hinaus förderte das Bestreben der amerikanischen Konzerne, ihre Direktinvestitionen im Ausland durch stärkere Inanspruchnahme der westeuropäischen Kapitalmärkte zu finanzieren, ebenfalls die internationale Kapitalverflechtung, vor allem in Westeuropa.

So stammten von den langfristigen Kapitalzuflüssen zu amerikanisch kontrollierten westdeutschen Unternehmen im Jahre 1966 in Höhe von 1772 Mill. DM 303 Mill. DM aus dritten Ländern (EWG-Länder, Großbritannien u. a.). Der Kapitalzufluß aus den USA betrug vergleichsweise 544 Mill. DM.[76]

Auch die Expansion der USA-Konzerne in anderen westeuropäischen Ländern förderte die internationale Kapitalverflechtung Westdeutschlands. So wurden nicht nur am westdeutschen Kapitalmarkt Anleihen von *westdeutschen* Tochtergesellschaften amerikanischer Konzerne aufgenommen (z. B. Anleihe der Adam Opel AG im November 1967 über 150 Mill. DM), sondern auch die Entwicklung und Ausdehnung des Marktes für DM-Auslandsanleihen wird durch die Investitionsprogramme amerikanischer Gesellschaften in westeuropäischen Drittländern mitbestimmt. Ein Beispiel dafür ist die 100-Mill.-DM-Anleihe der Europa Holding von Dupont.

[75] Ebenda, S. 6 und Nr. 6, 1967, S. 13
[76] Monatsberichte der Deutschen Bundesbank, Nr. 6, 1967, S. 13

Staatsmonopolistische Regulierungen des Kapitalverkehrs mit dem Ausland, wie die hier angeführten amerikanischen Maßnahmen zur Eindämmung des Zahlungsbilanzdefizits oder die westdeutsche Kuponsteuer, setzen neue Bedingungen im Konkurrenzkampf der großen internationalen Konzerne um die günstigsten Finanzierungsbedingungen für ihre Expansion. Während die amerikanischen Konzerne für ihre Expansion in Westdeutschland und Westeuropa in Westdeutschland Anleihen emittieren, versuchten die westdeutschen Konzerne die Nachteile, die die Kuponsteuer für die ausländische Finanzierung ihrer eigenen Auslandsexpansion bedeutete, zu umgehen. Sie gingen dazu über, durch ihre ausländischen Holdinggesellschaften DM-Auslandsanleihen in Westdeutschland aufzunehmen. So wurden von den 7 DM-Auslandsanleihen, die 1966 (mit einem Emissionserlös von 610 Mill. DM) in Westdeutschland aufgelegt wurden, 3 Anleihen (mit einem Emissionserlös von 260 Mill. DM) durch in Luxemburg ansässige Finanzierungsgesellschaften westdeutscher Konzerne emittiert.[77]

Auch die amerikanischen Konzerne gingen in wachsendem Maße dazu über, durch Gründung von Holding-Gesellschaften in Luxemburg die Finanzierung ihrer Anleihen vorzunehmen. Maßgeblich dafür sind vor allem die Steuervorteile, die die luxemburgische Holding-Gesetzgebung bietet und die unter anderem die Emissionen von Holding-Gesellschaften von einer Steuer auf die zu zahlenden Anleihezinsen befreit. Auf diese Weise können bei einer Plazierung über Luxemburg die in anderen Ländern geltenden steuerlichen Regelungen, die entweder von der Seite des Kapitalimports oder des Kapitalexports die Auslandsfinanzierung der Konzerne verteuern, umgangen werden.

Die Gründung solcher Finanzierungsholdings in Luxemburg war unter anderem einer der Hauptgründe für die Entwicklung Luxemburg zu einem der wichtigsten Umschlagsplätze des Eurokapitalmarktes neben London und Frankfurt.

Die angeführten Fakten und statistischen Daten geben eine Vorstellung davon, wie weit der westdeutsche langfristige Leihkapitalverkehr mit dem Ausland durch die Expansion der großen, im internationalen Maßstab operierenden Konzerne, darunter auch der größten westdeutschen Monopole, mitbestimmt wird. Das zeigt auch die Entwicklung der letzten Jahre.

[77] Thyssen Investment S. A., 100 Mill. DM
AEG-Finanz Holding S. A., 60 Mill. DM
Siemens-Europa Finanz AG, 100 Mill. DM
Zwei weitere DM-Anleihen über je 100 Mill. DM erfolgten bis Mitte 1967 durch die BASF Luxemburg.

Vom Ausland aus mobilisieren westdeutsche Konzerne über Westdeutdeutschland internationales Kapital für ihre eigene Auslandsexpansion. Andererseits nehmen die großen amerikanischen und EWG-Konzerne den Eurokapitalmarkt, darunter den Markt für DM-Auslandsanleihen, in Anspruch, um ihre Investitionen in Westeuropa, Westdeutschland und anderweitig zu finanzieren.

Die verstärkten westdeutschen Anleihekapitalexporte im Zusammenhang mit der Ausweitung des Eurokapitalmarktes sind aber auch Ausdruck der Veränderung der Kräfteverhältnisse und verschärfter Widersprüche zwischen den USA und Westeuropa, speziell den EWG-Ländern. So führte die Krise der USA-Zahlungsbilanz nicht nur zu einer Umlenkung im Angebot und in der Nachfrage nach internationalem langfristigem Leihkapital von den USA nach Westeuropa, sondern schwächte dadurch auch die Rolle New Yorks als führendem Finanzzentrum und damit die weitreichende Monopolstellung der amerikanischen Banken. Es verschärfte sich die Konkurrenz zwischen den amerikanischen Banken und den westeuropäischen Banken sowie zwischen den westeuropäischen Banken untereinander um die Aufteilung des Marktes für internationale Anleihen.

Die westdeutschen Großbanken nutzten dabei die internationale Nachfrage nach Leihkapital aus, um wieder in größerem Maßstab in das Anleihegeschäft einzusteigen.[78] Zum Hauptinstrument wurden die DM-Auslandsanleihen. Bis 1968 wurde die Deutsche Mark zur zweitstärksten Währung für internationale Anleihen.

Die Konkurrenz führte zu einer verstärkten internationalen Kooperation der Banken und zur Bildung internationaler Bankenkonsortien. Die westdeutschen Banken übernahmen nicht nur auf DM oder Fremdwährung lautende Auslandsanleihen, sondern beteiligten sich auch in vielen Fällen an der Begebung internationaler Fremdwährungsanleihen zusammen mit großen amerikanischen und westeuropäischen Banken.

Die internationalen Bankenkonsortien zentralisierten anlagesuchendes Leihkapital aus allen Teilen der Welt. Nicht nur aus Westeuropa, sondern ebenfalls aus USA, Südamerika, dem Nahen Osten und aus asiatischen Ländern floß Kapital auf den sogenannten Euroanleihemarkt. Ein bedeutender Teil des Kapitalangebots stammte von Investoren, die ihr Kapital sonst über amerikanische Finanzplätze angelegt hätten. Eine Studie der Staff Papers des Internationalen Währungs-

[78] Daß es sich hierbei nicht um eine vorübergehende zeitweilige Erscheinung handelt, davon zeugt u. a., daß die westdeutschen Banken wieder beginnen, in stärkerem Maße im Ausland Filialen zu eröffnen.

fonds[79] nennt die folgenden hauptsächlichen Quellen des Kapitalangebots: Teile der freien Devisenreserven hauptsächlich der Nah-Ost-Staaten; Erlöse aus Verkäufen niedrig verzinslicher amerikanischer Wertpapiere; am amerikanischen Kapitalmarkt aufgenommene Dollarbeträge von Ländern, die nicht von der Zinsausgleichssteuer betroffen sind; Fluchtkapitalien; kontinentalwesteuropäische Residenten, die heimische Währung in die benötigte ausländische Währung konvertieren.

Die Kapitalnachfrage kommt vor allen von amerikanischen Schuldern, aber auch von Emittenten aus der EWG, aus England,Skandinavien, Australien, Südafrika und Japan, die früher ihre Anleihen in New York emittierten. Der größte Teil der Mittel wird in Westeuropa investiert.

Analog der Entwicklung im Bereich der Produktion, des Handels und der Dienstleistungen zeichnen sich in der Geld- und Kreditsphäre der kapitalistischen Länder verstärkte nationale und internationale Zentralisationsprozesse ab. Die wissenschaftlich-technische Revolution mit ihren gewaltigen Finanzierungsanforderungen bedingt letzten Endes diese Prozesse. So fanden in den letzten Jahren in allen wichtigen westeuropäischen Ländern Zentralisationsprozesse in den nationalen Bankensystemen in verstärktem Maße statt. Ein Aspekt dabei ist, ähnlich wie im Bereich der Produktion, den Rückstand der westeuropäischen Banken im Konzentrations- und Zentralisationsgrad gegenüber den großen amerikanischen Banken aufzuholen. Für die westeuropäischen Banken wirkt hier die Zersplitterung der westeuropäischen nationalen Kapitalmärkte hemmend. Auf der Grundlage der Anforderungen der wissenschaftlich-technischen Revolution an den Grad der Konzentration und Zentralisation des Bankapparates wirkt hier die Konkurrenz zwischen den westeuropäischen und den amerikanischen Banken in Richtung der Integration und Vereinheitlichung der westeuropäischen Kapitalmärkte. Davon zeugt z. B., daß sich neben der nationalen Zentralisation eine verstärkte internationale Zentralisation der Banken andeutete, gerade im Zusammenhang mit der Ausweitung des internationalen Kapitalmarktes. Sie führte unter anderem zur Gründung einer Reihe von internationalen Banken unter Beteiligung der westdeutschen Großbanken. So wurde in Brüssel die Banque Européenne de Credit à Moyen Terme (BEC) gegründet. Ihr gehören die Amsterdam-Rotterdam Bank, die Midland Bank, die Deutsche Bank, die Société Général de Banque sowie die Samuel Montagu et Co. Ltd. an. Aufgabe dieser Bank soll die Gewährung von mittelfristigen Krediten (3 bis 7 Jahre Laufzeit) an in

[79] Williams, David Foreign Currency Issues on European Security Markets, in: International Monetary Fund, Staff Papers Washington Vol. XIV, No. 1, März 1967, S. 59, 60

Westeuropa tätige Unternehmen sein, die Kapital für ihre internationalen Investitionen brauchen.

Bereits Ende 1963 hatte die Deutsche Bank mit den größten Banken Englands, Belgiens und der Niederlande ein Bankenkartell gegründet.

Die Dresdner Bank beteiligte sich gemeinsam mit je einer der größten italienischen, niederländischen, französischen, englischen und amerikanischen Banken an der Société Financière Européenne, einer Finanzierungsgesellschaft, deren Aufgabe in der Finanzierung europäischer Firmen durch mittel- und langfristige Kredite und Übernahme von Beteiligungen besteht.

Eine der bedeutendsten internationalen Bankgründungen ist die International Commercial Bank Ltd., London. An ihr sind beteiligt die Commerz Bank AG, die Westminster Bank, die First National Bank of Chicago, die Hongkong and Shanghai Banking Corp. und die Irving Trust Company, New York. Die fünf Banken besitzen zusammen mit ihren Tochtergesellschaften Geschäftsstellen in allen Teilen der Welt. Die Aufgabe der Bank soll insbesondere die Finanzierung international tätiger Unternehmen sein.

Auf Initiative der Banque de Suez et de l'Union des Mines, Paris, und der Bankers Trust Company, New York, baut eine Gruppe internationaler Banken, der auch dic Commerz Bank AG angehört, neben elf weiteren Banken Westeuropas und Nordamerikas einen Markt mittelfristiger Schuldtitel auf. Zu diesem Zweck wurde die Compagnie Internationale de Crédit à Moyen Terme S. A. als Gesellschaft schweizerischen Rechts gegründet.

Die Dresdener Bank gründete in Luxemburg ein Tochterinstitut – die Compagnie Luxembourgeoise de Banque S. A. – um sich stärker in den internationalen Kapitalmarkt einzuschalten. Die Dresdener Bank ist insbesondere über die Deutsch-Südamerikanische Bank AG, Hamburg, in Südamerika tätig.

Diese Beispiele von Gründungen internationaler Banken während der letzten beiden Jahre zeigen, daß diese allgemeine Tendenz, in der die verstärkte Internationalisierung des Wirtschaftslebens der kapitalistischen Länder zum Ausdruck kommt, das Vordringen der Unternehmen mit internationaler Struktur und internationaler Operationsbasis seine Entsprechung auch im Bereich der Banken findet. Ein wesentliches Moment dieses Prozesses sind die sich verändernden ökonomischen Kräfteverhältnisse zwischen den USA und Westeuropa, insbesondere den EWG-Ländern.

Der westdeutsche staatliche Kapitalexport

Der sogenannte reguläre langfristige staatliche Kapitalexport umfaßt in der Hauptsache Kredite an Entwicklungsländer und planmäßige Tilgungen von Vorkriegsschulden und Schulden aus der Nachkriegswirtschaftshilfe (statistisch als Abnahme des Kapitalimports ausgewiesen).

Dazu kommen die sogenannten Sondertransaktionen (Tabelle 14), die sich auf vorfristige Rückzahlungen von öffentlichen Auslandsschulden, auf Erhöhungen der Kapitalbeteiligungen an internationalen Organisationen (Weltbank, Währungsfonds, IFC, IDA) und Inanspruchnahme des Kredits von etwa 1 Mrd. DM der Bundesbank an die Weltbank, der 1960 vereinbart wurde, beziehen.[80]

Nach den Angaben der Zahlungsbilanzstatistik betrug die Zunahme der langfristigen westdeutschen staatlichen Kapitalexporte in den Jahren 1960 bis 1967 insgesamt 12813 Mill. DM und als Durchschnitt pro Jahr berechnet 1523 Mill. DM. Die westdeutschen langfristigen staatlichen Auslandsverbindlichkeiten verringerten sich im gleichen Zeitraum um 5313 Mill. DM, so daß insgesamt in den 8 Jahren von 1960 bis 1967 17496 Mill. DM staatliches Kapital ins Ausland floß. Als jährlicher Durchschnitt berechnet betrug der Saldo des langfristigen staatlichen Kapitalverkehrs 2187 Mill. DM. Von den insgesamt über 19 Mrd. DM staatlicher Kapitalexporte von 1960 bis 1967 entfielen über 5 Mrd. DM auf Sondertransaktionen, d. h. auf vorfristige Rückzahlung von Schulden und Erhöhungen der westdeutschen Quoten bei den internationalen staatsmonopolistischen Finanzinstitutionen sowie auf den Kredit der Bundesbank an die Weltbank. Das heißt, daß mehr als ein Viertel der staatlichen westdeutschen Kapitalexporte unmittelbar durch die Währungskrise veranlaßt wurden.

Von den staatlichen Kapitalexporten fungiert die Kapitalbeteiligung beim Internationalen Währungsfonds faktisch als Währungsreserve.[81] Auf Grund der Funktionsweise des IMF ist in der Höhe der tatsächlich geleisteten Einzahlungen Westdeutschlands an den IMF, d. h. in der Höhe der Kapitalbeteiligung, den DM-Abrufen des Fonds sowie der westdeutschen Kreditgewährung im Rahmen der „Allgemeinen Kreditvereinbarung" eine gleichgroße Erhöhung der quasi-automatischen westdeut-

[80] In den hier verwendeten Statistiken werden die Quotenerhöhungen bei den internationalen Organisationen in der Bilanz des langfristigen Kapitalverkehrs jeweils in voller Höhe als Zunahme des staatlichen westdeutschen Kapitalexports ausgewiesen. Die in Landeswährung einzuzahlenden Anteile der Quoten (75% beim IMF und 9% bei der Weltbank) können auch durch die Hingabe von DM-Schuldscheinen abgedeckt werden. In dem Fall werden sie in der Zahlungsbilanz als kurzfristiger Kapitalimport erfaßt.

1966 z. B. von 787,5 Mill. Dollar auf 1 2000 Mill. Dollar = 412,5 Mill. Dollar oder 1650 Mill. DM Quotenerhöhung beim Internationalen Währungsfonds.

[81] Die Netto-DM-Ziehungen des Fonds werden in der Statistik der kurzfristigen Kapitalbewegungen erfaßt.

schen Ziehungsrechte im Währungsfonds (der sogenannten Reserveposition im IMF) verbunden. Beteiligung und Kredite an den internationalen Währungsfonds nahmen von 1960–1967 um 3,1 Mrd. DM zu und erreichten 1967 einen Stand von 4,2 Mrd. DM.

Auf der anderen Seite sind in den zentralen Währungsreserven Kapitalexporte enthalten, die in der Kapitalverkehrsstatistik nicht erfaßt werden. Es sind dies die sogenannten beschränkt verwendbaren Auslandsforderungen. Ihr Bestand setzt sich zur Zeit hauptsächlich aus mittelfristigen DM-Schuldverschreibungen des amerikanischen und britischen Schatzamtes zusammen, die die Bundesbank im Zusammenhang mit den Devisenausgleichsabkommen mit USA und Großbritannien übernahm, sowie aus bilateralen Forderungen aus früheren Krediten an die EZU und aus Schuldverschreibungen der Weltbank auf Grund eines Kredits mit sechsjähriger Laufzeit, den die Bundesbank der Weltbank 1957 bis 1965 einräumte und der seitdem ständig erneuert wurde.

Die Forderungen der Bundesbank aus den Devisenausgleichsabkommen betrugen 1967 1000 Mill. DM die bilateralen Forderungen aus früheren EZU-Krediten betrugen noch 331 Mill. DM und aus dem Kredit an die Weltbank bestanden Ende 1967 Forderungen in Höhe von 1454 Mill. DM.

Von 1960 bis 1967 nahmen die Forderungen aus den Devisenausgleichsabkommen um 1000 Mill. DM zu und die Forderungen aus dem Kredit an die Weltbank um 197 Mill. DM, während die sonstigen Forderungen, d. h. hauptsächlich die Forderungen aus früheren EZU-Krediten um 3341 Mill. DM abnahmen.

Insgesamt beliefen sich so die in den Währungsreserven enthaltenen Nettokapitalexporte der Bundesbank in den Jahren 1960 bis 1967 auf 975 Mill. DM und erreichten einen Stand von 6992 Mill. DM.

Zur vollständigen Erfassung der staatlichen westdeutschen Kapitalexporte muß man also die in den Währungsreserven enthaltenen Kapitalexporte der Bundesbank mit berücksichtigen. Es ergibt sich dann für die Jahre 1960–1967 ohne die Schuldenrückzahlungen ein staatlicher langfristiger bzw. de facto langfristiger Kapitalexport in Höhe von 13788 Mill. DM.

Die Bundesbank verwandte nicht nur einen Teil ihrer Währungsreserven für Kapitalexporte, sondern gewährte auch direkte Kredite an die Weltbank. Schließlich finanzierte sie einen großen Teil der Kapitalexporte der Regierung. Das gilt für die vorfristigen Schuldentilgungen der Bundesrepublik (4968 Mill. DM), die Beteiligungen am Internationalen Währungsfonds und an der Weltbank mit ihren Tochterinstituten für die Kredite an die EZU u. a.

Staatliche Kapitalimporte spielen bei Westdeutschland faktisch keine Rolle. Die öffentliche Auslandsverschuldung der Bundesrepublik machte Ende 1967 nur noch 2,4 Mrd. DM aus (oder 2,2 Prozent der gesamten öffentlichen Verschuldung) gegenüber 18 Prozent 1956. Der Staat nahm praktisch im Ausland keine Schulden auf, sondern baute die bestehenden Verpflichtungen aus der Vor- und Nachkriegszeit ab.

Die indirekte Auslandsverschuldung des Staates über die privaten Wertpapiertransaktionen mit dem Ausland spielte eine untergeordnete Rolle, insbesondere seit Einführung der Zinsausgleichssteuer. Sieht man von den Verpflichtungen des Bonner Staates bei den einseitigen Übertragungen ab, so ist er im Kapitalverkehr mit dem Ausland in beachtlichem Maße Nettokapitalexporteur und Gläubiger. Während er bisher keine neuen Anleihen im Ausland aufnahm, wurde er zum Hauptgläubiger des Internationalen Währungsfonds und verfügt seit dem dritten Quartal 1964 über die höchste Reserveposition im Fonds.[82] Er besitzt die zweitgrößte Kapitalbeteiligung an der Weltbank und ihren Schwesterorganisationen und steht an vierter Stelle bei der sogenannten öffentlichen Entwicklungshilfe. Diese Gläubigerstellung soll in den kommenden Jahren verstärkt ausgenutzt werden im Interesse der Durchsetzung der Expansionsstrategie des westdeutschen Imperialismus.

4. Zusammenfassung

Faßt man die Ergebnisse der Analyse zusammen, so ergibt sich folgendes Bild von den quantitativen Relationen der Hauptkomponenten des langfristigen Kapitalverkehrs der Bundesrepublik mit dem Ausland. Westdeutschland war bis 1966/67 nur in geringem Ausmaß Nettokapitalexportland.

Hohen westdeutschen staatlichen Kapitalexporten stehen hohe „private" Netto-Kapitalimporte gegenüber.

Von den Gesamtkapitalexporten Westdeutschlands in den Jahren 1960 bis 1967 entfallen mehr als die Hälfte auf staatliche Kapitalexporte.

Die westdeutschen Kapitalimporte dieser Periode sind ausschließlich private Kapitalimporte.[83]

Die privaten Kapitalexporte Westdeutschlands sowie auch seine Kapitalimporte bestehen zum größeren Teil aus sogenannten Direktinvestitionen, d. h. aus profittragendem Kapital. Die relativ geringen Nettokapitalexporte und diese Struktur des langfristigen Kapitalverkehrs der Bundesrepublik spiegeln den relativen Rückgang in der Bedeutung des Kapitalexports für

[82] Vgl. International Financial Statistics, Sept. 1967, S. 18
[83] nach Kapitalgebern

den westdeutschen Imperialismus in der bisher verflossenen Periode nach dem zweiten Weltkrieg wider, den relativen Rückgang insbesondere im Verhältnis zu den Binneninvestitionen und zur Forcierung der Kapitalzentralisation im Inland einerseits und im Verhältnis zu neuen Absorptionskanälen des relativen Kapitalüberschusses andererseits.

Die westdeutsche Kapitalverflechtung mit dem kapitalistischen Weltmarkt ist ferner dadurch charakterisiert, daß netto große Summen an privatem langfristigem Kapital aus den imperialistischen Industrieländern importiert und vorwiegend staatliches Kapital, direkt oder über die internationalen staatsmonopolistischen Finanzinstitutionen, in die schwachentwickelten Länder und zur Stützung des Weltwährungssystems exportiert werden.

Diese eigenartige regionale und formale Struktur der westdeutschen Kapitalverflechtung ist wesentlich durch die Stellung Westdeutschlands im imperialistischen System bedingt, die durch den Widerspruch zwischen dem bedeutenden ökonomischen Potential der Bundesrepublik und ihrem beschränkten politischen Einfluß gekennzeichnet ist.

Die westdeutsche Außenwirtschaftspolitik, darunter auch die Kapitalexportpolitik, macht die Versuche deutlich, neben der Erreichung eigener ökonomischer Ziele durch ökonomische und finanzielle Zugeständnisse an den Hauptverbündeten – die USA – deren Unterstützung bei der Verfolgung der eigenen Hegemonieabsichten gegenüber Westeuropa zu erlangen.

So ist nicht nur die westdeutsche Zahlungsbilanz im ganzen durch hohe politische Zahlungen belastet, die überwiegend durch Überschüsse beim Warenexport finanziert werden müssen, sondern auch ein großer Teil der Kapitalexporte ist politisch bedingt. Das gilt vor allem für die staatlichen Kapitalexporte in Gestalt der Kredite an Entwicklungsländer sowie für die Kredite und Beteiligungen an internationalen Organisationen. Die USA beschritten den Weg, die wachsende ökonomische Stärke Westdeutschlands in zunehmendem Maße zur finanziellen Unterstützung ihrer eigenen Hegemonie- und Expansionsbestrebungen auf ökonomischem, politischem und militärischem Gebiet auszunutzen.

Auf der anderen Seite förderte die westdeutsche Regierung das Eindringen der ausländischen, vor allem der amerikanischen Konzerne, nach Westdeutschland und unterstützte ihrerseits die amerikanische Kapitalexportpolitik teilweise entgegen den Konkurrenzinteressen der westdeutschen Monopolbourgeoisie. Die unbeschränkte Offenhaltung Westdeutschlands als Kapitalanlagesphäre erfolgt ebenfalls aus politischen Erwägungen im Interesse des Bündnisses mit den USA.

So hängen nicht nur die westdeutschen staatlichen Kapitalexporte, sondern auch die hohen privaten Nettokapitalimporte Westdeutschlands aus den kapitalistischen Industrieländern zu einem beachtlichen Teil mit der Stellung Westdeutschlands im imperialistischen System als Hauptverbündeter der USA in Europa zusammen.

Der Export und Import von Leihkapital vollzieht sich über Wertpapiertransaktionen mit dem Ausland sowie über Kredite und Darlehen.

Die Emission von ausländischen Anleihen in Westdeutschland spielt dabei seit 1964 eine zunehmende Rolle. Dabei handelt es sich bis 1967 jedoch überwiegend nicht um Kapitalexport, sondern um Kapitaltransit. Der verstärkte westdeutsche Kapitalexport und Kapitaltransit ist Bestandteil der Herausbildung eines supranationalen Anleihe-Kapitalmarktes. Infolge der Währungs- und Zahlungsbilanzkrisen der führenden imperialistischen Länder, insbesondere der USA, die u. a. zu Beschränkungen ihrer Anleihekapitalexporte führten, konnten sich die westdeutschen Banken wieder in beachtlichem Umfang am internationalen Anleihegeschäft beteiligen. Westdeutsche Anleihen im Ausland wurden nur in geringem Maße aufgenommen.

Bei den Wertpapiertransaktionen entfällt sowohl beim Kapitalexport als auch beim Kapitalimport ein großer Teil auf Transaktionen im Zusammenhang mit Direktinvestitionen. Bei den sogenannten Portfolioinvestitionen entfällt sowohl beim Kapitalexport als auch beim Kapitalimport der größte Teil auf festverzinsliche Wertpapiere. Seit 1964 ist der Kapitalexport über festverzinsliche Wertpapiere stark gestiegen, während der Kapitalimport in dieser Form abnahm.

Beim Leihkapitalverkehr über Kredite und Darlehen verlief die Entwicklung bis 1967 in Richtung verstärkter Kapitalimporte. Die konkrete Entwicklung beider Komponenten des Leihkapitalverkehrs wurde wesentlich mitbestimmt durch den Prozeß der Expansion der ausländischen, besonders der amerikanischen Direktinvestitionen in Westdeutschland und Westeuropa sowie der westdeutschen Direktinvestitionen im Ausland.

Im übrigen wird die Entwicklung der einzelnen Komponenten des privaten Leihkapitalexports und -imports weitgehend von den währungs- und kreditpolitischen Regulierungsmaßnahmen in Westdeutschland und den anderen kapitalistischen Ländern bestimmt. Sie unterliegen zeitlich starken Schwankungen. Die Direktinvestitionen sind das dominierende Element im langfristigen Kapitalverkehr Westdeutschlands mit dem Ausland. Sowohl beim Kapitalimport als auch beim Kapitalexport fand hier in den letzten Jahren eine Beschleunigung des Zuwachstempos statt.

Der westdeutsche Kapitalverkehr mit dem Ausland reflektiert sowohl auf dem Gebiet der Direktinvestitionen wie auch beim Leihkapitalverkehr die verstärkten internationalen Zentralisationsprozesse in den 60erJahren,

d. h. die beschleunigte Entwicklung von Monopolunternehmen mit internationaler Struktur.

Die staatlichen Kapitalexporte dienen der neokolonialistischen Expansion und der Stützung des kapitalistischen Weltwährungssystems. Sie bestanden aus Krediten an Entwicklungsländer, aus Beteiligungen und Krediten an internationalen Organisationen sowie vorfristigen Rückzahlungen von Auslandsschulden. Sie liegen bei einer durchschnittlichen Größenordnung von über 2 Mrd. DM pro Jahr für den Zeitraum 1960–1967. In beachtlichem Ausmaß ist die Deutsche Bundesbank Exporteur von staatlichem Kapital. Ein bedeutender Teil der staatlichen Kapitalexporte fungiert als Währungsreserve der Deutschen Bundesbank.

Die Bundesbank wurde zu einem bedeutenden Gläubiger der Weltbank und des Internationalen Währungsfonds sowie ausländischer Regierungen und Währungsbehörden.

Schließlich spiegelt sich in der formalen und regionalen Struktur der westdeutschen Kapitalverflechtung mit dem Ausland auch die Verschlechterung der Verwertungsbedingungen für Kapitalexporte im allgemeinen sowie der westdeutschen im besonderen infolge der ökonomischen und politischen Instabilität des kapitalistischen Weltwirtschaftssystems wider.

Die formale und regionale Struktur der westdeutschen Auslandsverflechtung ist Ausdruck solcher Prozesse wie der Vertiefung der chronischen Währungs- und Valutakrise, der Krise und des Zerfalls des Kolonialsystems, der chronischen Zahlungsbilanzungleichgewichte und der Krise der kapitalistischen internationalen Arbeitsteilung.

Die widersprüchlichen Prozesse, die durch die staatsmonopolistische Regulierung in den führenden imperialistischen Ländern ausgelöst wurden, fanden ihren Niederschlag im internationalen Bereich in solchen Zusammenhängen wie: staatsmonopolistische Wachstumsstimulierung – inflationistische Geldentwertung – Untergrabung des internationalen Kredits – oder: staatsmonopolistische Investitions- und Exportförderung – Verschärfung der Konkurrenz auf dem Weltmarkt – Verschärfung der ungleichmäßigen Entwicklung – Vertiefung der Zahlungsbilanzungleichgewichte; staatsmonopolistische Regulierung und Vertiefung der Kluft zwischen hoch- und schwachentwickelten Ländern des kapitalistischen Weltwirtschaftssystems.

Auf der anderen Seite verlangt die wissenschaftlich-technische Revolution die verstärkte Internationalisierung des Wirtschaftslebens. Die Anforderungen der modernen Produktivkräfte an die Akkumulation, Konzentration und Zentralisation verschärfen die Konkurrenz der Monopole um die günstigsten Verwertungs- und Akkumulationsbedingungen und führen zur verstärkten internationalen Konzentration und Zentralisation des Kapitals.

So ergibt sich, daß die Prozesse, die im staatsmonopolistischen Kapitalismus den Widerspruch zwischen Produktion und Verwertung verschärfen, einerseits auch die Möglichkeiten des Kapitalexports beeinträchtigen, andererseits aber erfordert die Kapitalverwertung auf der Basis der modernen Produktivkräfte eine verstärkte Internationalisierung des Wirtschaftslebens.

Beides führte dazu, daß sich in der Struktur und den Formen der internationalen Kapitalbewegungen Veränderungen ergaben. Wir stellten diese Veränderungen für die 60er Jahre dar. Ausgangspunkt war das Problem des relativen Kapitalüberschusses im staatsmonopolistischen Kapitalismus. Wir stellten fest, daß mit der Entwicklung des Kapitalismus der relative Kapitalüberschuß wächst und sind der Meinung, daß der Zusammenhang zwischen dem historischen Entwicklungsstand des kapitalistischen Systems und der wachsenden Bedeutung des relativen Kapitalüberschusses ein gesetzmäßiger Zusammenhang ist. Das bedeutet unserer Meinung nach jedoch nicht, daß abgeleitete Erscheinungen wie Erscheinungsformen des relativen Kapitalüberschusses und davon ausgehend Bedeutung und Formen des Kapitalexports absolutes Gesetz sind. Insgesamt gesehen sind die Bedingungen für Kapitalexporte labiler geworden. Es gibt jedoch einige Anzeichen dafür, daß in den kommenden Jahren im Zusammenhang mit den verstärkten Internationalisierungsprozessen auch die Kapitalexporte absolut und relativ an Bedeutung zunehmen werden.

Kapitel III

Die westdeutschen Kapitalbeziehungen zu den ökonomisch schwachentwickelten Ländern

1. Umfang, Formen und Organisation der westdeutschen Entwicklungshilfe

Im Unterschied zu den Kapitalbeziehungen Westdeutschlands mit den hochentwickelten kapitalistischen Industrieländern sind seine Kapitalbeziehungen zu den Entwicklungsländern im wesentlichen einseitig. Sie bestehen aus privaten und staatlichen westdeutschen Kapitalexporten in diese Länder. Diese Kapitalexporte machen den Hauptteil der sogenannten finanziellen Entwicklungshilfe Westdeutschlands aus. Von 1960 bis 1967 hatte Westdeutschland insgesamt etwa 24 Mrd. DM[1] Entwicklungshilfe gezahlt. Über die Hälfte davon stellt sogenannte öffentliche Entwicklungshilfe dar. Rund 20 Mrd. DM waren bilaterale Hilfe und etwa 4–5 Mrd. DM multilaterale Hilfe.

Die staatliche bilaterale Hilfe umfaßt erstens die sogenannten Zuschüsse oder einseitigen Übertragungen, das sind Zahlungen, für die keine Rückzahlung oder Verzinsung vorgesehen ist. Im Falle Westdeutschlands handelt es sich in der Hauptsache um Wiedergutmachungsleistungen an Israel und Griechenland, um bilateral gewährte technische Hilfe oder Beratungshilfe sowie um den westdeutschen Beitrag zum Indus-Becken-Entwicklungsfonds (126 Mill. DM 1960–1970). Ferner rechnen dazu verschiedene finanzielle Übertragungen wie z. B. die Leistungen von Kirchen an Entwicklungsländer oder Schadensleistungen aus staatlichen Garantien u. a.

Den Hauptposten nicht nur der staatlichen bilateralen Entwicklungshilfe, sondern der westdeutschen Entwicklungshilfe überhaupt machen seit 1961 die bilateralen staatlichen Anleihen und Kredite aus, die sogenannte „Kapital- oder Investitionshilfe". Seit 1961 wurden zum ersten Mal Haushaltsmittel für die sogenannte Kapitalhilfe bereitgestellt. Vorher bestand die staatliche Entwicklungshilfe hauptsächlich aus der technischen Hilfe (Beratungshilfe) und aus der staatlichen Förderung langfristiger kommer-

1 Berechnet nach: OECD, Entwicklungshilfe – Politik und Leistungen, Paris 1966, S. 200. Geschäftsberichte der Deutschen Bundesbank für 1967 und 1968

zieller Kredite an Entwicklungsländer sowie aus der Beteiligung an internationalen staatsmonopolistischen Währungs- und Finanzinstitutionen.

Im Herbst 1961 wurden die organisatorischen und institutionellen Voraussetzungen für die Kapitalhilfe geschaffen. Die Kreditanstalt für Wiederaufbau wurde in eine Entwicklungsbank umgewandelt. Das Bundesministerium für wirtschaftliche Zusammenarbeit wurde errichtet, um die gesamte westdeutsche staatliche Entwicklungshilfe zu koordinieren. Seit 1962 sind sämtliche öffentlichen Mittel für die Entwicklungshilfe dort zentralisiert.

Die staatliche multilaterale Hilfe besteht hauptsächlich aus den Beteiligungen an den internationalen staatsmonopolistischen Finanzinstitutionen – der Weltbankgruppe (IBRD, IFC, IDA) und dem Internationalen Währungsfonds –, aus Anleihen und Krediten an diese Institutionen, den DM-Ziehungen von Entwicklungsländern beim Weltwährungsfonds sowie aus der Beteiligung und der Kreditierung des EWG-Entwicklungsfonds (der westdeutsche Beitrag zum EWG-Entwicklungsfonds beträgt 800 Mill. DM für die Jahre 1958 bis 1962 und 986 Mill. DM für 1964 bis 1968). Die multilaterale Hilfe umfaßt ferner die Beiträge für die technische Hilfe der Vereinten Nationen und ihrer Sonderorganisationen (FAO, ILO, WHO).

Die private multilaterale Hilfe umfaßt im wesentlichen die privaten Beteiligungen und Unterbeteiligungen an Anleihen der internationalen Finanzinstitutionen sowie andere Formen der privaten Finanzierung der Kapitalbeschaffung dieser Organisationen.

Die sogenannte private Entwicklungshilfe erfolgt außer in den letztgenannten Fällen als bilaterale Hilfe. Sie besteht aus Direktinvestitionen (Neuinvestitionen zuzüglich reinvestierter Profite, abzüglich repatriierter Zinsen und Profite), Krediten, Darlehen, Portfolioinvestitionen und mittel- und langfristigen Exportkrediten, die überwiegend durch ein staatliches Garantie- und Bürgschaftssystem abgesichert sind. Zur privaten Hilfe gehören ferner auch private Spenden wie zum Beispiel Sammlungen der Kirchen.

Während die staatliche Kapitalhilfe der Beteiligung an der Finanzierung von Entwicklungsvorhaben der schwachentwickelten Länder dient, vor allem der Finanzierung von Infrastrukturprojekten und industriellen Schlüsselproduktionen, werden aus der technischen Hilfe, die vor allem in Form von Zuschüssen gewährt wird, die Errichtung von Lehr- und Demonstrationsbetrieben und die Entsendung von Sachverständigen usw. finanziert.

Die Ausbildungshilfe verwaltet seit 1960 die Deutsche Stiftung für Entwicklungsländer in Berlin (West)-Tegel. Die Abwicklung der Kapitalhilfe erfolgt über die Kreditanstalt für Wiederaufbau, die der technischen Hilfe über die Deutsche Förderungsgesellschaft für Entwicklungsländer in Frankfurt am Main und Bonn.

Das territoriale Schwergewicht der staatlichen Entwicklungshilfe liegt in Asien und Afrika, während das der sogenannten kommerziellen Hilfe in Mittel- und Südamerika liegt. Von den bis Ende 1967 gemeldeten Direktinvestitionen westdeutscher Unternehmen im Ausland in Höhe von 12056,8 Mill. DM entfielen 3472,0 auf Entwicklungsländer und von diesen wiederum 1925,8 Mill. DM auf Mittel- und Südamerika. Die Hauptform der finanziellen Entwicklungshilfe im privaten Bereich sind die mittel- und langfristigen Lieferantenkredite.

Im Zusammenhang mit der verstärkten Kapitalhilfe des Bonner Staates gingen die privaten Kapitalexporte (Lieferantenkredite und Direktinvestitionen) in den Ländern, auf die sich die staatliche Kapitalhilfe konzentriert, zurück. Für die westdeutschen Industriekonzerne ist die Übernahme von Entwicklungsaufträgen, die im Rahmen von Wirtschaftsverträgen vergeben werden und mit staatlicher Kapitalhilfe finanziert werden, profitabler, als wenn sie selbst Lieferantenkredite gewähren oder Direktinvestitionen vornehmen würden, deren Refinanzierung zu den normalen kommerziellen Bedingungen für sie viel teurer ist.[2]

Im Mittelpunkt der westdeutschen Kapitalhilfe stehen Investitionen in der Elektrizitätsversorgung und der Bewässerung sowie im Verkehrswesen, ferner industrielle Investitionen und schließlich die Kreditgewährung an einheimische Entwicklungsbanken.

Die westdeutsche Entwicklungshilfe bevorzugt grundsätzlich projektgebundene Kredite. Die Projektprüfung erfolgt über die Kreditanstalt für Wiederaufbau, Frankfurt/Main (KFW). Das Prüfungsverfahren umfaßt die Prüfung der technisch-ökonomischen Daten des Projekts, insbesondere seine Kapital-Kosten-Intensität, die Beurteilung, d. h. die Feststellung seiner betriebswirtschaftlichen Rentabilität sowie eine volkswirtschaftliche Nutzenseinschätzung, d. h. seine Auswirkungen auf Höhe und Zusammensetzung des Volkseinkommens, der Beschäftigung, der Arbeitsproduktivität, den Haushalt und die Handels- und Zahlungsbilanz des Empfängerlandes. Die Prüfung der Einzelprojekte wird durch eine volkswirtschaftliche Beurteilung der Empfängerländer ergänzt. Der Länderbericht legt besonderen Wert auf die volkswirtschaftlichen Strukturmerkmale der Empfängerländer und die perspektivische Einschätzung der Entwicklung, wobei insbesondere der Entwicklungsplan und seine Finanzierung analysiert werden. Im Ergebnis der Projektprüfung entsteht ein Finanzierungs-

2 Vgl. Hauxel, Wilhelm, Die deutsche Entwicklungshilfe, in: Handbuch der Finanzwissenschaft. Bd. IV, Tübingen 1965, S. 258

vorschlag, der als Grundlage für die Kreditverhandlungen dient. Die banktechnische Abwicklung der Kredite wird durch die Kreditanstalt für Wiederaufbau überwacht. Die Mittel werden grundsätzlich entsprechend dem Projektfortschritt bereitgestellt.[3] Die Anleihebedingungen werden nach Art des Projekts und entsprechend der ökonomischen Situation des Empfängerlandes, vor allem seiner Zahlungsbilanzlage, differenziert. Im Prinzip werden Anlage- und Ausrüstungsinvestitionen durch Anleihen finanziert, wobei Laufzeiten und Zinssätze je nach Charakter des Projekts unterschiedlich sind. Die Laufzeit der Anlagen für Infrastrukturprojekte beträgt z. B. etwa 20 Jahre und die Zinsen 3 bis 3,5 Prozent. Für Industrieprojekte beträgt die Laufzeit der Anleihen im Höchstfall 15 Jahre und die Zinsen werden auf der Höhe des jeweils am westdeutschen Kapitalmarkt geltenden Satzes gehalten.[4] Entgegen den Auffassungen der Entwicklungshilfetheoretiker wird in der Praxis der überwiegende Teil der Anleihen liefergebunden.

Seit 1962 wird die Entwicklungshilfe überwiegend aus dem Haushalt des Bundesministeriums für wirtschaftliche Zusammenarbeit finanziert.

Die Bestrebungen gehen dahin, den Kapitalmarkt und die Industrie stärker in die Entwicklungshilfefinanzierung einzubeziehen. Zu diesem Zweck wurde das staatliche Bürgschafts- und Garantiesystem ausgebaut. Jedoch sind die westeuropäischen kapitalistischen Industrieländer nach wie vor bevorzugtes Anlagegebiet für westdeutsche Direktinvestitionen und andere private Kapitalexporte.

Westdeutschland steht im internationalen Vergleich mit einem gewissen Abstand nach Großbritannien an vierter Stelle in der Entwicklungshilfe. Dieser Abstand ist bei den öffentlichen Leistungen geringer als bei den privaten. Bei den bilateralen öffentlichen Leistungen überstiegen die westdeutschen Leistungen sogar etwas diejenigen von Großbritannien. Die staatlichen Leistungen übersteigen im Falle Westdeutschlands die sogenannte private Entwicklungshilfe. Die „Zuschüsse" bestanden bis 1960 überwiegend aus Wiedergutmachungsleistungen. Ab 1961 verstärkte sich die technische Hilfe sowie die Militärhilfe.

Der Schwerpunkt der westdeutschen Entwicklungshilfe liegt ab 1959/60 bei den bilateralen öffentlichen Darlehen und Krediten. Vorher überwogen die öffentlich verbürgten privaten Exportkredite. Von 1960 bis 1967 wurden netto insgesamt 8225 Mill. DM bilaterale öffentliche Darlehen und Kredite gewährt.

Im Unterschied zu Westdeutschland überwiegen bei den USA, Großbritannien und Frankreich in der bilateralen öffentlichen Entwicklungs-

[3] Vgl. ebenda, S. 268 ff. [4] ebenda

hilfe die sogenannten Zuschüsse. Bei Großbritannien und Frankreich handelt es sich dabei zum Teil um Subsidien, die sie ihren ehemaligen Kolonien weiterzahlen. Bei den USA sind darin die militärischen Grants eingeschlossen.

Im Vergleich zu den USA, Frankreich und Großbritannien sind die westdeutschen Direktinvestitionen in den Entwicklungsländern relativ schwach. Zum Beispiel betrugen die Direktinvestitionen der USA in den Entwicklungsländern in den Jahren 1956 bis 1965 insgesamt 41,5 Mrd. DM. Für die Jahre 1956 bis 1964 betrugen diejenigen Großbritanniens rd. 12 Mrd. DM. Die Direktinvestitionen Frankreichs in den Entwicklungsländern beliefen sich in den Jahren 1956 bis 1965 auf rund 9,3 Mrd. DM, während diejenigen Westdeutschlands im gleichen Zeitraum insgesamt nur rd. 5 Mrd. DM erreichten.[5]

Die multilateralen Beiträge Westdeutschlands, überwiegend staatliche, sind dagegen im Vergleich zu denen der USA, Großbritanniens und Frankreichs relativ hoch. Sie betrugen für den Zeitraum 1956 bis 1965 insgesamt 4048 Mill. DM gegenüber 1616 Mill. DM bei Frankreich, 2156 Mill. DM bei Großbritannien und 6944 Mill. DM bei den USA. In den Jahren 1966 und 1967 verschob sich bei Westdeutschland die Relation weiter zugunsten der staatlichen und multilateralen Beiträge.

2. *Inhalt und Ziele der westdeutschen Entwicklungshilfe*

Die westdeutsche Entwicklungshilfe ist das Hauptinstrument der Bonner Entwicklungspolitik. Diese ist wiederum wesentlicher Bestandteil der Außenpolitik und ihren Hauptzielen untergeordnet.

Die Entwicklungshilfe der imperialistischen Länder als eines der Hauptmerkmale des staatsmonopolistischen Kapitalismus im allgemeinen und Westdeutschlands im besonderen dient vor allem der Systemsicherung, d. h. sie ist als ein Komplex von ideologischen, politischen, sozialökonomischen, ökonomischen und militärischen Zielen und entsprechenden Maßnahmen zu begreifen. Ihr wesentlicher ideologischer Gehalt ist antikommunistisch. Politisch richtet sie sich gegen den Sozialismus im allgemeinen und gegen den nichtkapitalistischen Entwicklungsweg der schwachentwickelten Länder im besonderen. Ihre militärischen Ziele und Maßnahmen sind mit den Zielen der NATO abgestimmt. Ökonomisch dient sie der Er-

[5] OECD, Entwicklungshilfe – Politik und Leistungen. a. a. O. Die Angaben über westdeutsche Direktinvestitionen in Entwicklungsländern sind mit den im „Bundesanzeiger“ veröffentlichten Angaben nicht vergleichbar

schließung von Märkten, Kapitalanlagesphären und Rohstoffquellen für die großen Konzerne der imperialistischen Länder. Die ideologischen, politischen und ökonomischen Ziele und Maßnahmen der Entwicklungspolitik werden durch entsprechende Zielsetzungen in bezug auf die in den Entwicklungsländern zu entwickelnde sozialökonomische Struktur ergänzt. Die westdeutsche Entwicklungshilfe und Entwicklungspolitik richtet sich politisch insbesondere gegen die Deutsche Demokratische Republik.

Auf ideologischem Gebiet wurden eine Reihe spezieller Institutionen geschaffen wie das „Institut für Internationale Solidarität“, das der CDU nahesteht u. a. Ihre Aufgabe besteht vor allem auch in der Propagierung der staatsmonopolistischen Gesellschaftsordnung Westdeutschlands als Leitbild und Modell.

Aufgabe dieser Institute ist weiter, durch die Kontaktaufnahme mit jungen Politikern und Wirtschaftlern in den Entwicklungsländern Einfluß auf die ökonomische und soziale Gestaltung dieser Länder zu nehmen.

Die ideologischen und politischen Ziele werden dabei nicht zuletzt mit der Übermittlung von Fachwissen verfolgt. Zum Beispiel befaßt sich die 1959 gegründete „Deutsche Stiftung für Entwicklungsländer“ Westberlin über ihre Zentralstellen mit der Ausbildung westdeutscher und ausländischer Entwicklungsexperten für die verschiedensten Fachgebiete, darunter Verwaltung, Sparkassenwesen, Bankwesen, Bildungs- und Sozialwesen, Industrie, Landwirtschaft, Wirtschaftsplanung usw.

Das Anfang 1964 gegründete „Deutsche Institut für Entwicklungspolitik“ in Westberlin soll junge westdeutsche Akademiker mit abgeschlossener Hochschulausbildung „auf wichtige Aufgaben im Rahmen der öffentlichen und privaten Förderung von Entwicklungsländern vorbereiten“ und in einjährigen Lehrgängen Kader für die Entwicklungspolitik ausbilden, insbesondere Volks- und Betriebswirte, Juristen, Landwirte, Soziologen, Geographen usw. Ihre Spezialausbildung soll sich insbesondere auf solche Lehrfächer erstrecken wie „Der Entwicklungsprozeß mit seinen wirtschaftlichen, politischen, kulturellen und sozialen Problemen“, „Die Entwicklungshilfe der BRD und anderer Länder“, Statistik, Planungstechnik u. a. m. Die Teilnehmer sollen dann „entwicklungspolitische Leitstellen“ in der Bundesrepublik, in den Entwicklungsländern, in den internationalen Organisationen oder in der Privatwirtschaft einnehmen.[6]

Es gibt in Westdeutschland über 150 Institutionen und Organisationen auf staatlicher, halbstaatlicher, privater oder kirchlicher Basis, die sich mit

[6] Bulletin des Presse- und Informationsamtes der Bundesregierung vom 18. 2. 1964, S. 267

technischer Hilfe, Ausbildungshilfe, Bildungshilfe uws. im Rahmen der Entwicklungshilfe befassen.

Mittels Vortragsreihen, Seminaren, Expertengesprächen, Lehrgängen u. a. suchen sie, neben der Vermittlung von Fachwissen die politische Meinungsbildung der Wirtschafts- und Verwaltungskader und der Politiker im Sinne einer proimperialistischen Ideologie im allgemeinen und einer probundesrepublikanischen im besonderen zu beeinflussen und dauernde Kontakte zu dem auf die wirtschaftliche Entwicklung und die Gestaltung der politischen Verhältnisse einflußnehmenden Personenkreis herzustellen.

Zu den politischen Aufgaben der Entwicklungshilfe heißt es in einer Denkschrift des Bundesministeriums für wirtschaftliche Zusammenarbeit: „... Die Entwicklungspolitik hat die Aufgabe, Mittel und Wege zu finden, um eine enge Zusammenarbeit und langfristige Bindung zwischen den Entwicklungsländern und der Bundesrepublik herzustellen und somit die Verwirklichung einer Reihe von außenpolitischen Zielsetzungen der Bundesrepublik, wie Wiedervereinigung, Nichtanerkennung der Sowjetzone und Nichteinbeziehung der Entwicklungsländer in die östliche Einflußsphäre zu ermöglichen.“[7]

Die ideologische und politische Infiltration in die Entwicklungsländer wird durch die militärische Infiltration ergänzt. Die sogenannte Militärhilfe Bonns wird teils über die NATO (an blockgebundene Staaten), teils über die Entwicklungshilfe (an blockfreie Staaten) abgewickelt. Sie besteht in der Lieferung von Waffen und militärischen Ausrüstungen, in der technischen Hilfe und Ausbildungshilfe auf dem Gebiet der Rüstungsindustrie, der Truppenausbildung und der Anlage militärischer Objekte, in der Errichtung von Rüstungsbetrieben u. a. m.

Abkommen über Militärhilfe werden mit Genehmigung der NATO abgeschlossen. Schon in den 50er Jahren betätigten sich die westdeutschen Konzerne in den ökonomisch schwachentwickelten Ländern bei der Planung und Errichtung von Rüstungsbetrieben. Ehemalige Offiziere der faschistischen Armee beteiligten sich als Ausbilder, vor allem in Südamerika, und die staatlichen westdeutschen Kredite an die ökonomisch schwachentwickelten Länder wurden schon damals mit politischen und militärischen Auflagen an die Entwicklungsländer verbunden. In den 60er Jahren hat sich jedoch die militärische und rüstungswirtschaftliche Expansion des westdeutschen Imperialismus im Zuge der Entwicklungshilfe verstärkt.

Charakteristisch für die Bonner Entwicklungspolitik ist die Unterstützung der proimperialistischen, antinationalen, volksfeindlichen Regimes in Afrika und Asien. Jedoch verschob sich in den letzten Jahren der Schwer-

[7] Das Parlament, Bonn, 23. 3. 1964, Beilage

punkt der Bonner Militärhilfe auf Afrika und dort insbesondere auch auf die neutralen Staaten.

Die Militärhilfeabkommen mit den blockfreien Staaten werden als „Bündnisersatz“ angesehen, als Versuch, diese Länder in militärische und rüstungswirtschaftliche Abhängigkeit von der NATO zu bringen. Prof. H. Görgen schreibt dazu: „Die Militärhilfe, die zum Teil unter dem Titel Entwicklungshilfe läuft, muß unter dem Gesichtspunkt anzustrebender Bündnisverhältnisse gesehen werden. Das atomare Stützpunktsystem, das die westlichen Staaten um die Sowjetunion aufgebaut haben, ist ohne Bündnisse und bündnisähnliche Beziehungen mit den Entwicklungsländern nicht aufrechtzuerhalten ...“

„In den Bereich der angestrebten Bündnispolitik gehören auch die Entsendung von Militärmissionen in die Entwicklungsländer, die Lieferung von Waffensystemen, die im Ernstfall von den Produktionsländern abhängig sind, die Organisationen gemeinsamer militärischer oder paramilitärischer Manöver sowie militärische Besprechungen über strategische Konzeptionen.“

„Diese Art von militärischen Beziehungen ist in manchen Fällen als gültiger Bündnisersatz anzusehen, da die meisten Entwicklungsländer ... sowieso keine militärischen Bündnispartner mit selbständigen Industrie- und Waffenreserven oder modern ausgebildeten Heeren sind.“[8]

Gleichzeitig soll die Militärhilfe an die blockfreien Staaten der militärischen Untermauerung der Hallstein-Doktrin dienen. Die Ziele der Militärhilfe werden als „afrikanische Säulen“ der Hallstein-Doktrin bezeichnet. Die „Frankfurter Allgemeine Zeitung“ vom 10. 1. 1965 schreibt dazu:

„Übergeordnetes Ziel ist die Verteidigung der Positionen des Westens in Einklang mit den europäischen Interessen und den Problemen Deutschlands, das heißt auch die Fernhaltung des kommunistischen Einflusses in Afrika.“

Die Komplexität der politischen, militärischen und ökonomischen Ziele der Bonner Entwicklungspolitik zeigt sich auch am Beispiel der Militärhilfe. Sie soll der Realisierung der NATO-Konzeption dienen ebenso wie der Untermauerung der Hallstein-Doktrin und ist mit Waren- und Kapitalexporten der Monopole verbunden. Neben der Erlangung von Konzessionen für die Ausbeutung von Bodenschätzen wie in Angola oder der Südafrikanischen Union und anderweitig dient sie mittelbar und unmittelbar der Erschließung von Exportmärkten. Vor allem soll sie der strategischen Untermauerung der Wirtschaftshilfe, der machtpolitischen Sicherung von

[8] Görgen, H.: „Entwicklungsländer in der Entscheidung“. In: Das Parlament, Bonn, a. a. O.

Kapitalanlagesphären und Direktinvestitionen dienen. So schreibt die Frankfurter Allgemeine Zeitung vom 13. 1. 1965:

„Für den Westen und damit für die Bundesrepublik ist die Motivierung (der Militärhilfe, d. Verf.) verständlich: ... Schließlich sind die Wirtschaftsinteressen und die Investitionen westlicher Länder in Afrika Objekte, welche die Staaten zu schützen fähig sein müssen."

„Es liegt auf der Hand, was diese Militärhilfen für die politischen Machtverhältnisse, für Bündnisse, Pakte, Stützpunkte, Einflußzonen, Wehrhaushalte und für den ganzen Komplex der internationalen Wehrpolitik bedeuten. Sie berühren die politischen Kämpfe, die Bürgerkriege, die Partisanenkämpfe, die geistigen, sozialen und wirtschaftlichen Verhältnisse."

Ihre Ergänzung finden die indeologischen, politischen und militärischen Ziele der Bonner Entwicklungspolitik in den Vorstellungen über die sozialökonomische Struktur der Entwicklungsländer, wie sie mit Hilfe der sogenannten Entwicklungspolitik herausgebildet werden soll. Die Grundlage dafür sollen drei Haupteigentumsformen sein, zu deren Herausbildung die Entwicklungshilfe beitragen soll.

1. Entwicklung der einfachen Warenproduktion im industriellen und landwirtschaftlichen Bereich;
2. Entwicklung des kleinen und mittleren kapitalistischen Eigentums in Industrie und Landwirtschaft;
3. Entwicklung des monopolistischen Eigentums in der Großindustrie, insbesondere auch in der Rohstoffwirtschaft.

Die sich hieraus ergebenden Klassenverhältnisse sollen auf einer breiten Schicht nationaler kleiner und mittlerer Privateigentümer beruhen – Hand werkern, Bauern, kleinen und mittleren Kapitalisten.

Die Entwicklung der Schlüsselpositionen der Wirtschaft in der Großindustrie soll mit Hilfe direkter Auslandsinvestitionen der westdeutschen oder internationalen Monopole erfolgen. Auf diese Weise soll die ökonomische Herrschaft des ausländischen Kapitals gesichert werden. Die nationale Industrie soll auf die kleine und mittlere Industrie beschränkt bleiben.

Den Bonner Vorstellungen hinsichtlich dieser Eigentums- und Klassenstruktur entsprechen die verschiedenen Formen der Entwicklungshilfe.

So soll mit den Mitteln der 1962 auf Initiative des damaligen Bonner Verteidigungsministers von Hassel gegründeten „Deutschen Gesellschaft für wirtschaftliche Zusammenarbeit" in Köln (Entwicklungsgesellschaft, DEG) der Auf- und Ausbau von kleinen und mittleren Betrieben in der Landwirtschaft und der Industrie der Entwicklungsländer erfolgen, um so die ökonomische Basis für die Herausbildung einer zahlenmäßig starken Schicht kleiner und mittlerer Privateigentümer zu schaffen. Neben der Koordinierung der Finanzmittel für diesen Zweck soll die DEG vor allem die Zusammenarbeit zwischen westdeutschen Unternehmern und Unternehmern in Entwicklungsländern in „privatwirtschaftlicher Form" fördern.[9] Die staatliche Kapitalhilfe soll in erster Linie für Projekte der industriellen und landwirtschaftlichen Infrastruktur verwandt werden. Dadurch sollen die allgemein-technischen Voraussetzungen für die Industrialisierung und für rentable Investitionen geschaffen werden. Die westdeutsche Kapitalhilfe finanziert dabei in der Regel nur den Einfuhrbedarf, d. h. die anfallenden Devisenkosten der Projekte. Der andere Teil der Investitionen wird aus den Haushalten der betreffenden Entwicklungsländer finanziert.

Schließlich sollen die Errichtung von Großbetrieben in den Entwicklungsländern und der Aufbau von volkswirtschaftlichen Schlüsselpositionen in Verbindung mit Kapitalinvestitionen der westdeutschen Bank- und Industriekonzerne erfolgen. In Ergänzung zu diesen Formen der staatlichen und privaten finanziellen Entwicklungshilfe soll die technische Hilfe und Ausbildungshilfe der Entwicklung der kadermäßigen und ideologischen Voraussetzungen für eine kapitalistische Industrialisierung der Entwicklungsländer unter imperialistischer Kontrolle dienen.

Eine zentrale Stellung kommt den Direktinvestitionen der westdeutschen Monopole in der entwicklungspolitischen Konzeption zu.[10]

Der private Kapitalexport der Monopole, insbesondere die Direktinvestitionen, werden selbst als das wirksamste Mittel zur Entwicklung einer kapitalistischen (antisozialistischen) sozialökonomischen Struktur und zur ökonomischen Bindung der Entwicklungsländer an den Imperialismus angesehen. Im einzelnen wurden in Westdeutschland offiziell propagiert und gefördert:

Gemeinschaftsgründungen von westdeutschen Unternehmen und privatkapitalistischen Unternehmen in den Entwicklungsländern, Beteiligungen an der Privatindustrie der Entwicklungsländer, Entwicklung von Ausgangsproduktionen mit Hilfe der westdeutschen Konzerne, Errichtung von Lizenzunternehmen bzw. Lizenzvergabe an Privatunternehmen der Entwicklungsländer, die Verlagerung und Auswanderung von westdeutschen Klein- und Mittelbetrieben insbesondere der Konsumgüterindustrie.

Besondere Bedeutung im Rahmen der Bonner Entwicklungspolitik und der Förderung des Kapitalexports kommt der Praxis und dem System der Verträge über die wirtschaftliche Zusammenarbeit zu, die die Bundesrepublik mit den Entwicklungsländern abschließt.

[9] Bulletin des Presse- und Informationsamtes der Bundesregierung vom 19. 9. 1963

[10] Das wurde auch unlängst wieder durch das umfangreiche Programm des westdeutschen Finanzministers Strauß zur Förderung der Direktinvestitionen bestätigt.

Diese Verträge umfassen in der Regel neben der wirtschaftlichen Zusammenarbeit wie Warenabkommen, Handelsabkommen, Zahlungsabkommen oder Abkommen über technisch-wissenschaftliche Zusammenarbeit westdeutsche Zusagen über Kapitalhilfe und technische Hilfe. Die westdeutschen Zusagen auf diesen Gebieten sind mit Auflagen über die Rückgabe von beschlagnahmten deutschen Vorkriegsvermögen, über die Zusicherung des Schutzes westdeutscher Direktinvestitionen vor Enteignungen, der Zusicherung von Steuervorteilen, von freiem Kapital- und Gewinntransfer, der rechtlichen Gleichstellung westdeutscher Unternehmen mit inländischen Unternehmen usw. gekoppelt, die in entsprechenden Einzelverträgen ihren Niederschlag finden.

Die Kapitalschutzabkommen oder Investitionsförderungsverträge sind Bestandteil des westdeutschen Garantiesystems für Kapitalexporte. Der Abschluß dieser Verträge ist nach den entsprechenden Bestimmungen der Haushaltsgesetze Voraussetzung dafür, daß staatliche Bürgschaften, Garantien oder sonstige Gewährleistungen für westdeutsche Kapitalanlagen in den Entwicklungsländern zur Absicherung des politischen Risikos übernommen werden können.

Die Wirkung der staatlichen Risikoübernahme für Direktinvestitionen wird durch staatliche Maßnahmen, die als ökonomischer Anreiz für Direktinvestitionen in den Entwicklungsländern über die Risikoentlastung hinaus weiterhin profiterhöhend wirken, verstärkt.

Das sind vor allem die steuerlichen Maßnahmen zur Förderung des Kapitalexports.

Die Förderung der Direktinvestitionen im Rahmen der Bonner Entwicklungshilfe hat verschiedene Aspekte, die sich aus den verschiedenen Teilzielen der Entwicklungspolitik ergeben.

Das Entscheidende dabei ist, daß die Direktinvestitionen als die wirksamste Form der ökonomischen und finanziellen Infiltration zur Erreichung der sozialökonomischen und politischen Ziele der Entwicklungspolitik betrachtet und politisch bewußt unter diesem Aspekt gefördert werden. Sie stellen im System der staatsmonopolistischen Regulierung der Beziehungen zu den Entwicklungsländern die imperialistische Alternative zum staatlichen Wirtschaftssektor der Entwicklungsländer dar. Diese sozialökonomisch-politische Funktion der Direktinvestitionen steht in enger Wechselbeziehung zu den Anforderungen, die die technisch-wissenschaftliche Revolution in den imperialistischen Ländern an die Erschließung neuer Absatzmärkte, Rohstoffquellen und Akkumulationsquellen stellt. So betonte der damalige Entwicklungsminister Scheel:

„Privatinvestitionen in den Entwicklungsländern sind eine Erscheinungsform der Entwicklungshilfe, die *wegen ihrer besonderen Wirksamkeit immer mehr in den Vordergrund unserer Bemühungen* um den Aufbau gesunder Volkswirtschaften in den aufstrebenden Ländern tritt..."

Die Bedeutung, die die westdeutschen Konzerne und die Entwicklungspolitik den verschiedenen Formen der Entwicklungshilfe für die Steigerung des Exports beimessen, kommt besonders in der Diskussion um die Vorzüge einer stärker bilateralen sowie projekt- und liefergebundenen Kapitalhilfe zum Ausdruck. Bei der Forderung nach bilateraler Entwicklungshilfe anstelle multilateraler Entwicklungshilfe geht es hauptsächlich darum, gegenüber den anderen imperialistischen Staaten politischen Einfluß in den Entwicklungsländern zu gewinnen und sie stärker an Westdeutschland zu binden. Dabei spiegelt sich in der Diskussion um die Verstärkung der westdeutschen Entwicklungshilfe im allgemeinen und die seiner multilateralen Entwicklungshilfe im besonderen u. a. das spezielle Verhältnis zwischen den USA und Westdeutschland wider. Das Verhältnis zwischen bilateraler und multilateraler Hilfe betrug für den Zeitraum 1956 bis 1966 83 zu 17. Westdeutschland möchte dieses Verhältnis aufrechterhalten oder, wenn möglich, zugunsten der bilateralen Hilfe verschieben, während die USA auf eine Verstärkung der multilateralen Hilfe drängen.

Es werden u. a. folgende multilateralen Forderungen an die westdeutsche Entwicklungshilfe in den nächsten Jahren genannt:

1. 986 Mill. DM für den dritten Europäischen Entwicklungsfonds ab 1970,
2. 380 Mill. DM, drei Jahre lang, für die Kapitalaufstockung der IDA,
3. Erhöhung des jährlichen Beitrags zum Welternährungsprogramm von 10,6 Mill. DM auf 40 Mill. DM,
4. 300 Mill. DM jährlich für das Weltweizenabkommen,
5. 200 Mill. DM 1968, 1969 und 1970 für den Produktionsmittelfonds der FOA,
6. 120 Mill. DM jährlich für die Ergänzungsfinanzierung zum Ausgleich von Exporteinbußen der Entwicklungsländer.

„Würden alle diese Wünsche erfüllt", so schreibt der „Volkswirt", „so verlöre die Entwicklungshilfe als Instrument der Politik für die Bundesrepublik jede Bedeutung ... Gerade einem Geberland in prekärer außenpolitischer Situation kann es jedoch nicht gleichgültig sein, ob sein Entwicklungsbeitrag in einer multilateralen Leistung untergeht oder ob er in das Bewußtsein der Führung und der Bevölkerung des Empfängerlandes dringt."[11]

Westdeutschland zieht also vor allem aus Gründen der Durchsetzung seiner speziellen außenpolitischen Zielsetzungen und der Verstärkung seines politischen Einflusses in den Entwicklungsländern die bilaterale Hilfe der multilateralen Hilfe vor.

[11] Der Volkswirt, Nr. 34 vom 25. 8. 1967, S. 1829

Um die multilaterale Entwicklungshilfe besser im eigenen Interesse auszunutzen, wandte man sich verstärkt der Beteiligung an nationalen und regionalen Entwicklungsbanken zu. Dabei mißt man für die Zukunft einer stärkeren Beteiligung an den letzteren große Bedeutung zu. Man erwarb bereits eine Beteiligung an der Asiatischen Entwicklungsbank sowie an der Interamerikanischen Entwicklungsbank und an einer Entwicklungsbank für Ostafrika. Die Beteiligung an diesen Entwicklungsbanken wird deshalb für so wichtig gehalten, weil diese nicht nur die Infrastruktur in den einzelnen Ländern finanzieren, sondern auch die überregionalen Investitionen. Über die Beteiligung an diesen regionalen Entwicklungsbanken und der Teilnahme an den von ihnen finanzierten überregionalen Investitionen soll den westdeutschen Konzernen der Zugang zu diesen „Märkten der Zukunft" erschlossen werden.

Bei der Forderung nach Lieferbindung der staatlichen Kapitalhilfe steht die Absicht im Vordergrund, den westdeutschen Unternehmen gegenüber der Konkurrenz amerikanischer, französischer und britischer Firmen Absatzmärkte zu sichern. Die westdeutsche Entwicklungshilfe lehnt grundsätzlich pauschale Beiträge zur Finanzierung von Entwicklungsplänen ab und besteht auf der Projektbindung der Kapitalhilfe-Kredite. Durch die Projektbindung ist eine stärkere Einflußnahme und Kontrolle auf die Kreditverwendung und die Wirtschaftspolitik in den Entwicklungsländern möglich. Auch bei der unmittelbaren export- und kapitalexportfördernden Wirkung der einzelnen entwicklungspolitischen Maßnahmen zeigt sich sowohl ihre Komplexität in bezug auf die unmittelbaren ökonomischen Ziele der westdeutschen Monopole als auch in bezug auf die langfristige wirtschaftsstrategische Zielstellung einer allseitigen ökonomischen Infiltration. In diesem Zusammenhang muß man auf die Rolle der Banken hinweisen.

Nach dem zweiten Weltkrieg gingen die westdeutschen Großbanken zunächst davon ab, im Ausland Filialen zu errichten. Sie zogen es vor, mit ausländischen Korrespondenzbanken zusammenzuarbeiten oder Repräsentanzen einzurichten. Bis 1963 verfügten die westdeutschen Banken bereits in 28 Entwicklungsländern über 45 Vertretungen.

Eigene Filialen der Großbanken in Entwicklungsländern gab es bis vor kurzem nur 7: die Niederlassung der Deutschen Überseeischen Bank, Hamburg Berlin (Deutsche Bank AG) in Argentinien, die Filialen der Deutsch-Asiatischen Bank, Hamburg, (drei Großbanken) in Hongkong, Karachi Bangkok und Kuala Lumpur sowie die Filialen der Deutsch-Südamerikanischen Bank (Dresdner Bank AG) und der Dresdner Bank in Südamerika.

Seit Beginn der sechziger Jahre verstärkte sich das Bestreben, sich an Entwicklungsbanken in den ökonomisch schwachentwickelten Ländern zu beteiligen oder private Finanzierungsgesellschaften für Entwicklungsprojekte vielfach in Zusammenarbeit mit den führenden Banken der USA und Westeuropas neu zu gründen. Dabei handelt es sich u. a. um Gesellschaften, die nicht nur der Finanzierung, sondern auch der Industrieberatung dienen.

Die Entwicklungsbanken sind häufig gemischte Gesellschaften, die der Aufsicht der Regierung des betreffenden Landes unterstehen, wobei der größte Teil des Kapitals aus der privaten oder staatlichen Auslandshilfe kommt. Die privaten Finanzierungsgesellschaften werden meistens in Verbindung mit einheimischen Kapitalisten und ausländischen Monopolbanken oder Industriekonzernen gegründet. Bei der finanziellen Durchdringung der Entwicklungsländer speziell in Afrika kommt den westdeutschen Monopolbanken die Brechung des britischen und französischen Kolonialmonopols zugute. Seit Beginn der 60er Jahre bilden die britischen und französischen Monopolbanken ihre Niederlassungen in Afrika in Entwicklungsbanken unter ausländischer, darunter auch unter westdeutscher, Beteiligung um.

Die verstärkte internationale Kooperation des Finanzkapitals im Zuge der ökonomischen und finanziellen Durchdringung der Entwicklungsländer zeigte sich nicht nur bei der Reorganisation der alten Kolonialbanken, sondern auch in der Gründung von internationalen Holdinggesellschaften, deren Anlagegebiete die Länder Asiens, Afrikas und Lateinamerikas sind.

An einer Reihe solcher Gesellschaften beteiligten sich die westdeutschen Großbanken bereits in den 50er Jahren.[12] Nach 1960 verstärkten sie ihre Aktivität in dieser Richtung.[13] Bei der ökonomischen und finanziellen

[12] 1. Société Européenne de Développement Industriel S.A., Paris, Finanzierung industrieller Vorhaben in Europa und Übersee, Deutsche Bank AG, 50%.
2. Consortium Européen pour le Development des Ressources naturells de l'Afrique (CONSAFRIQUE), Luxemburg, Finanzierung der Ausbeutung afrikanischer Rohstoffvorkommen, Beteiligung der Deutschen Bank AG.
3. Middle East Industrial Projects Development Corpittal (MIDEC), Luxemburg, Planung von Industrieprojekten, Beteiligung Deutsche Bank AG.
4. CONTINCO-Companhia de Organizacao Tecnica, Industrial e Comercial, Sao Paulo, Deutsch-Südamerikanische Bank AG, Hamburg, Bank- und Finanzgeschäfte.
5. Compagnie d'Outremer pour l'Industrie et la Finance, Bruxelles, Bank- und Finanzgeschäfte, Beteiligung der Berliner Handels-Gesellschaft, Westberlin.

[13] 1962 beteiligte sich die Dresdner Bank AG an einer „Internationalen Vereinigung zur Finanzierung der Wirtschaftsentwicklung in Westafrika (UFIDA). 1963 gründeten die Dresdner Bank, die Morgan Guaranty Trust Company, die Banca Commerziale Italiana und der Crédit Lyounais die „Union Financiére International pour le Development de l'Afrique". Aufgabe dieser Gesellschaft ist die Ausarbeitung konkreter Entwicklungsprogramme auf dem Gebiet der

Durchdringung der Entwicklungsländer nimmt auch die Verschmelzung von Bank- und Industriekapital neue, internationale Ausmaße an. Das kommt in der Gründung und der Tätigkeit solcher Gesellschaften wie der „Adela Investment Company S. A.“, Luxemburg, zum Ausdruck. Es handelt sich hier um eine „private“ multinationale Finanzierungsgesellschaft für Investitionen in Lateinamerika, an der über 50 bedeutende Industriegesellschaften, Banken und Finanzinstitute aus Westeuropa, den USA, Kanada und Japan beteiligt sind. Von westdeutscher Seite sind die Deutsche Bank AG, die Dresdner Bank AG und der Oetker-Konzern vertreten. Aufgabe der „Adela“ ist es, private Unternehmen in Lateinamerika durch Übernahme von Kapitalbeteiligungen und Gewährung von technischer Hilfe auf kommerzieller Basis zu unterstützen.

Der staatsmonopolistische Charakter dieser internationalen Zentralisationsprozesse zeigt sich in der Beteiligung der internationalen staatsmonopolistischen Finanzinstitutionen wie Weltbank, International Finance Corporation (IFC) und International Development Association (IDA) bzw. auch in der Beteiligung nationaler staatlicher Finanzinstitutionen wie der KfW am Kapital der zu gründenden Gesellschaften und Unternehmen zum Ausdruck.[14] Es handelt sich nicht nur um eine Verschmelzung von Bank- und Industriekapital, sondern um die Verschmelzung von Bank- und Industriekapital mit nationalem oder internationalem staatlichen Kapital. Dabei wird das einheimische nationale Kapital der Entwicklungsländer in diesen Prozeß einbezogen und dem internationalen Finanzkapital unter-

afrikanischen Landwirtschaft und deren Finanzierung. Ein anderes Beispiel stellt die Beteiligung an der Gründung der Negerian Industrial Development Bank (NIDB) durch die International Finance Corporation (Weltbankgruppe), zusammen mit führenden amerikanischen, westeuropäischen und japanischen Investmentfirmen dar. Aufgabe der NIDB soll die lange und mittelfristige Finanzierung von nigerianischer Industrie und Bergbauprojekten sein. Zu den Gründergesellschaften gehören außer der IFC die Chase International Investment Corporation, der Instituto Mobiliare Italiano, die Bank of America, die Bank of Tokyo Ltd., die Commerzbank AG, die Irving International Finance Corporation, die Northwest International Bank sowie die Société Financiére pour les pays d'Ontro Mer S.A. Es handelt sich hier um eine Gründung, an der Finanzkapital aus allen imperialistischen Industriestaaten beteiligt ist. Das bringt u. a. die Bedeutung, die die Rohstoffvorkommen Nigerias für die imperialistischen Monopole besitzen, zum Ausdruck.

In Tunesien gründeten 1963 die Deutsche Bank, die Bank of America, die Société Tunesienne de Banque (Credit Lyonnais) und die Société Franco-Tunisienne de Banque et de Crédit die „Union Internationale de Banque en Tunisie“ (UIBZ)

[14] Vgl. Europäisches Büro, Deutschland und die Weltbankgruppe, Paris 1967

geordnet. Nichts anderes kann doch der Erwerb von Kapitalbeteiligungen an der Privatindustrie der Entwicklungsländer und die Zentralisation dieser Beteiligungen durch Gesellschaften wie die „Adela" oder die „DEG" beinhalten.

So erwarb die „Adela" eine Kapitalbeteiligung über 2 Mill. DM an der Forjas de Columbia, einem Schmiedewerk in Bucaremanga, Kolumbien. Diese Investition wurde in Zusammenarbeit mit der International Finance Corporation sowie kolumbianischen und westdeutschen Investoren vorgenommen.

Die neuen Dimensionen der internationalen Kapitalzentralisation offenbaren sich darin, daß das Kapital ausländischer imperialistischer Staaten und internationaler staatsmonopolistischer Organisationen unter Beteiligung ausländischer Industrie- und Bankmonopole mit staatlichem Kapital der Entwicklungsländer und Kapital der nationalen Bourgeoisie in der Regel unter Führung des Auslandskapitals verschmilzt.

Es findet eine Verschmelzung von staatsmonopolistischem Kapitalismus und Staatskapitalismus, von nationaler Industrie und ausländischen Industrie- und Bankmonopolen statt.

Auch bei der Erschließung von Rohstoffquellen arbeiten staatliche Schürfgesellschaften der imperialistischen Länder mit staatskapitalistischen Institutionen, privaten ausländischen Monopolen und einheimischen Kapitalisten zusammen.

Die Verschmelzung von Kapital der einheimischen Bourgeoisie mit dem Kapital der ausländischen Industrie- und Bankmonopole und den staatlichen Entwicklungshilfekrediten unter Beteiligung von staatlichem Kapital der Entwicklungsländer findet auch bei der Errichtung von Werken der verarbeitenden und Grundstoffindustrie und den Projekten der Infrastruktur statt. Eine weitere Form besteht in der Zusammenarbeit von internationalen finanzkapitalistischen Konsortien mit den internationalen staatsmonopolistischen Finanzinstitutionen bei der Finanzierung, Projektierung und Ausführung ganzer Entwicklungspläne einzelner Länder. Die Regierungen der imperialistischen Länder übernehmen zusammen mit der Weltbank und deren Tochtergesellschaften bzw. der OECD unter Heranziehung nationaler Monopolbanken und Industriekonzerne die Ausarbeitung, Finanzierung und Kontrolle von Industrialisierungsplänen.

So beteiligte sich Westdeutschland an den Weltbankkonsortien zur Finanzierung des indischen und pakistanischen Fünfjahrplans, am OECD-Konsortium für die Türkei, an den Weltbankkonsortien für Südkorea, Malaysia, Marokko, Nigeria, Peru, den Sudan, Thailand, Tunesien und Ceylon.[15]

[15] Vgl. ebenda, S. 3

Über die vielgestaltigen personellen (technische Hilfe, Ausbildungshilfe, Kontaktstellen uw.) und finanziellen Verbindungen (direkte Kredite des Staates an das Entwicklungsland, Beteiligungen an Entwicklungsbanken, Beteiligungen an der Weltbank und deren Tochterinstituten, an internationalen staatsmonopolistischen Konsortien für Entwicklungspläne u. a.m.) erlangte das westdeutsche Finanzkapital wieder bedeutende Absatzmärkte in den ökonomisch schwachentwickelten Ländern, insbesondere für Investitionsgüter, und schuf sich eine Basis für die Kapitalexpansion mittels Direktinvestitionen.

3. *Ökonomische Triebkräfte der Kapitalbeziehungen zu den Entwicklungsländern*

Es wurde betont, daß es sich bei den verschiedenen entwicklungspolitischen Maßnahmen des Bonner Staates und der westdeutschen Monopole auf ideologischem, politischem, militärischem und ökonomischem Gebiet um ein einheitliches System handelt, das darauf gerichtet ist, dem westdeutschen Imperialismus Einflußsphären zu sichern, die Entwicklungsländer politisch an das aggressive Paktsystem der NATO zu binden, den nichtkapitalistischen Entwicklungsweg dieser Länder zu verhindern, den westdeutschen Monopolen Absatzmärkte, Rohstoffquellen und Kapitalanlagesphären zu sichern und die Entwicklungsländer ökonomisch an das imperialistische Lager im allgemeinen und an Westdeutschland im besonderen zu binden. Es ergibt sich die Frage, nach der ökonomischen Grundlage des Neokolonialismus und der Entwicklungspolitik, im Zusammenhang mit den Problemen der Kapitalverwertung, die durch die technisch-wissenschaftliche Revolution aufgeworfen werden, besteht, und woraus sich der innere Zusammenhang zwischen dem Neokolonialismus, einer höheren Stufe der internationalen Konzentration und Zentralisation des Kapitals und der technischen Revolution ergibt.

Was ist der wesentliche ökonomische Inhalt der internationalen staatsmonopolistischen Zentralisation in ihrer neokolonialistischen Variante unter dem Aspekt der Kapitalverwertung?

Wir gingen im ersten Kapitel davon aus, daß die Rolle des Staates im Reproduktionsprozeß angesichts der neuen Stufe des Konflikts zwischen Vergesellschaftung der Produktion und privater Aneignung, darin besteht, die ökonomischen, politischen und gesamtgesellschaftlichen Bedingungen zu schaffen, um die Ausdehnung der Mehrwertproduktion unter den heutigen Bedingungen, zu ermöglichen. Es wurde darauf hingewiesen, daß der Staat als gesamtgesellschaftliches Machtinstrument die Möglichkeit hat, durch seine Preispolitik, Steuerpolitik, durch Subventionen und andere

Formen der Investitions- und Exportförderung Investitionen, d. h. Kapital, in Bereiche mit hoher organischer Zusammensetzung und großem Kapitalminimum zu lenken, die bei uneingeschränkter Wirkung der ökonomischen Gesetze keine oder eine zu geringe Verwertung bieten würden.

Das gilt meines Erachtens auch für die imperialistische Entwicklungshilfe. Es ist allgemein bekannt, daß das private Kapital aus ökonomischen und politischen Gründen die Entwicklungsländer als Kapitalanlagesphäre nicht bevorzugt. Mit Hilfe der staatlichen Kapitalexporte und der staatlichen Förderung des privaten Kapitalexports in die Entwicklungsländer sollen Kapitalanlagemöglichkeiten geschaffen werden, sei es über die Schaffung allgemeiner politischer oder finanzieller und ökonomischer Bedingungen für private Kapitalexporte oder über die Stimulierung und Finanzierung der Exporte aus den imperialistischen Ländern in die Entwicklungsländer. Die Entwicklung von Kapitalanlagesphären in den ökonomisch rückständigen Ländern erfordert jedoch heute eine Beschleunigung der Entwicklung ihrer Produktivkräfte. Im Zeitalter der wissenschaftlich-technischen Revolution kann sich der Imperialismus offensichtlich nicht mehr damit begnügen, aus Konkurrenzgründen die Industrialisierung der Entwicklungsländer zu unterbinden. Im Gegenteil, die Anwendung der gewaltigen neuen Produktivkräfte *als Kapital* erfordert eine solche Ausdehnung des äußeren Feldes der Produktion, die auch die ökonomisch schwachentwickelten Länder einbezieht.

Im ersten Kapitel wurde darauf hingewiesen, welche Reserven für die Steigerung der Produktion von relativem Mehrwert sich im Zeitalter der Automation aus dem Übergang zu intensiven Ausbeutungsmethoden in den Entwicklungsländern durch ihre kapitalistische Industrialisierung ergeben würden, sowie darauf, daß der Druck der Produktivkräfte in diese Richtung nicht nur vom Standpunkt der unmittelbaren Mehrwertproduktion, sondern auch vom Standpunkt der Erweiterung der Zirkulationssphäre, der Erweiterung des Binnenmarkts und der Steigerung der Einkommen wirkt.

Es wurde gezeigt, daß die wissenschaftlich-technische Revolution zwar die Bedeutung der ökonomisch schwachentwickelten Länder als Rohstoff- und Lebensmittellieferanten zurückdrängt, aber gleichzeitig angesichts des steigenden Kapitalminimums und der steigenden organischen Zusammensetzung ihre Bedeutung als Akkumulationsquellen steigert. Die Ausbeutung der kolonialen und abhängigen Länder durch extensive Methoden, die auf der Ausnutzung ihres niedrigen sozialökonomischen Entwicklungsstandes basierten und mit hoher Profitrate, aber geringer Profitmasse verbunden waren, genügen nicht mehr dem Akkumulationsbedürfnis der Monopole. Deshalb besteht unter den Bedingungen der wissenschaftlich-technischen Revolution eine Tendenz zur Entwicklung der Produktivkräfte der schwachentwickelten Länder, die nicht nur allein auf solche historischen Triebkräfte wie die Existenz des sozialistischen Weltsystems und die nationale Befreiungsbewegung zurückgeht, sondern auch die auf Problematik der Kapitalverwertung. Hierin sehen wir letzten Endes die *ökonomischen* Triebkräfte des Neokolonialismus und der imperialistischen Entwicklungshilfe. Inwieweit die imperialistische Entwicklungshilfe und der Kapitalexport in die Entwicklungsländer diese Tendenz widerspiegeln, soll an einigen Zusammenhängen gezeigt werden.

Die alten Kolonialmethoden des Imperialismus, darunter der Kapitalexport, führten bekanntlich zu scharfen Disproportionen zwischen der Produktion der kolonialen und abhängigen Länder, die für den Export auf dem Weltmarkt bestimmt war, und der Produktion für den Binnenmarkt. Diese Disproportionen sind heute ein wesentliches Hemmnis für die Kapitalverwertung der Monopole, nicht nur, weil sie sich hemmend auf Export und Import der Entwicklungsländer auswirken, sondern vor allem auch deshalb, weil sie Schranken für die Ausdehnung der Kapitalanlagesphären in den Entwicklungsländern darstellen. Die Überwindung dieser Disproportionen ist nur durch die Entwicklung der Binnenmärkte der schwachentwickelten Länder und die Diversifizierung ihrer Produktion und ihrer Exporte zu erreichen, was beides, Industrialisierung und Entwicklung der Landwirtschaft, voraussetzt und neue Formen der internationalen Arbeitsteilung erforderlich macht.

Diese historische Aufgabe kann auf kapitalistischer Basis nicht gelöst werden. Darin besteht gerade der Widerspruch, daß die Kapitalverwertung beim heutigen Entwicklungsstand der Produktivkräfte die Lösung dieser Aufgabe verlangt, das System selbst aber nicht in der Lage ist, die dazu erforderlichen sozialökonomischen Umgestaltungen durchzuführen und die erforderlichen materiellen Ressourcen zu mobilisieren.

Die imperialistische Entwicklungshilfe in ihren Formen und Methoden ist ein Ausdruck dieses Widerspruchs. So trägt sie objektiv zur Industrialisierung der Entwicklungsländer und zur Verstärkung ihrer Abhängigkeit von den imperialistischen Ländern bei. Zum Beispiel ist die Erschließung wichtiger mineralischer Rohstoffe wie Erdöl, Eisenerz, Buntmetalle, Aluminium usw. mit der Entwicklung der verkehrsmäßigen und industriellen Infrastruktur verbunden und dient der Industrialisierung. Gleichzeitig dient sie der Verstärkung der gesamtvolkswirtschaftlichen Abhängigkeit von den imperialistischen Ländern, sofern diese Anlagen von ihnen finanziert und ausgebeutet werden.

Die Forcierung des privaten Kapitalexports zur Entwicklung nicht nur der extraktiven, sondern auch der verarbeitenden Industrie, nicht nur der

Konsumgüterindustrie, sondern gerade auch der Produktionsmittelindustrie, nicht nur der Leichtindustrie, sondern gerade der Schwerindustrie dient ebenfalls der Industrialisierung und verstärkt die ökonomische Abhängigkeit von den imperialistischen Ländern, sofern deren Monopole die Eigentümer dieser Schlüsselindustrien sind oder sie durch Kapitalbeteiligungen kontrollieren.

Das gleiche trifft zu für die Errichtung der verwaltungsmäßigen, hygienischen und bildungsmäßigen Infrastruktur durch die technische Hilfe und die Ausbildungshilfe.

Die Förderung der Klein- und Mittelindustrie dient ebenfalls, sofern sie eine Nutzbarmachung vorhandener Reserven zur Einsparung oder Erhöhung des Devisenaufkommens darstellt oder der Erziehung zur industriellen Arbeitsorganisation zugute kommt, der Industrialisierung. Aber die entwicklungspolitischen Vorstellungen der imperialistischen Länder, darunter auch Westdeutschlands, laufen darauf hinaus, daß sich die nationale Industrie auf diese Klein- und Mittelindustrien beschränken soll, während die Großindustrien von den ausländischen Monopolen errichtet werden sollen. Das bedeutet aber nichts anderes als die Ausdehnung der Herrschaft der Monopole über die Bevölkerung in den hochentwickelten kapitalistischen Ländern hinaus auf die in den ökonomisch schwachentwickelten Ländern.

Auch die Überproduktion von fixem Kapital stellt gewisse Anforderungen an die Warenstruktur der Märkte in den Entwicklungsländern (Ausdehnung der Märkte für fixes Kapital). Auf der anderen Seite verschärft der technische Fortschritt die Widersprüche der Realisierung, die vom Zustand der Landwirtschaft in den Entwicklungsländern ausgehen. Deshalb sind die Forderungen nach kapitalistischer Bodenreform und stärkerer Agrarhilfe neuerdings wichtige Bestandteile der neokolonialistischen Entwicklungspolitik. Die Agrarverhältnisse in den schwachentwickelten Ländern sind das Haupthemmnis für die Entwicklung des Binnenmarktes. Die Ausdehnung der Binnenmärkte ist jedoch wichtig für den Export und damit auch für die Aufrechterhaltung eines hohen Wachstumstempos in den imperialistischen Ländern.

Auch die Imperialisten fordern die verstärkte regionale wirtschaftliche Integration der Entwicklungsländer unter dem Gesichtspunkt, die Ausdehnung der Märkte in die „Tiefe“ (Industrialisierung) durch die Ausdehnung der Märkte in die „Breite“ zeitweilig zu ersetzen, um zusätzliche Realisierungsbedingungen und Kapitalanlagemöglichkeiten selbst beim vorhandenen Stand der Entwicklung der Produktivkräfte zu schaffen.

Die Gesetze der Profitproduktion führen heute, unter den Bedingungen der technisch-wissenschaftlichen Revolution und des vollzogenen Übergangs zum staatsmonopolistischen Kapitalismus, nicht mehr nur einseitig zur Hemmung der Industrialisierung, sondern erfordern gleichzeitig ihre Beschleunigung.

Aber die Gesetze der Profitproduktion wirken nicht einheitlich in diese Richtung. Wie im ersten Kapitel festgestellt wurde, erzeugt die Profitproduktion ebenso vielfältige entgegengesetzte Tendenzen, so daß die Differenzierung zwischen den armen und reichen Ländern des kapitalistischen Systems weiterhin anhält und sich verschärft. So reflektieren die Formen und Methoden der imperialistischen Entwicklungshilfe einerseits die Tendenz zu einer beschleunigten Entwicklung der Produktivkräfte in den schwachentwickelten Ländern, andererseits sind sie ebenso Reflex vielfältiger Klassengegensätze sowie monopolistischer und imperialistischer Interessengegensätze. Die verschiedenen Zielkonflikte der imperialistischen Entwicklungshilfe beeinträchtigen ihre ökonomische Effektivität. Zum Beispiel stehen die Beseitigung von Einfuhrbeschränkungen für Importe aus den Entwicklungsländern, die Koordinierung der inneren Wirtschaftspolitik in den imperialistischen Ländern mit den Erfordernissen der Industrialisierung der Entwicklungsländer, die Abrüstung und die Verwendung der Rüstungsmilliarden für Infrastrukturinvestitionen usw. im Gegensatz zu den unmittelbaren ökonomischen und politischen Zielen der Monopole in den Entwicklungsländern. Vor allem stehen die gegen die nationale Befreiungsbewegung und das sozialistische Lager gerichteten aggressiven Ziele der imperialistischen Mächte einer konsequenten Entwicklungspolitik entgegen. Aber auch die bestehenden und sich verschärfenden ökonomischen und politischen Rivalitäten der imperialistischen Länder untereinander gleichzeitig und im Rahmen des gemeinsamen Vorgehens gegen den Sozialismus und die nationale Befreiungsbewegung mindern die Effektivität der imperialistischen Entwicklungshilfe. So geht aus einer Untersuchung der Welthandelskonferenz hervor, daß sich die Differenzierung zwischen den reichen und den armen Ländern des kapitalistischen Systems in den sechziger Jahren trotz verstärkter Entwicklungshilfe seitens der imperialistischen Länder weiter verstärkte.[16]

Das Einkommensgefälle zwischen Industrie- und Entwicklungsländern wurde nach dem zweiten Weltkrieg als erstrangiges politisches Problem und als ökonomisches Motiv für die Entwicklungshilfe von den internationalen Organisationen und den Ökonomen der kapitalistischen Länder in den Vordergrund gerückt und intensiv studiert.

16 Angeführt bei: Baade, Fritz, Dynamische Weltwirtschaft, Paul List-Verlag, München 1969, S. 476

Nach Berechnungen bürgerlicher Ökonomen[17] waren zu Beginn des 18. Jahrhunderts das englische, japanische und indische Prokopfeinkommen nahezu gleich groß. Danach hat sich die Kluft zwischen reichen und armen Ländern erst in den letzten 200 Jahren herausgebildet und sich erst in den letzten 60 bis 70 Jahren so verbreitert.

Nach diesen Untersuchungen ergibt sich, daß nach dem zweiten Weltkrieg die Unterschiede in der Verteilung des Welteinkommens im kapitalistischen System zwischen Industrieländern und schwachentwickelten Ländern die größten waren, die bis dahin jemals wissenschaftlich festgestellt wurden, und seitdem nahmen sie offenbar beschleunigt zu.[18]

Für 1960 z. B. wurde das Bruttosozialprodukt der kapitalistischen Weltwirtschaft auf 4360 Mrd. DM geschätzt. Davon entfielen fünf Sechstel, das sind 3600 Mrd. DM, auf die Industrieländer und 700 Mill. DM auf die Entwicklungsländer. Von den rund 1,9 Mrd. Menschen des kapitalistischen Systems lebten 570 Millionen oder drei Zehntel in Industrieländern. 1,4 Mrd. oder sieben Zehntel lebten in Entwicklungsländern. Das durchschnittliche Einkommensgefälle zwischen Industrie- und Entwicklungsländern betrug 11: 1, d. h. das Prokopfeinkommen in den Industrieländern war elfmal so hoch wie das in den Entwicklungsländern. Dabei war in Einzelfällen das Gefälle noch viel extremer wie z. B. zwischen USA und Nepal, wo es 60: 1 betrug.[19]

In seinem Buch „Dynamische Weltwirtschaft" führt Fritz Baade an, daß in den Jahren 1960 bis 1965 das Sozialprodukt je Kopf der Bevölkerung in den Industrieländern um rund 4 Prozent jährlich stieg, während es in manchen Entwicklungsländern dagegen nur um 1,5 Prozent zunahm. „Wenn diese Entwicklung weiterginge, so würde das bedeuten, daß die reichen Völker immer reicher und die armen Völker immer ärmer werden, und das würde auch die reichen Völker, d. h. auch uns, die im Wohlstand Lebenden in einem Ausmaß bedrohen, das hinter der Bedrohung durch die Atombombe kaum zurückbleibt."[20] Noch stärker als das Gefälle im Prokopfeinkommen war das Gefälle in der Kapitalakkumulation. Als Maßstab werden die jährlichen nominellen Prokopfinvestitionen angeführt. Demnach wird in den Industrieländern jährlich knapp ein Fünftel des Durchschnittseinkommens, in den Entwicklungsländern jedoch nur ein Sechstel, des ohnehin viel geringeren Durchschnittseinkommens investiert. Das ent-

[17] Theil H., Einige kwantitatieve aspekten van het probleem der hulpverlening aan onderontwikkelde Landen. In: De Economist 1953; L. J. Zimmermann, Arme und reiche Länder, 1963. Zitiert in: Handbuch der Finanzwissenschaft, 4. Bd., hrsg. v. Wilhelm Gerloff und Fritz Neumark, Tübingen, 1965, S. 255

[18] Vgl. ebenda, S. 255 [19] Baade, Fritz, a. a. O., S. 476

[20] Vgl. Handbuch der Finanzwissenschaft, a. a. O., S. 253

spricht einem Gefälle von 14: 1 oder 16: 1 bei Bereinigung von Preisanstiegen seit 1953.[21]

Bei Baade werden Berechnungen angeführt, nach denen für eine Wachstumsrate des Bruttosozialprodukts in den Entwicklungsländern von nur 2 Prozent eine jährliche Entwicklungshilfe in Höhe von 7 Mrd. Dollar erforderlich wäre. Nach einer anderen Berechnung, die vom Ziel einer vierprozentigen Steigerung des Bruttosozialprodukts ausgeht, wird die Höhe der erforderlichen jährlichen Entwicklungshilfe mit 15,2 Mrd. Dollar angesetzt.

Baade selbst meint, daß die Industrialisierung der Entwicklungsländer nicht Milliarden, sondern Billiarden Investitionskapitals erfordere.[22] Angesichts dieser Schätzungen erweist sich der relative Kapitalüberschuß hier als relativer und absoluter Kapitalmangel. Die Industrialisierung der Entwicklungsländer ist nicht nur und nicht in erster Linie eine Frage der Höhe des Kapitaltransfers, sondern der Beseitigung der kapitalistischen Wachstumsschranken der Produktion. Die Untersuchungen bürgerlicher Ökonomen bestätigen die marxistische These, daß die Polarisierung von Reichtum auf der einen und Armut auf der anderen Seite – die Marx als das absolute Gesetz der kapitalistischen Akkumulation bezeichnete – heute weltweite Dimensionen erreicht hat und sich als Polarisierung von armen und reichen Ländern des kapitalistischen Systems der Weltwirtschaft darstellt.

Für die imperialistischen Länder ist das nicht nur ein erstrangiges politisches Problem, sondern auch ein Problem der Kapitalverwertung. Es besteht darin, die volkswirtschaftliche Mehrwertmasse und -rate in den Entwicklungsländern so zu steigern, daß sie entsprechende Profitraten für die Monopole der Industrieländer abwerfen können.

Die Methoden einer kapitalistischen Industrialisierung mittels der imperialistischen Entwicklungshilfe würden hier neue Potenzen für die Kapitalverwertung freisetzen.

Die alten kolonialen Extraprofite entsprangen Wirtschaftsmethoden, die mit der technisch-wissenschaftlichen Revolution unvereinbar sind. Billige Arbeitskräfte, billiger Boden, billige Rohstoffe, niedrige organische Zusammensetzung des Kapitals und niedrige Produktivität der lebendigen Arbeit erzeugen eine absolut hohe Mehrwert- und Profitrate bei relativ niedriger Mehrwertmasse für das einzelne, in den rückständigen kolonialen Ländern angelegte Kapital. Die Dimensionen, die der relative Kapital-

21 ebenda

22 Ebenda, S. 478 (Berechnungen von Paul G. Hoffmann, Jan Tinbergen und Pierre Moussa).

überschuß durch die Verschärfung des Widerspruchs zwischen Produktion und Verwertung infolge der technisch-wissenschaftlichen Revolution erreicht, haben solche Ausmaße, daß die in den schwachentwickelten Ländern erzeugte Masse des Mehrwerts, bezogen auf diesen Kapitalüberschuß, eine zu geringe Profitrate ergäbe. Die ökonomische Wirkung des Monopols besteht doch u. a. darin, die fallende Profitrate nicht nur durch die Masse des Profits, sondern durch Umverteilung des gesamtgesellschaftlichen Mehrwerts zugunsten der Monopole zu kompensieren und so das Gesetz des Durchschnittsprofits zu durchbrechen, das angesichts des Entwicklungsstandes der Produktivkräfte den Anforderungen an die Kapitalakkumulation und -zentralisation nicht mehr genügt. Wenn aber die volkswirtschaftliche Mehrwertmasse infolge niedriger Produktivität zu gering ist, so gibt es auch nichts, was zugunsten der Monopole umzuverteilen wäre. Deshalb wird der Übergang zu intensiven Ausbeutungsmethoden durch die Entwicklung der Produktivkräfte in den Entwicklungsländern zu einer Notwendigkeit für den Imperialismus.

Die modernen Produktivkräfte können aber nur dann der intensiven Ausbeutung dienen, wenn sie mit kapitalistischen Produktionsverhältnissen kombiniert werden. Deshalb ist die Förderung des privaten Kapitalexports in Form der Direktinvestitionen ein Hauptanliegen der Entwicklungspolitik. Das heißt auch, die spezifische Problematik der Kapitalverwertung in Gestalt der wachsenden Differenzierung zwischen den reichen und armen Ländern des kapitalistischen Systems drängt nach einer verstärkten Internationalisierung unmittelbar über die Produktion, nach Einbeziehung der Entwicklungsländer in die internationale Arbeitsteilung der großen Konzerne. Das kommt auch in den westdeutschen Standpunkten in der jüngsten Aufwertungsdiskussion sowie in dem Programm von Strauß zur Förderung der Direktinvestitionen zum Ausdruck. Die Direktinvestitionen sollen durch die Verlagerung der Produktion ins Ausland langfristig das außenwirtschaftliche Gleichgewicht herbeiführen. Die Expansion der Auslandsproduktion würde die Zahlungsbilanz entlasten und die langfristige Steigerung des Exportvolumens durch den Import von Produkten aus den eigenen Tochtergesellschaften im Ausland gewährleisten. Die wachsende Notwendigkeit, in den Entwicklungsländern konkurrierende importsubstituierende und exportorientierte verarbeitende Industrien zu entwickeln, erfordere die „Übertragung von Industrien" in die Entwicklungsländer. Um den Prozeß im eigenen Interesse auszunutzen, empfiehlt Strauß die Gründung von Auslandsgesellschaften und den Reimport ihrer Erzeugnisse. „Durch eine internationalisierte Produktion können die betreffenden Produkte von uns selbst geschaffen und importiert werden."

4. Zusammenfassung

Unter den Bedingungen der wissenschaftlich-technischen Revolution verlangt die Kapitalverwertung die Ausdehnung der Märkte und die Steigerung des Volkseinkommens und des volkswirtschaftlichen Mehrprodukts in den schwachentwickelten Ländern. Die Bedürfnisse des Waren- und Kapitalexports der Monopole erfordern heute eine Beschleunigung der ökonomischen Entwicklung dieser Länder. Der niedrige Stand der sozialökonomischen Verhältnisse und der Produktivkräfte, einstmals Grundlage hoher kolonialer Extraprofite, ist unter den heutigen Bedingungen eines der Haupthemmnisse für die Verwertung des Kapitals geworden, weil die *Masse* des volkswirtschaftlichen Mehrwerts oder Mehrprodukts, auf alte Weise erzeugt, bezogen auf das in der Perspektive durch die wissenschaftlich-technische Revolution ungeheuer anschwellende, relativ überschüssige und anlagesuchende Kapital, nur eine völlig unzureichende Profitrate ergeben würde.

Diese ökonomischen Triebkräfte der Entwicklungspolitik der imperialistischen Länder im allgemeinen und Westdeutschlands im besonderen wirken unter den Bedingungen der Existenz und der Ausstrahlung des sozialistischen Weltsystems und der nationalen Befreiungsbewegung. Im Kampf gegen diese sozialökonomischen und politischen Triebkräfte zur Überwindung der ökonomischen Rückständigkeit der schwachentwickelten Länder ist das Ziel der imperialistischen Entwicklungspolitik, diesen Prozeß auf kapitalistische Bahnen zu leiten.

Vor allem auch deshalb spielen die privaten Kapitalexporte, besonders die Direktinvestitionen, in den Bonner entwicklungspolitischen Konzeptionen eine so große Rolle. Sie werden als das wirksamste Mittel zur ökonomischen Bindung der Entwicklungsländer an das imperialistische System angesehen. Unter diesem Aspekt erscheinen die Maßnahmen zur Förderung des privaten Kapitalexports nicht nur allein als staatsmonopolistische Instrumente zur unmittelbaren Profitmaximierung für die Monopole, sondern auch als Maßnahmen zur Sicherung der *allgemeinen* Bedingungen für den Reproduktionsprozeß des Monopolkapitals.

Das private Monopolkapital war und ist, wie die historische Erfahrung zeigt, nicht in der Lage, die erforderlichen Entwicklungsaufgaben zu lösen, weil sie mit großen Kapitalanlagen verbunden sind, die entweder auf lange Sicht gar keine oder zu geringe Verwertungsmöglichkeiten bieten würden. Dazu kommen die Risiken durch die politische Instabilität der Entwicklungsländer sowie die ökonomischen Risiken infolge der relativen Stagnation und Deformation von deren Wirtschaft.

Andererseits wirken der Wettbewerb mit dem Sozialismus, die Erfordernisse der unmittelbaren Mehrwertproduktion, der Erweiterung der Akkumulationsbasis sowie der Ausdehnung der Märkte unter den Bedingungen der wissenschaftlich-technischen Revolution in Richtung einer beschleunigten Industrialisierung der Entwicklungsländer. Deshalb wird der imperialistische Staat zur Schaffung der politischen, militärischen und ökonomischen Voraussetzungen für die Erschließung neuer Verwertungsmöglichkeiten eingesetzt.

Auch der Widerspruch zwischen den reichen und armen Ländern des kapitalistischen Systems auf der einen Seite und den Anforderungen an die Bedingungen der Kapitalverwertung auf der anderen Seite drängt zu einer verstärkten internationalen Zentralisation des Kapitals und zur Einbeziehung der Entwicklungsländer in die internationale Produktionsorganisation der Monopole. Die imperialistische Entwicklungshilfe und die Entwicklungspolitik sollen diesen Prozeß vermitteln.

Die Überlebtheit des kapitalistischen Profitsystems, gemessen an den Produktivkräften, zeigt sich darin, daß, ungeachtet des Wirkens einer Tendenz zur beschleunigten Entwicklung der Produktivkräfte in den schwachentwickelten Ländern auf der Grundlage der Erfordernisse der Kapitalverwertung, die kapitalistischen Methoden zur Bewältigung der wissenschaftlich-technischen Revolution und zur Sicherung des Ausbeutungssystems eine Vertiefung von Armut und Reichtum zwischen den Ländern des kapitalistischen Systems der Weltwirtschaft zur Folge haben.

Tabelle 1

Westdeutsche Direktinvestitionen im Ausland

Stand Ende 1958, 1964, 1966, 1967 und 1968 nach Erdteilen und Ländergruppen in Mill. DM und in Prozent

Erdteil, Ländergruppe	Ende 1958	Prozent	Ende 1964	Prozent	Ende 1966	Prozent	Ende 1967	Prozent	Ende 1968	Prozent
Amerika	1127,0	54,5	2704,5	37,5	3172,1	32,0	3945,0	31,4	4767,5	33,2
USA	172,1	8,3	427,9	5,9	578,4	5,8	935,5	7,4	1211,7	8,4
Kanada	317,2	15,0	762,1	10,6	1336,0	13,2	1083,7	8,7	1179,4	8,2
Mittelamerikanische Entwicklungsländer			211,2	2,9	311,4	8,6	362,0	3,0	537,0	3,7
Südamerikanische Entwicklungsländer	537,5	26,0	1303,3	18,1	1424,7	14,0	1563,6	12,4	1839,4	12,8
Europa	805,0	39,0	3678,2	51,1	5709,6	57,0	6824,2	54,3	8112,5	56,6
EWG-Länder			1728,8	29,0	2870,3	29,0	3565,7	28,4	4205,8	29,6
EFTA-Länder			1580,8	22,0	2249,0	23,0	2545,2	20,2	3086,9	21,4
Entwicklungsländer			305,4	4,2	567,8	5,7	632,1	5,2	736,8	5,1
Übrige Länder			63,2	0,9	22,5	0,3				
Afrika	145,0	7,0	420,0	5,8	597,3	6,0	714,7	5,7	862,0	6,7
Industrieländer			79,0	1,1	107,1	1,1	120,3	0,9	132,0	0,9
Entwicklungsländer			341,0	4,7	490,2	5,0	594,4	4,7	729,9	5,8
Asien	95,0	4,6	271,0	3,8	351,4	3,5	388,8	3,1	430,8	3,0
Japan			71,0	0,8	63,8	0,6	69,1	0,5	83,6	0,6
Entwicklungsländer			200,0	2,9	287,6	2,9	319,7	2,6	347,2	2,4
Australien und Ozeanien Neuseeland			130,6	1,8	164,9	1,6	184,1	1,5	176,2	1,2
Alle Länder	2071,8	100,0	7205,1	100,0	9995,3	100,0	12056,8	100,0	14349,2	100,0
darunter										
Entwicklungsländer	777,5	37,5	2361,7	32,8	3346,6	33,0	3472,0	32,0	4190,6	30,0
Industrieländer	1294,3	62,5	4843,4	67,2	6748,7	67,0	8584,8	68,0	10158,6	70,0

Quelle: 1958 Ministerialblatt des Bundesministers für Wirtschaft, Bonn, Nr. 4/1959, S. 101;
1964 Monatsberichte der Deutschen Bundesbank, Dezember 1965, S. 22;
1966, 1967, 1968 Bundesanzeiger, Bonn, Nr. 75 vom 22. 4. 1969

Tabelle 2

Westdeutsche Direktinvestitionen im Ausland nach Anlageformen und Anlageländern, Stand Ende 1964, in Mill. DM – E = Entwicklungsland

Anlageform / Anlageland	Beteiligungen insgesamt	davon Mehrheitsbeteiligungen	Kapitalausstattung rechtlich unselbständiger Zweigniederlassungen	Darlehen	Stand Ende 1964 insgesamt
Schweiz/Lichtenstein	654,1	503,8	2,3	309,0	965,4
Brasilien, E	571,2	449,1	6,0	246,7	823,9
Kanada	630,1	592,2	7,2	124,7	762,0
Frankreich	492,0	277,0	8,2	167,3	667,5
Belgien/Luxemburg	231,9	76,3	313,7	35,1	580,7
USA	317,3	227,9	47,8	62,9	428,0
Italien	217,7	166,4	4,6	95,3	317,6
Österreich	225,5	166,1	10,9	69,7	306,1
Argentinien, E	196,0	152,7	3,7	90,2	289,9
Spanien, E	202,7	109,4	1,2	26,7	230,6
Niederlande	115,9	84,5	1,0	46,1	163,0
Australien	117,9	117,0	0,3	11,1	129,3
Großbritannien	83,9	49,3	2,1	30,8	116,8
Indien, E	99,9	39,0	1,2	3,5	104,6
Mexico, E	53,1	38,0	0,7	41,4	95,2
Schweden	55,3	38,1	0,6	29,3	85,2
Liberia, E	52,1	50,9	0,2	30,9	83,0
Republik Südafrika	53,6	17,9	2,0	23,4	79,0
Kolumbien, E	36,2	23,0	—	38,6	74,8
Japan	48,1	12,1	0,8	22,1	71,0
Dänemark	46,5	42,3	0,8	7,4	54,7
Algerien, E	21,6	21,6	2,8	25,0	49,4
Niederländische Antillen, E		5,1	—	43,3	48,4
Libyen, E	5,1	0,2	43,7	0,1	44,0
Griechenland, E	24,4	17,9	0,5	17,1	42,0
Irland	23,6	21,6	3,5	13,6	40,7
Panama, E	5,6	64,0	—	33,4	39,0
Äthiopien, E	1,1	0,8	30,4	0,1	31,5
Übrige Länder	296,9	218,6	41,5	143,4	481,8
darunter Entwicklungsländer	.	.	.	.	(405,4)
Insgesamt	4879,4	3522,8	537,7	1788,0	7205,1
In % der gesamten westdeutschen Direktinvestitionen	67,7	48,8	7,5	24,8	100

Quellen: Monatsberichte der Deutschen Bundesbank, Dezember 1965, S. 23

Tabelle 3

Zweigstruktur der westdeutschen Direktinvestitionen im Ausland nach dem Stand von Ende 1958, 1964, 1966, 1967 und 1968 in Mill. DM

Zweige	1958	1964	1966	1967	1968
Chemische Industrie, Chemiefasern	241	1031	1513,7	1962,3	2786,5
Elektroindustrie, Elektronik	212	935	1211,0	1319,3	1536,1
Hütten-Stahlwerke, Großeisenindustrie	332	881	974,4	982,2	1008,9
Straßenfahrzeugbau und Traktoren	114	723	1156,4	1321,4	1478,6
Erdölgewinnung und -verarbeitung	15	460	541,2	638,3	640,3
Maschinenbau	139	451	590,8	783,5	966,1
Banken- und Finanzierungsgesellschaften	174	259	268,0	360,8	625,7
Bergbau	27	165	284,6	446,0	651,4
Versicherungen	73	161	260,6	278,8	384,5
Lebensmittel und Genußmittel	78	217	268,0	449,1	475,5
Keramik, Glas, Porzellan	19	108	106,7	105,6	165,7
Feinmechanik, Optik	3	100	227,6	257,6	74,9
Textilindustrie	15	52	100,8	104,6	111,7
Steine und Erden	9	50	69,1	96,3	99,3
Elektrizität, Gas, Wasser	7	52	83,4	184,8	188,2
Leder	27	46	78,2	82,2	103,4
Zellstoff, Papier	12	37	96,1	102,6	109,4
Insgesamt 17 Zweige	1516	5747	7828,6	9675,4	11410,2
Alle Zweige	2227	7205	9995,3	12056,8	14349,0

Quelle: für 1958 Ministerialblatt des Bundesministers für Wirtschaft, Nr. 4, 1959, S. 101

für 1964 Bundesanzeiger, Bonn, Nr. 66 vom 6. 4. 1965, S. 1

für 1966 „ „ Nr. 136 vom 25. 7. 1967

für 1967 Ministerialblatt des Bundesministers für Wirtschaft, Nr. 75 vom 19. 4. 1968

für 1968 Bundesanzeiger, Bonn, Nr. 75 vom 22. 4. 1969

Tabelle 4

Westdeutsche Direktinvestitionen

Neuanlage 1962–1968

Zeitraum / Land	1961 Stand Jahresende	1962 Zuwachs	1962 Stand Jahresende	1963 Zuwachs	1963 Stand Jahresende	1964 Zuwachs
Schweiz/Lichtenstein	465,9	167,6	633,5	165,0	798,5	166,9
Brasilien	639,7	132,9	772,6	26,2	798,5	25,1
Kanada	482,3	155,0	637,3	39,7	677,0	85,6
Frankreich	177,6	98,7	276,3	229,6	505,3	162,2
Belgien/Luxemburg	106,1	35,3	141,4	192,0	333,4	247,3
USA	336,1	31,7	367,8	38,4	406,2	21,8
Italien	136,4	35,8	172,2	65,2	237,4	80,2
Österreich	137,1	50,8	187,9	50,5	238,4	67,7
Argentinien	159,7	71,4	231,1	42,2	273,3	16,6
Spanien	99,0	25,8	124,8	56,3	181,1	49,5
Niederlande	87,6	29,4	117,0	25,7	142,7	20,3
Australien	98,1	10,2	108,3	8,4	116,7	12,6
Großbritannien	53,6	35,5	89,1	9,7	98,8	18,0
Indien	60,2	8,5	68,7	11,3	80,0	24,6
Mexiko	37,0	15,4	52,4	22,3	74,7	20,5
Schweden	60,3	12,1	72,4	0,5	72,9	12,3
Liberia	34,1	42,7	76,8	3,1	79,9	3,1
Südafrika	80,1	8,4	88,5	– 14,8	73,7	5,3
Kolumbien	38,1	25,2	63,3	5,0	68,3	6,5
Japan	27,6	7,9	35,5	7,6	43,1	27,9
Dänemark	23,1	11,3	34,4	14,4	48,8	5,9
Algerien	25,7	7,7	33,4	9,8	43,2	6,2
Niederländische Antillen	87,0	0,9	87,9	4,3	92,2	– 43,8
Lybien	–	10,0	10,0	25,2	35,2	8,8
Griechenland	16,9	10,4	27,3	5,3	32,6	9,4
Irland	16,0	4,2	20,2	8,9	24,1	11,6
Panama	33,4	– 0,5	32,9	4,1	37,0	2,0
Äthiopien	–	12,9	12,9	12,6	25,5	6,0
Übrige Länder	319,6	56,2	375,8	47,6	423,0	58,8
Insgesamt	3838,3	1113,4	4951,7	1115,6	6066,8	1138,3

Quelle: Monatsberichte der Deutschen Bundesbank, Dezember 1965, S. 26; Bundesanzeiger Bonn,

im Ausland nach Ländern
in Mill. DM

Stand Jahresende	1965 Zuwachs	1965 Stand Jahresende	1966 Zuwachs	1966 Stand Jahresende	1967 Zuwachs	1967 Stand Jahresende	1968 Zuwachs	1968 Stand Jahresende
965,4	147,5	1112,9	145,8	1258,7	98,2	1356,9	293,4	1650,3
823,9	15,4	839,3	47,4	886,7	71,8	959,5	227,9	1887,0
762,0	52,8	814,8	42,8	857,6	226,1	1083,7	95,7	1179,4
667,5	104,5	772,0	110,7	882,7	167,4	1067,1	344,8	1411,9
580,7	164,3	765,0	499,4	1264,4	329,3	1593,7	132,4	1726,1
428,0	105,0	533,8	44,6	878,4	57,1	935,5	276,2	1211,7
317,6	30,1	347,7	55,5	403,1	116,3	519,5	59,0	578,5
306,1	132,7	438,8	54,4	493,2	166,8	660,0	134,3	794,3
289,9	9,1	299,0	18,8	317,8	17,7	335,5	33,8	369,6
230,6	65,4	296,2	90,9	387,1	61,1	468,2	81,7	549,9
163,0	59,3	222,3	97,7	320,0	65,4	385,4	103,4	489,3
129,3	8,7	138,0	26,9	164,9	17,6	182,4	– 8,1	174,3
116,8	25,4	142,2	89,0	231,2	16,2	247,4	92,6	340,0
104,6	21,3	125,9	9,8	135,7	18,2	153,9	6,4	160,3
92,2	12,4	104,6	7,5	122,1	46,1	168,2	32,2	200,6
85,2	9,9	95,1	23,6	118,7	3,3	122,0	19,0	141,0
83,0	3,1	86,1	50,3	136,4	1,5	137,9	1,9	139,8
79,0	6,9	85,9	21,2	107,1	13,2	120,3	11,9	132,1
74,8	17,3	92,1	– 5,8	86,3	12,3	98,6	6,0	104,6
71,0	– 16,6	54,4	9,4	63,8	5,3	69,1	14,5	83,6
54,7	7,8	62,5	9,1	71,6	3,0	74,6	– 9,4	65,2
49,4	1,2	50,6	0,2	50,8	–	50,8	0,1	50,9
48,4	4,4	52,8	62,2	115,0	2,2	117,2	30,7	247,9
44,0	7,5	51,5	11,4	62,9	79,6	142,5	173,4	315,9
42,0	11,9	53,9	14,8	68,7	12,0	80,7	14,4	95,1
40,7	– 4,5	36,2	7,1	43,3	17,0	60,3	– 0,2	60,1
39,0	3,3	42,3	0,1	42,4	0,2	42,6	6,0	48,6
31,5	10,4	41,9	10,8	52,7	1,5	54,2	– 50,0	4,2
481,8	–	–	–	–	.	.	.	.
7205,1	1112,0	8317,1	1678,2	9995,3	2061,5	12056,8	2292,2	14349,0

Nr. 70 vom 14. 4. 1966; Bundesanzeiger, Bonn, Nr. 136 vom 25. 7. 1967 und Nr. 75 vom 22. 4. 1969

Tabelle 5

Das ausländische Beteiligungskapital nach Herkunftsländern und Wirtschaftszweigen

Herkunftsländer / Wirtschaftszweig	Ausländisches Beteiligungskapital insgesamt	USA	Niederlande	Schweiz/ Lichtenstein
Energiewirtschaft und Wasserversorgung	194,0	13,0	39,3	59,1
Bergbau	1337,8	930,2	93,1	0,1
darunter Mineralölgewinnung	913,0	912,2	—	0,1
Chemische Industrie (einschl. Kohlewertstoffindustrie)	1801,6	781,0	198,1	347,1
Mineralölverarbeitung	2625,6	1120,0	545,2	0,3
Kunststoff, Gummi und Asbest	388,1	180,9	3,8	36,8
Steine und Erden, Feinkeramik und Glas, Gewinnung und Verarbeitung	488,5	85,2	6,1	77,3
Eisen und NE-Metallerzeugung, Gießerei und Stahlverformung	939,4	165,7	260,9	269,5
Stahl-, Maschinen- und Fahrzeugbau	2555,3	1707,9	78,8	223,4
darunter Maschinenbau	1215,6	550,6	29,5	166,3
Straßenfahrzeugbau	1185,9	1114,3	0,1	26,9
Elektrotechnik, Feinmechanik, Optik, EBM-Waren, Musikinstrumente, Sportgeräte, Spiel- und Schmuckware	2029,9	1321,8	316,0	159,9
darunter Elektrotechnik	1572,5	984,7	312,1	100,8
Holz-, Papier- und Druckgewerbe	234,4	53,8	29,1	51,0
Leder-, Textil- Bekleidung	465,6	73,4	25,2	188,6
Nahrungs- und Genußmittel	1778,2	492,2	467,0	397,8
Großhandel, Handelsvermittlung	994,4	188,3	65,4	139,6
Einzelhandel	503,5	191,5	97,0	21,5
Verkehr, Nachrichtenübermittlung	210,8	101,8	32,5	38,0
Kreditinstitute	540,9	216,5	21,6	39,2
Kapitalanlagegesellschaften und Finanzierungsinstitute	63,3	0,7	0,4	5,6
Versicherungen	125,0	6,2	4,1	47,5
Grundstücks- und Wohnungswesen	257,4	118,6	92,5	27,9
Beteiligungsgesellschaften und Vermögensverwaltung	300,9	50,1	7,6	87,2
Sonstige Dienstleistungen	150,5	48,0	3,2	45,1
Sonstige	67,9	15,0	11,1	18,9
Nicht aufteilbar	10,6	0,4	1,3	6,2
Insgesamt 1968	18023,1	7862,2	2409,3	2280,6
1964	11135,1	3801,2	1941,4	1780,7
In Prozent des gesamten ausländischen Beteiligungskapitals 1968	100,0	43,6	13,4	12,6
1964	100,0	34,1	17,4	16,0

Quelle: Monatsberichte der Deutschen Bundesbank,

– Stand Ende 1968 auf Mill. DM gerundet

Groß-britan-nien	Frank-reich	Belgien/ Luxem-burg	Schwe-den	Kanada	Italien	Öster-reich	Übrige EFTA-Länder	Sonstige Länder
–	4,6	–	–	–	–	78,0	–	–
–	192,3	121,0	–	–	–	–	0,8	0,1
–	0,1	0,3	–	–	–	–	–	0,1
135,5	56,8	201,0	55,1	1,4	17,0	1,1	3,2	4,2
705,1	90,0	47,0	–	–	117,5	–	–	–
106,9	19,0	9,1	12,1	–	12,9	2,2	1,8	2,7
9,9	169,7	61,4	22,9	–	0,7	9,6	3,3	2,5
27,8	106,6	20,6	10,5	50,0	–	25,7	1,2	0,9
82,7	28,4	7,5	308,6	56,9	36,5	11,7	5,3	7,8
61,4	20,0	4,3	308,6	53,1	4,1	5,3	4,8	7,6
2,1	1,2	1,2	1,2	3,6	32,4	5,2	0,1	–
43,0	30,2	94,7	23,3	8,3	3,5	4,6	9,2	22,3
29,0	10,5	92,1	21,0	8,2	0,5	0,4	8,0	5,1
4,0	1,8	0,0	38,0	40,2	0,5	3,8	3,5	7,8
49,8	13,7	100,3	0,9	0,6	1,8	7,2	0,6	3,7
293,5	21,2	14,0	8,5	4,0	20,1	11,3	6,1	42,6
94,8	172,3	73,8	40,0	16,2	127,9	9,0	14,7	52,9
18,7	1,2	1,7	–	167,4	–	1,9	0,3	2,2
4,9	15,3	0,3	5,5	3,6	–	0,7	4,6	3,8
104,7	45,5	4,0	3,8	3,1	–	0,8	1,0	100,5
0,0	50,2	3,6	1,5	0,1	0,1	0,0	–	1,1
39,3	8,7	1,5	3,0	–	6,0	3,7	0,0	5,0
0,4	6,0	–	0,7	–	–	0,4	0,8	10,1
55,3	38,5	3,6	1,2	3,3	0,2	0,7	0,1	53,0
22,4	11,2	2,0	5,2	2,1	0,3	1,2	6,7	3,1
2,3	4,3	1,4	0,0	0,0	–	0,8	2,8	1,4
0,1	0,6	–	0,0	0,0	–	1,6	0,1	0,1
1802,0	1088,1	768,5	540,8	357,2	345,0	176,0	66,1	527,3
1094,4	788,5	576,8	355,4	201,1	150,7	158,2		286,7
10,0	6,0	4,3	3,0	2,0	1,9	1,0	0,4	1,8
9,8	7,1	5,2	3,2	1,8	1,4	1,4		2,6

Mai 1969, S. 30; Mai 1965, S. 60 für 1964

Tabelle 6

Das ausländische Beteiligungskapital nach Herkunftsländern Stand Ende 1965, 1966, 1967, 1968 in Mill. DM und in Prozent

	1965	1966	1967	1968	Veränderung 1966–1968
Alle Länder	13594	15193	16825	18023	+4429
	100	100	100	100	
USA	5181	6134	7239	7862	+2681
	38,1	40,4	43,0	43,6	
EWG-Länder	4108	4245	4408	4611	+ 503
	30,2	27,9	26,2	25,6	
darunter:					
Niederlande	2246	2252	2331	2409	+ 163
	16,5	14,8	13,8	13,4	
Frankreich	88,3	961	1005	1088	+ 205
	6,5	6,3	6,0	6,0	
Belgien/Luxemburg	700	724	737	769	+ 69
	5,1	4,8	4,4	4,3	
EFTA-Länder	3853	4320	4520	4865	+1012
	28,4	28,4	26,9	27,0	
darunter:					
Schweiz/Lichtenstein	1843	2057	2165	2281	+ 438
	13,6	13,5	12,9	12,6	
Großbritannien	1345	1545	1591	1802	+ 457
	9,9	10,2	9,5	10,0	
Übrige Länder	452	494	658	685	+ 233
	3,3	3,3	3,3	3,9	

Quelle: Monatsberichte der Deutschen Bundesbank, Mai 1969, S. 27

Tabelle 7
Das ausländische Beteiligungskapital nach den wichtigsten Wirtschaftszweigen in Mill. DM und in Prozent des gesamten ausländischen Beteiligungskapitals 1965 bis 1968

	1965	1966	1967	1968	Veränderung 1966–1968
Ausländisches Beteiligungskapital insgesamt	13594	15193	16825	18023	+4429
	100	100	100	100	
Mineralölverarbeitung	2229	2370	2521	2625	+ 396
	16,4	15,6	15,0	14,6	
Mineralölwirtschaft	2681	3163	3544	3741	+1060
	19,7	20,8	21,1	20,8	
Stahlbau, Maschinenbau, Fahrzeugbau	2083	2193	2459	2555	+ 472
	15,3	14,4	14,6	14,2	
Chemische Industrie, Kunststoff-, Gummi-, Asbestverarbeitung	1522	1859	2000	2190	+ 668
	11,2	12,2	11,9	12,1	
Elektrotechnik, Feinmechanik, Optik, EBM-Waren, Musikinstrumente, Sportgeräte, Spiel- und Schmuckwaren	1436	1630	1937	2030	+ 594
	10,6	10,7	11,5	11,3	
Nahrungs- und Genußmittel	1401	1531	1646	1778	+ 377
	10,3	10,1	9,8	9,9	
Handel	1058	1197	1401	1498	+ 440
	7,8	7,9	8,3	8,3	
Bergbau	692	1033	1228	1388	+ 646
	5,1	6,8	7,3	7,4	
Sonstige	3173	3380	3632	4009	+ 836
	23,3	22,3	21,6	22,2	

Quelle: Monatsberichte der Deutschen Bundesbank, Mai 1969, S. 27

Tabelle 8

Das ausländische Beteilungskapital nach Wirtschaftszweigen

Zweige	Inländische Unternehmen mit					
	Alle Unternehmen					
	Zahl der Unternehmen		Nominalkapital in Mill. DM			
			Insgesamt		davon in ausländischem Besitz	
	1965	1968	1965	1968	1965	1968
Energiewirtschaft, Wasserversorgung, Bergbau	29		1173,7		785,5	
Energiewirtschaft, Wasserversorgung		12	.	513,1		194,0
Bergbau		22	. 1	582,0		1337,8
darunter: Mineralölgewinnung		7	. 1	059,0		913,0
Chemische Industrie (einschl. Kohlewertstoffindustrie)[1]	327	275	2068,92	451,9	1532,5	1801,6
Mineralölverarbeitung[2]	21	22	2340,42	756,7	2226,6	2625,1
Kunststoff-Gummi-Asbestindustrie		107		510,9		388,1
Steine und Erden, Feinkeramik, Glas	197	116	537,0	662,4	403,8	448,5
Eisen-NE-Metallerzeugung-Gießerei und Stahlverformung[3]	61	86	1175,9	1998,2	701,3	939,4
Stahl-, Maschinen-, Fahrzeugbau[3]	386	433	2512,5	3125,7	2088,6	2555,3
darunter Maschinenbau	.	358	. 1	523,5	.	1215,6
Straßenfahrzeugbau	.	36	. 1	350,8	.	1185,9
Elektrotechnik, Feinmechanik, Optik, EBM-Waren, Musikinstrumente, Sportgeräte, Spiel- und Schmuckwaren	363	445	2087,8	2909,9	1325,8	2029,9
darunter Elektrotechnik	.	231	.	2276,8	.	1572,5
Holz-, Papier- u. Druckgewerbe	100	128	36,8	437,4	159,5	234,4
Leder-, Textilbekleidung	215	259	488,3	642,9	368,4	465,6
Nahrungs- und Genußmittel	191	219	1855,2	2372,4	1343,9	1778,2
Baugewerbe	.	102	.	67,4	.	45,1
Großhandel, Handelsvermittlung		2129		1160,0		994,4
Einzelhandel, darin enthalten	1592	70	1217,5	544,7	978,8	503,5
Mineralölhandel	.	14	.	209,1	.	203,1
Verkehr und Nachrichtenübermittlung	173	215	198,2	273,4	172,2	210,8

Stand Ende 1965 und Ende 1968 in Mill. DM

asländischer Kapitalbeteiligung						Kapitalgesellschaften Insgesamt			
darunter Kapitalgesellschaften						Zahl aller Kapitalgesellschaften		Nominalkapital in Mill. DM	
Zahl der Kapitalgesellschaften		Nominalkapital in Mill. DM							
		Insgesamt		davon in ausländischem Besitz					
1965	1968	1965	1968	1965	1968	1965	1968	1965	1968
24		11153		749,1		478		12620	
.	12		513,1		194,0		353		9961,3
.	14		1167,9		1110,5		148		4507,4
.	4		757,3		749,1		.		.
286	241	1893,6	2241,2	1382,4	1611,6	2826	2105	8460,2	9545,4
21	21	2340,3	2756,2	2226,6	2625,0	80	98	2635,9	3131,1
.	95		483,6		374,2	.	1039		1068,7
160	82	373,0	496,0	258,6	300,0	5159	2099	2036,0	1699,4
48	73	1139,4	1927,6	671,5	879,4	712	800	6557,5	7340,8
329	369	2375,5	2886,5	2044,6	2430,0	4008	4666	7858,8	9707,0
.	307	.	1306,8	.	1102,3	.	2891	.	5050,2
.	28	.	1335,2	.	1177,9	.	.	.	.
301	360	2013,1	2782,5	1296,5	1950,2	3214	3635	5718,9	6644,7
.	204	.	2253,6	.	1561,2	.	1562	.	4973,0
78	95	339,1	400,8	148,4	214,5	2067	2336	1226,3	1435,5
152	186		512,7		430,4		2481		1981,5
143	165	1532,4	2150,2	1284,1	1713,8	2219	2420	3009,9	3583,4
.	87	.	58,0	.	39,2	.	3987	.	764,6
	1824		1013,7		924,2		14784		4198,5
1330	43	1103,6	506,6	919,8	489,5	15059	3152	4862,8	1997,8
.	13	.	206,1	.	201,5	.	.	.	.
154	187	183,0	252,4	165,5	202,7	2344	2746	2268,7	2723,5

(Fortsetzung auf Seite 156/157)

Fortsetzun

Zweige	Inländische Unternehmen mit					
	Alle Unternehmen					
	Zahl der Unternehmen		Nominalkapital in Mill. DM			
			Insgesamt		davon in ausländischem Besitz	
	1965	1968	1965	1968	1965	1968
Kreditinstitute	63	76	584,5	861,0	354,6	540,9
Kapitalanlagegesellschaften		18		119,1		63,3
und Finanzierungsinstitute	113		725,3		328,6	
Versicherungen		62		434,2		125,0
Grundstücke, Wohnungswesen	.	109	.	291,9	.	257,4
Beteiligungsgesellschaften und sonstige Vermögensverwaltung	.	92	.	566,0	.	300,9
Sonstige Dienstleistungen	.	310	.	199,9	.	150,9
Sonstige	24	31	69,5	83,9	16,8	22,8
Nicht aufteilbar	44	37	10,2	18,5	6,4	10,6
Insgesamt	4225	5375	17751	24584	13037	18023

[1] Chemische Industrie 1965 ohne Kohlenwertstoffverarbeitung, — einschl. Gummi-, Kunststoff Maschinen- und Fahrzeugbau 1968

Quelle: Monatsberichte der Deutschen Bundesbank

von Tabelle 8

ausländischer Kapitalbeteiligung						Kapitalgesellschaften insgesamt			
	darunter Kapitalgesellschaften								
Zahl der Kapitalgesellschaften		Nominalkapital in Mill. DM				Zahl aller Kapitalgesellschaften		Nominalkapital in Mill. DM	
		Insgesamt		davon in ausländischem Besitz					
1965	1968	1965	1968	1965	1968	1965	1968	1965	1968
25	33	190,8	298,0	81,1	131,0	613		2932,7	
							676		3809,2
	18		119,1		63,3				
105		646,6		313,9		2861			
	55		427,8		118,7		972	3147,8	1115,3
.	100	.	275,3	.	249,1	.	4971	.	4329,8
.	80	.	454,7	.	282,8	.	7514	.	6928,3
.	264	.	176,4	.	135,5	.	8481	.	1638,4
17	22	64,4	78,3	14,8	20,4	208	281	130,4	152,0
24	19	3,6	4,4	2,2	3,3	.	.	.	.
479	4445	16011,5	21985	12127,2	16493	56580	69744	72369	88264

sbestverarbeitung. [2] Mineralölverarbeitung 1965 einschl. Kohlewertstoffindustrie. [3] Stahl-
enschl. EBM-Waren.

Mai 1969, S. 29 und November 1966, S. 20

Tabelle 9

Ausländische Direktinvestitionen vom 1. 9. 1961 bis 31. 12. 1966 und bis 31. 12. 1968 in Mill. DM

Zweige	bis 31. 12 66	bis 31. 12. 68
Mineralölverarbeitung und Kohlewertstoffindustrie	2800,3	3963,0
Maschinenbau	1183,2	1652,0
Straßenfahrzeugbau und Traktoren	963,6	1404,1
Elektrotechnik und Elektronik	426,9	757,3
Nahrungs- und Genußmittel	663,7	960,8
Gas, Elektrizität, Wasser	121,3	94,8
Kernenergie	4,8	4,9
Gewinnung von Erdöl und Erdgas	1,3	877,7
Chemische Industrie und Chemiefasern	980,5	1876,8
Gummi und Asbest	167,6	292,3
Nichteisenmetallerzeugung	203,8	230,4
Pharmazie	124,6	188,7
Feinmechanik, Optik	193,0	254,3
Tabakverarbeitung	250,7	307,1
Kaufhäuser	102,0	490,3
Reedereien	155,8	171,6
Kreditinstitute	168,6	276,5
Übrige	1215,7	13766,2
Insgesamt	10628,4	16766,2

Quelle: Bundesanzeiger, Bonn, Nr. 136 vom 25. 7. 1967 u. Nr. 75 vom 22. 4. 1969

Tabelle 10

Ausländische Direktinvestitionen in der Bundesrepublik Deutschland vom 1. 9. 1961 bis 31. 12. 1968 nach Herkunftsländern, Ländergruppen und Kontinenten, in Mill. DM und Prozent

Länder/ Ländergruppen/ Kontinente	*1966*		*1968*	
	Mill. DM	Prozent	Mill. DM	Prozent
Europa	5648,0	53	7948,8	47,5
EWG	2346,3	22	3585,7	21,4
Niederlande	1109,0	10,4	1656,0	9,9
Belgien/Luxemburg	606,1	5,7	1078,0	6,4
Frankreich	405,9	3,8	607,7	3,6
Italien	225,9	2,1	244,0	1,2
EFTA	3294,1	31	4347,4	26,0
Großbritannien	1258,8	11,8	1632,5	9,7
Schweiz	1761,1	16,6	2368,0	14,2
Sonstige Länder	7,6	0,07	15,7	0,09
Amerika	4946,0	46,6	8764,5	52,5
Nordamerika	4794,0	45,2	8509,4	51,3
USA	4487,7	*42,3*	8143,8	*48,6*
Kanada	306,8	2,9	365,6	2,18
Asien	31,0	0,3	44,1	0,26
Japan	14,2	0,13	16,7	0,09
Afrika	3,3	0,02	8,5	0,04
Australien	0,1	0,001	0,7	0,004
Insgesamt	10628,4	100	16766,6	100

Quelle: Bundesanzeiger, Bonn, Nr. 136 vom 25. 7. 1957 und Nr. 75 vom 22. 4. 1969

Tabelle 11

Kapitalertragsbilanz der Bundesrepublik und private langfristige Kapitalbilanz 1950–1968 in Mill. DM

Jahr	Einnahmen	Ausgaben	Darunter im Rahmen des Londoner Schuldenabkommens	Saldo der Kapitalertragsbilanz	Langfristige private westdeutsche Kapitalanlagen im Ausland (Neuanlagen ./. Liquidation)	Langfristige private ausländische Kapitalanlagen in Westdeutschland (Neuanlagen ./. Liquidation)	Saldo der privaten langfristigen Kapitalbewegungen
1950	2	2	—	± 0	—	.	.
1951	9	26	—	— 17	—	.	.
1952	28	9	—	+ 19	— 15	+ 0	.
1953	81	125	123	— 44	— 3	— 58	— 15
1954	112	612	295	— 500	— 172	— 92	— 62
1955	209	816	290	— 607	— 258	+ 148	— 264
1956	296	731	288	— 435	— 321	+ 455	— 110
1957	409	804	288	— 395	— 671	+ 938	+ 134
1958	425	1048	233	— 623	— 1142	+ 635	+ 267
1959	630	1638	212	— 1008	— 2250	+ 878	— 507
1960	939	1696	222	— 757	— 1394	+ 2534	+ 1140
1961	966	2169	217	— 1203	— 1138	+ 2023	+ 885
1962	1058	2316	141	— 1258	— 1540	+ 2477	+ 937
1963	1097	2310	125	— 1213	— 1443	+ 4436	+ 2993
1964	1199	2777	141	— 1578	— 2107	+ 2388	+ 281
1965	1469	3280	139	— 1811	— 2009	+ 4257	+ 2248
1966	1828	3310	135	— 1482	— 2614	+ 4384	+ 1770
1967	2055	3838	113	— 1783	— 3321	+ 1657	— 1664
1968	2787	3721	324	— 934	— 11785	+ 1780	— 10005

Quelle: Monatsberichte der Deutschen Bundesbank, Juni 1967, S. 37, 46 und 47 ab 1960: Statistische Beihefte zu den Monatsberichten der Deutschen Bundesbank, Reihe 3, April 1960, S. 9

Tabelle 12

Sondertransaktionen im Kapitalverkehr in Mill. DM

Positionen	1952	1953	1959	1960	1961	1966
Sondertransaktionen im Zusammenhang mit der westdeutschen Beteiligung an internationalen Organisationen						
1. Internationaler Währungsfonds						
a) Subskription[1]	– 139	– 1247	– 1921	–	–	– 1650[3]
b) Hinterlegung von Schuldscheinen[2]	–	+ 1215	+ 1421	–	–	+ 1221
2. Weltbank						
a) Kapitalbeteiligung[1]	– 277	–	– 164	–	–	– 92[4]
b) Hinterlegung von Schuldscheinen[2]	+ 247	–	+ 131	–	–	+ 83
Kredit der Bundesbank an die Weltbank	–	–	–	– 100	– 880	–
Vorfristige Rückzahlung von Schulden						
1. USA	–	–	– 630	–	– 2348	– 784
2. Großbritannien	–	–	– 265	–	756	–
3. Frankreich	–	–	– 8	–	21	–
4. Bank für Internationalen Zahlungsausgleich[3]	–	–	–	–	–	– 156
Insgesamt	– 169	– 32	– 1436	– 100	– 4005	– 1378

[1] In den Tabellen zum Kapitalverkehr als Zunahme der langfristigen Forderungen gegenüber dem Ausland ausgewiesen.

[2] In den Tabellen zum Kapitalverkehr als Zunahme der kurzfristigen Verbindlichkeiten gegenüber dem Ausland ausgewiesen.

[3] Im Mai 1966 wurde die westdeutsche Quote beim IMF von 787,5 Mill. US-$ auf 1200 Mill. US-$ um 412,5 Mill. US-$= 1650 Mill. DM heraufgesetzt. 429 Mill. DM wurden bar eingezahlt, davon 412,5 Mill. DM in Gold und 16,5 Mill. DM in DM. Die Goldeinzahlung führte zu einer Verminderung des Goldbestandes der Bundesbank, der jedoch eine gleich große Zunahme der Reserveposition der BRD im Währungsfonds gegenüberstand.

[4] Gleichzeitig wurde die westdeutsche Beteiligung am Kapital der Weltbank von 1050 Mill. US-$ auf 1280 Mill. US-$ (230 Mill. US-$ = 920 Mill. DM) heraufgesetzt. Davon waren 10 Prozent = 92 Mill. DM einzuzahlen. Von diesen wurden 1 Prozent (= 9,2 Mill. DM) durch Zahlung in US-$ beglichen. 82,2 Mill. DM wurden durch Hinterlegung von DM-Schuldscheinen beglichen. Die restlichen 90 Prozent der Aufstockung stellen lediglich eine Zunahme des Haftungskapitals dar.

Quelle: Monatsberichte der Deutschen Bundesbank, Juni 1967, S. 57

Tabelle 13

Private Wertpapiertransaktionen mit dem

Transaktionen	1960	1961	1962
I. In ausländischen Wertpapieren	− 715	− 205	− 733
1. Aktien und Investmentzertifikate insgesamt	− 739	− 206	− 639
a) Beteiligungen (Direktinvestitionen)	− 194	− 262	− 546
b) Sonstige Aktien	− 495	+ 98	− 63
c) Investmentzertifikate	− 50	− 42	− 30
2. Festverzinsliche Wertpapiere insgesamt	+ 24	+ 1	− 94
a) DM-Anleihen ausländischer Emittenten	+ 5	+ 49	− 48
b) Sonstige	+ 19	− 48	− 46
II. In westdeutschen Wertpapieren	+ 2073	+ 1746	+ 1522
1. Aktien und Investmentzertifikate insgesamt	+ 700	+ 1443	+ 800
a) Beteiligungen (Direktinvestitionen)	+ 429	+ 534	+ 245
b) Sonstige Aktien und Investmentzertifikate	+ 271	+ 909	+ 555
2. Festverzinsliche Wertpapiere	+ 1373	+ 303	+ 722
a) Staats- und Gemeindeanleihen	+ 886	+ 119	+ 459
b) Sonstige[1]	− 487	+ 184	+ 263
c) Im Ausland aufgelegte Anleihen westdeutscher Unternehmen[2]	+ 48	+ 73	+ 119
Kapitalexport (−) bzw. Kapitalimport (+) über Wertpapiertranstaktionen insgesamt	+ 1358	+ 1541	+ 789

[1] Einschl. deutscher Auslandsbonds [2] Emissionswerte

Quelle: Statistische Beihefte zu den Monatsberichten

Ausland 1960 bis 1968 in Mill. DM

1963	1964	1965	1966	1967	1968
— 487	— 835	— 1053	— 1442	— 1848	— 6937
— 266	— 346	— 672	— 892	— 1378	— 2834
— 308	— 295	— 599	— 623	— 454	— 1310
+ 59	— 31	+ 3	— 117	— 627	— 576
— 17	— 20	— 76	— 152	— 297	— 948
— 221	— 489	— 381	— 550	— 470	— 4103
— 99	— 271	— 322	— 505	— 123	— 3696
— 122	— 218	— 59	— 45	— 347	— 407
+ 2901	+ 568	+ 871	+ 779	— 85	+ 668
+ 910	+ 563	+ 768	+ 907	+ 750	+ 819
+ 308	+ 547	+ 772	+ 1115	+ 534	+ 654
+ 602	+ 16	— 4	— 208	+ 216	+ 165
+ 1991	+ 5	+ 103	— 128	— 835	— 151
+ 1339	— 121	+ 99	— 183	— 530	— 77
+ 652	+ 126	+ 4	+ 55	— 305	— 74
+ 192	— 146	+ 32	—	—	—
+ 2414	— 267	— 182	— 663	— 1933	— 6269

ler Deutschen Bundesbank, Reihe 3, April 1969, S. 14

Tabelle 14
Langfristiger Kapitalverkehr nach Anlageformen

Position	Westdeutsche Kapitalanlagen im Ausland						
	1960	1961	1962	1963	1964	1965	1966
I. Privater Kapitalverkehr	— 1394	— 1138	— 1540	— 1443	— 2107	— 2009	— 2614
1. Direktinvestitionen[1]	— 487	— 691	— 941	— 646	— 923	— 1051	— 1224
Aktien	— 194	— 262	— 546	— 378	— 295	— 599	— 623
Sonstige Kapitalanteile[4]	— 267	— 300	— 325	— 393	— 549	— 473	— 527
Kredite und Darlehen	— 26	129	— 70	+ 55	— 79	+ 21	— 74
2. Langfristige private Kredite und Darlehen (ohne Direktinvestitionen)	— 262	— 325	— 187	— 454	— 482	— 287	— 368
3. Private Portfolioinvestitionen	— 521	+ 57	— 187	— 179	— 540	— 454	— 819
Aktien	— 495	+ 98	— 63	+ 59	— 31	+ 3	— 117
Investmentzertifikate	— 50	— 42	— 30	— 17	— 20	— 76	— 152
Festverzinsliche Wertpapiere	+ 24	+ 1	— 94	— 221	— 489	— 381	— 550
4. Privater Grundbesitz	— 146	— 181	+ 194	— 167	— 179	— 207	— 191
5. Sonstiger langfristiger Kapitalverkehr	+ 22	+ 2	— 31	+ 3	+ 17	— 110	— 112
II. Öffentlicher Kapitalverkehr	— 997	— 1871	— 1101	— 1186	— 1236	— 1219	— 3108
1. Beteiligungen an internationalen Organisationen IWF, IBRD, IFC, IDA	— 132	— 889	— 29	— 20	— 41	— 81	— 1799
Sonstige	— 70	— 3	— 42	— 11	— 5	— 2	— 14
2. Kredite und Darlehen	— 795	— 979	— 1132	— 1155	— 1175	— 1123	— 1276
darunter an Entwicklungsländer	767	876	898	980	1084	1042	1245
Sonstige	— 0	—	+ 102	— 0	— 15	— 13	— 19
3. Ausländische Nettokapitalanlagen im Westdeutschland	— 314	— 3217	— 189	— 261	— 79	— 72	— 1073
darunter Tilgungen im Rahmen des Londoner Schuldenabkommens[3]	— 293	— 3206	— 84	— 56	— 64	— 60	— 1043

[1] Soweit erkennbar, einschließlich reinvestierter Gewinne [2] Einschließlich Weltbankbonds und ländischen Besitz an Auslandsanleihen entfallenden

Quelle: Statistische Beihefte zu den Monatsberichten der Deutschen Bundesbank,

1960 bis 1968 in Mill. DM

(Zunahme: −)		Ausländische Kapitalanlagen in Westdeutschland (Zunahme: +)								
1967	1968	1960	1961	1962	1963	1964	1965	1966	1967	1968
− 3321	− 11785	+ 2534	+ 2023	+ 2477	+ 4436	+ 2388	+ 4257	+ 4384	+ 1657	+ 1780
− 987	− 1572	+ 710	+ 1052	+ 1074	+ 1530	+ 2122	+ 3290	+ 3441	+ 2795	+ 1522
− 454	− 1310	+ 429	+ 534	+ 245	+ 308	+ 547	+ 772	+ 1115	+ 534	+ 654
− 407	− 221	+ 349	+ 434	+ 570	+ 596	+ 757	+ 1771	+ 1326	+ 1544	+ 937
− 126	− 41	− 68	+ 84	+ 259	+ 626	+ 818	+ 747	+ 1000	+ 717	+ 69
− 755	− 4350	+ 389	+ 41	+ 264	+ 416	+ 346	+ 988	+ 1400	− 319	+ 379
− 1394	− 5627	+ 1644	+ 1212	+ 1277	+ 2593	+ 21	+ 99	− 336	− 619	+ 14
− 627	− 576	+ 271	+ 909	+ 555	+ 602	+ 16	− 4	− 208	+ 216	+ 165
− 297	− 948									
− 470	− 4103	+ 1373	+ 303	+ 722	+ 1991	+ 5	+ 103	− 128	− 835	− 151
− 174	− 224	− 93	− 154	− 106	− 79	− 89	− 103	− 108	− 76	− 76
− 11	− 12	− 116	− 128	− 32	− 24	− 13	− 17	− 13	− 52	− 59
− 1465	− 1292									
− 73	+ 40									
− 12	− 12									
− 1372	− 1297									
1343	1217									
− 8	− 23									
− 48	− 51									
− 54	− 48									

-notes, soweit sie nicht in der Devisenbilanz berücksichtigt werden [3] Ohne die auf den in-
Tilgungen [4] Einschließlich reinvestierter Gewinne

Reihe 3 Nr. 4, 1969, S. 9, 11, 12, 13

Literatur- und Quellenverzeichnis

I. Bücher, Zeitschriftenaufsätze und Berichte

Automation und technischer Fortschritt in Deutschland und in den USA, in: res novae, Bd. 24. Europäische Verlagsanstalt, Frankfurt (Main) 1963

Auslandskapital in der Bundesrepublik. Bericht über eine wirtschaftswissenschaftliche Tagung der Adolf-Weber-Stiftung in Frankfurt am Main, in: Schmollers Jahrbuch, 86 Jg., Viertes Heft 1966

Bonn–Washington, Analyse eines Bündnisses, in: DWI-Forschungshefte, Berlin, Nr. 2/1967

Baran, Sweezy, Monopoly Capital, New York-London 1966

Baran, Paul A., The Political Economy of Growth, in: Monthly Review Press 1957, New York

Baran, Paul A., Zur politischen Ökonomie der geplanten Wirtschaft, Suhrkamp Verlag, Frankfurt (Main) 1968

Baade, Fritz, Dynamische Weltwirtschaft, Paul-List-Verlag, München 1969

Blauhorn, Kurt, Ausverkauf in Germany? Moderne Verlags-GmbH., 3. Aufl., München 1966

Behrendt, Richard F., Soziale Strategie für Entwicklungsländer, S. Fischer Verlag, Frankfurt (Main) 1965

Chmelnizkaja, E., Moderne Kombination und Diversifikation, in: Konjunktur und Krise, Bd. 11, Berlin 1967, S. 41–54

Colm, G., Weltwirtschaftliche Forschung im Zeitalter der Koexistenz, in: Bernhard-Harms-Vorlesungen, Institut für Weltwirtschaft, Universität Kiel, 1964

Deutsches Wirtschaftsinstitut, Berlin, lfd. Bericht Nr. 11/1963, 4/1964, 18/1964, 21/1964, 6/1966, 2/1967, 4/1967, 1/1969, 3/1969, 5/1969

Deutsches Institut für Marktforschung, Berlin, Länderberichte, Nr. 2/1968: Die zweite Tagung der Konferenz der Vereinten Nationen für Handel und Entwicklung (UNCTAD)

Ebert, Georg/Matho, Fred/Milke, Harry, Gedanken zur Präzisierung des Gesetzes des vorrangigen Wachstums der Produktion von Produktionsmitteln, in: Wirtschaftswissenschaft, Berlin, Nr. 4/1967

Europäisches Büro, Deutschland und die Weltbankgruppe, Paris, November 1967

Galbraith, I. K., Gesellschaft im Überfluß, Knaur, München-Zürich 1959

Galbraith, J. K., Die moderne Industriegesellschaft, Droemersche Verlagsanstalt Th. Knauer Nachf. München-Zürich 1968
Gillman, Joseph U., The Falling Rate of Profit, London 1957
Gillman, Joseph M., Prosperität in der Krise, Europäische Verlagsanstalt Frankfurt (Main), Europa-Verlag Wien 1968
Gündel, Rudi/Heininger, Horst/Hess, Peter/Zieschang, Kurt: Zur Theorie des staatsmonopolistischen Kapitalismus, Akademie-Verlag, Berlin 1967
Grabherr, Herrmann, Formen, Motivationen und Grenzen der Kapitalausfuhr unter Berücksichtigung der Verhältnisse in der Bundesrepublik Deutschland, Inauguraldissertation, Münster 1957
Handbuch der Finanzwissenschaft, Vierter Band, 2. neubearb. Auflage hrsg. v. Wilhelm Gerloff/Fritz Neumark, Tübingen 1965
Hellmann, Rainer, Auslandsinvestitionen und europäische Sicherheit, in: Europa Archiv, Nr. 23/1968, Bonn
Hellmann, Rainer, Amerika auf dem Europamarkt, Nomos Verlagsgesellschaft, Baden-Baden 1966
Hilferding, R., Das Finanzkapital, Dietz Verlag, Berlin 1947
Hoffmann, Walther G., Das Wachstum der deutschen Wirtschaft seit Mitte des 19. Jahrhunderts, Berlin-Heidelberg-New York 1965
Huppert, Walter, Internationale Industriekonzerne, Duncker & Humblot, Berlin 1966
Imperialismus heute, Dietz Verlag, Berlin 1967
Internationale Finanzmärkte, hrsg. v. H. Lipfert, Frankfurt (Main) 1964
Internationale Währungs- und Finanzpolitik, hrsg. v. Wilhelm Meinhold, Duncker & Humblot, Berlin 1961
Jacobi, Klaus, Der internationale Kapitalexport, Inauguraldissertation, Bern, Zürich 1959
Kapp, K. William, Volkswirtschaftliche Kosten der Privatwirtschaft. J. C. B. Mohr, Polygraphischer Verlag AG, Tübingen 1958
Katzenstein, Robert, Probleme der Ökonomie der vergegenständlichten Arbeit, insbesondere der Arbeitsmittel im Wachstumsprozeß, in: Probleme der politischen Ökonomie, Bd. 11, Akademie-Verlag, Berlin 1968
Kern, Ernst, Die Investitionsförderungsverträge der Bundesrepublik und die deutsche Entwicklungshilfe, in: Bundesanzeiger, Beilage vom 3. 5. 1963, Köln
Klug, Oskar, Volkskapitalismus durch Eigentumsstreuung, Gustav-Fischer-Verlag, Stuttgart 1962
Köllner, Lutz, Die Inflationsgefahr in Entwicklungsländern als Problem der Währungs- und Finanzpolitik, August Lutzeyer, Baden-Baden-Bonn 1963
Köllner, Lutz, Der internationale Kapitalverkehr seit dem letzen Kriege, Fritz Knapp Verlag, Frankfurt (Main) 1963
Kolko, Gabriel, Wealth and Power in America, New York-Washington-London 1962
Konrad, Anton, Zahlungsbilanzstörungen und wirtschaftliches Wachstum, Dunkker & Humblot, Berlin 1962

Die Konzentration der Wirtschaft, hrsg. v. Helmut Arndt, in: Schriften des Vereins für Sozialpolitik, NF Bd. 20/I, Stand der Konzentration, Duncker & Humblot, Berlin, 1960
Kruse, Alfred, Außenwirtschaft, 2. überarb. Aufl., Berlin 1965
Lenel, Hans Otto, Ursachen der Konzentration, 2. Aufl., J. C. B. Mohr, Tübingen 1968
Lenel, Hans Otto, Die Bedeutung der großen Unternehmen für den technischen Fortschritt, J. C. B. Mohr, Tübingen 1968
Lenin, W. I., Werke, Dietz Verlag, Berlin 1955–1965
Marx, Karl, Das Kapital, Bd. I, II, III, Dietz Verlag, Berlin 1961
Marx/Engels, Kleine ökonomische Schriften, Dietz Verlag, Berlin 1955
Machlup, Fritz, Die Pläne zur Reform des internationalen Geldwesens, in: Kieler Vorträge, Kiel 1962
Mikesell, Raymond, F., U. S. Private and Government Investment Abroad, University of Oregon Books, Eugene, Oregon 1962
Myrdal, Gunnar, Ökonomische Theorie und unterentwickelte Gebiete, Gustav-Fischer-Verlag, Stuttgart 1959
National Industrial Conference Board: The Future of Capitalism, Macmillan, New York, 1967
National Industrial Conference Board: U. S. Production Abroad and the Balance of Payments, New York 1966
Nurkse, Ragnar, The Problem of International Investment Today in the Light of Nineteenth-Century Experience, in: The Economic Journal, Nr. 256, Dez. 1964
OECD. Entwicklungshilfe-Politik und Leistungen der Mitglieder des Ausschusses für Entwicklungshilfe. Jahresprüfung 1965, Paris 1965
OECD. The Flow of Financial Resources to Less – Developed Countries 1956 to 1963, Paris 1964
Peggio, Eugenio, Internationalisierung des Wirtschaftslebens und die Arbeiterklasse, in: Probleme des Friedens und des Sozialismus, Nr. 11/1965
Rose, Sanford, Die lohnenden Taktiken des Multinationalismus, nichtautorisierte Übersetzung aus „Fortune", Chicago, vom 15. 9. 1968
Seifert, Hubertus, Die deutschen Direktinvestitionen im Ausland, Westdeutscher Verlag, Köln-Opladen 1966
Shonfield, Andrew, Geplanter Kapitalismus, Kiepenhauer & Witsch, Köln-Berlin 1968
Steiner, G. A., La Planification dans les Sociétés multinationales, in: Economie Appliquée, Paris, 17 (1964), 2–3
Strauss, Franz Joseph, Entwurf für Europa, Seewald-Verlag Stuttgart 1966
Strauss, Franz Joseph, Herausforderung und Antwort, Seewald-Verlag, Stuttgart 1968
Strukturwandlungen, Wirtschaftswachstum und -politik in Westdeutschland, in: DWI-Forschungshefte, Berlin, Nr. 1/1967
UN, Foreign Investments in Developing Countries, New York 1968
Wygodski, S., Neue Tendenzen im Kapitalexport, in: Weltwirtschaft und internationale Beziehungen, Moskau, Nr. 2/1966 (russ.)

Zahn, Lola, Ökonomische Wirkungen des technischen Fortschritts im Kapitalismus, in: Probleme der politischen Ökonomie, Bd. 8, Akademie-Verlag, Berlin 1965
Zahn, Lola, Zur Globalstrategie und inneren Struktur von Monopolunternehmen internationaler Klasse, in: Wirtschaftswissenschaft, Berlin Nr. 11/1968
Zieschang, Kurt, Zu den objektiven ökonomischen Triebkräften der wirtschaftspolitischen Konzeption in Westdeutschland, in: Konjunktur und Krise, Heft 4/1968

II. Periodika und statistische Quellen

Bulletin des Presse- und Informationsamtes der Bundesregierung, Bonn, v. 9. 4. 1969
Chemische Industrie, Nr. 3/1964
Erdöl und Kohle. Erdgas–Petrolchemie, lfd.
Geschäfts- und Monatsberichte der Deutschen Bundesbank, Wiesbaden, lfd.
International Monetary Fond.
Balance of Payments Yearbook, Bd. 15, Jan. 1964
International Monetary Fond.
International Financial Statistical, Washington
International Monetary Fond.
1967 Annual Report
International Finanz-Corporation, Jahresbericht 1968
Jahresberichte der Bank für Internationalen Zahlungsausgleich, Basel, lfd.
Statistisches Amt der Europäischen Gemeinschaften: Volkswirtschaftliche Gesamtrechnungen 1957–1966, Zahlungsbilanzen 1962–1966, Brüssel 1967
United States Department of Commerce, Survey of Current Business, lfd.
Weltbank und Internationale Entwicklungsorganisation, Jahresbericht 1968
Wirtschaft und Statistik, Stuttgart-Mainz, lfd.
Wirtschaftsdienst, Hamburg, lfd.
Zeitschrift für das gesamte Kreditwesen, Frankfurt (Main), lfd. U. S. News & World Report, v. 13. 1. 1969

Spätkapitalismus ohne Perspektive

Tendenzen und Widersprüche des westdeutschen Imperialismus am Ende der 60er Jahre

Herausgegeben vom Deutschen Wirtschaftsinstitut, Berlin

1969. X, 399 Seiten – 8° – Leinen 14,50 M

Ein Autorenkollektiv des Deutschen Wirtschaftsinstituts setzt sich mit dieser Arbeit das Ziel, an Hand ausgewählter grundsätzlicher Probleme aus den Bereichen der Ökonomie, Politik und Ideologie der westdeutschen Bundesrepublik qualitativ neue Entwicklungstendenzen des westdeutschen Imperialismus der 60er Jahre gegenüber der unmittelbaren Nachkriegszeit deutlich zu machen und einen Ausblick für die 70er Jahre zu geben.

Den Gegenstand der Untersuchung bilden besonders die Rüstungswirtschaft, die Akkumulation und Zentralisation des Kapitals in der besonderen Erscheinungsform des raschen Wachstums der Monopole, die Verflechtung der ökonomischen und politischen Nachkonzentration sowie die ständig zunehmenden staatsmonopolistischen Regulierungsmaßnahmen auf allen Gebieten.

In zwei besonderen Kapiteln werden die entsprechenden ideologischen Erscheinungsformen des staatsmonopolistischen Systems unter den neuen Bedingungen untersucht. Es erfolgt eine Einschätzung des organisierten Neonazismus und seiner Funktion innerhalb des westdeutschen Herrschaftsmechanismus.

Dem gegenüber stellen die Autoren fest, daß die Arbeiterklasse auf Grund objektiver Prozesse gezwungen ist, den Klassenkampf zunehmend auch auf politischem Gebiet und insbesondere gegen die staatsmonopolistischen Maßnahmen zu führen. Besondere Bedeutung kommt dabei der politisch richtigen Orientierung der Gewerkschaften und der demokratischen Opposition sowie der Entwicklung ihres Perspektivbewußtseins zu.

Ein abschließendes Kapitel über die mögliche Entwicklung in den 70er Jahren berücksichtigt sowohl die grundlegenden ökonomischen Prozesse wie auch die außenpolitischen Bedingungen (besonders die wachsende Rolle der DDR), die für die deutsche Bundesrepublik wirksam werden.

Bestellungen durch eine Buchhandlung erbeten

THEORIA CUM PRAXI

AKADEMIE-VERLAG BERLIN

FSC
www.fsc.org
MIX
Papier | Fördert gute Waldnutzung
FSC® C083411

Kolibri 360 GmbH
Ferdinand-Jühlke-Straße 7
99095 Erfurt, Deutschland
produktsicherheit@kolibri360.de